被誤解的懶惰

害怕一停下來就會輸給別人？
一個社會心理學家戳破「你不夠努力」的謊言

LAZINESS DOES NOT EXIST

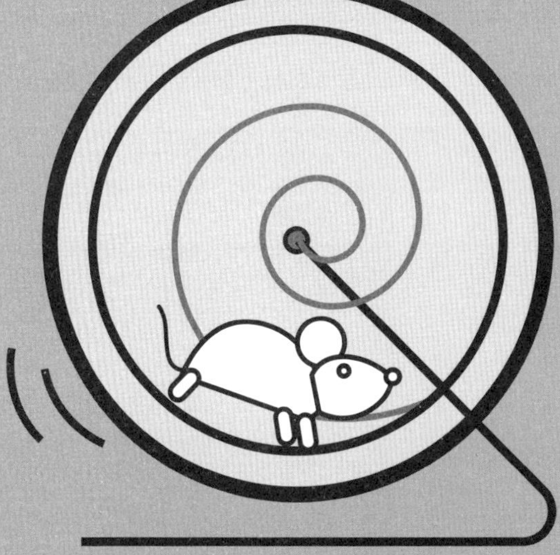

Devon Price, Ph.D. 戴文·普萊斯——著　鄭煥昇——譯

獻給金姆：

是他讓我明白，
當一個人的行為，讓我難以理解的時候，

那只是因為我還缺少一塊
足以完整拼湊他生命脈絡的拼圖。

目次
CONTENTS

前言

原來，我只是害怕自己還不夠好

How I Learned I Wasn't Lazy

我辦事一向以高效率著稱，但這樣的名聲也讓我付出了不少代價。在別人眼裡，我總是那隻勤奮、有條理、一絲不苟的小工蜂。多年來，我努力讓專業上的成就、創意產出和行動力之間保持平衡，且從未讓身邊的人失望過。我從來不會遲交任何工作。只要我答應要出席某個活動，我一定會準時到場。無論是朋友請我幫忙修改求職信，還是需要我為他們打氣、鼓勵他們致電給當地議員抗議最新的人權議題等，我總是義不容辭、隨傳隨到。

只不過，在這種衝勁十足、讓人信賴的表象之下，真實的我可說是一團糟。我常常獨自窩在黑暗中，一待就是好幾個小時，過度疲憊、神經緊繃，連翻書的力氣都沒有。我對自己答應過的每一個人、每一件事都充滿怨懟，但又無法停止不斷把事情往身上攬，讓自己分身乏術，然後在一波波責任裡感覺自己愈來愈力不從心，甚至認為這樣的無力，就是「不可原諒的懶惰」。

我認識很多像我這樣的人——他們會超時工作。他們會為了不讓老闆失望而對工作來者不拒。只要親友與家人開口，他們永遠有空。他們就像二十四小時營業的便利商店，全年無休地提供源源不絕的扶持與建言。他們在意著五花八門、族繁不及備載的社會議題，但卻又總是內疚著自己做得「不夠多」，因為一天就只有二十四小時，時間不夠就是不夠。這類人往往會試著把醒著的每一刻都塞滿活動。比方說，在忙碌了一整天之後，他們還會試著用手機上的「多鄰國」（Duolingo）App來自學西班牙文，再不然就是登入像Code Academy這樣的網站來學習撰寫Python程式。

這類人——或者說像我這樣的人——我們使勁全身氣力想符合社會的期待，成為一個擁有美德、值得敬重的人。我們一心一意要做一個敬業的員工、要擇善固執且劍及履及、要當一個貼心的朋友，還要活到老學到老。我們習慣了要未雨綢繆、要有備無患、要為了降低自己的焦慮而去控制那些可以操之在己的事情——為此，我們會過得非常、非常的拼命。

我們大多數人都把九成的日子都過得極其疲憊，極其爆炸，而且永遠不滿意於自己的表現，總覺得自己的表現只是差強人意。不論我們成就了多少或付出了多大的努力，都沒辦法說服自己感到滿意或取得內心的平靜。我們永遠無法理直氣壯地喘口氣。就這樣，在一回回的過勞熔斷，一次次的積勞成疾，還有一個個睡不飽的週末裡，我們只能咬牙堅信：只要有一點做不到的地方，就等於「懶惰」——而懶惰，從來就不是一件好事。

這種世界觀，將徹底毀掉我們的人生。

多年來，我養成了一個很糟糕的習慣：我會從一日之初馬不停蹄地工作五、六個小時，期間我會把要做的事情塞得滿滿滿，不給自己任何時間喘息。在這個過程中，我會專注於那些堆積如山、等著我去回覆的電郵，或是需要我去批改的報告，以至於我動輒就會忘記要停下來歇會兒、吃個點心、伸展一下腿腳，乃至於上個洗手間。誰膽敢在我如此衝衝衝的時候打擾我，都會被我賞一記不耐煩的白眼。五個小時過去後，我會在煩躁、飢餓與亟待安撫的情緒中，變成軟爛的一灘泥。

我就是喜歡像這樣變身成閃電俠，以極高速消化掉我待辦清單上的一個個項目，好讓自己不用再像前一晚那樣深陷於焦慮中。我可以在這類衝刺的過程中完成令人驚豔的工作量。但只要我一卸下拼命三郎的身分，我就會徹底變得一無是處。午後的我，會變得毫無生產力，只剩下在IG與Tumblr等社群媒體上無腦刷上幾個小時的力氣。到了晚上，我僅存的精力只能讓我在床上躺平、看幾段YouTube影片、在烏漆抹黑的公寓裡吞噬洋芋片。

最後，在「充電」了幾個小時後，我又開始萌生無所事事的罪惡感。我會對自己說：我怎麼不去找朋友呢？我怎麼不去發想一些有新意的計畫呢？我怎麼不去為自己煮一頓色香味俱全又健康的晚餐呢……我開始壓力上身，滿腦子都是隔天必須要完成的工作進度。就這樣到了隔天早上，內疚、過勞與疲憊又會開始往復循環。

即便在那段時光裡，我也知道這樣的惡性循環很糟糕，但我就是無法從中掙脫出來。我一方面疲累到痛苦不堪，一方面卻靠著在短短幾小時中消化掉大量工作而獲得滿滿的成就感。「把待辦事項一項項劃去」就是我活著的意義。能讓我「嗨」起來的，莫過於有人在我的聽力範圍內驚呼一聲：「哇嗚！你動作也太快了吧！」只因為他們沒想到能這麼快就收到我回覆的電郵。我會勉力扛下自己沒那麼想承擔的責任，只因為我深感自己有必要表現得像個能幹又肯幹的員工。這種心態的結果，便是讓我化身成工作上的大胃王，腮幫子鼓得滿滿地，然後無可避免地淪落到熄火、抑鬱，乃至於生病的境地。

經年累月，我都為了那個難以為繼的自己而自責不已。只要我沒有把自己逼到極限，我就會為自己的停滯感到羞恥。於公於私的任何一個「不」字，都會讓我擔心自己沒有盡到本分——沒有在朋友需要我的時候相挺、沒有去抗議現場替朋友衝人氣，或是錯過了朋友的演出等，都會讓我有千夫所指之感。

我擔心自己哪怕只是稍微休息一下，或略為表現出界限感，就等於是在「發懶」。畢竟對我而言，沒有什麼比當個懶人更罪大惡極的了。疲憊、焦頭爛額、過勞到沒有氣力去顧及休閒娛樂與社交，這些都是非常糟糕的事，但這些事再糟，也比不上背負「懶惰」的汙名。

將自我價值綁定在生產力上，是我從小就養成的觀念。學生時代的我成績優異，老師普遍覺得我是個聰明的小孩，所以他們鼓勵我盡可能地多用功、多承擔一些機會與責任。他們要麼叫我以小老師的身分去給成績欠佳的同學補習公民課，要麼會要我在讀經營中帶隊負責繪畫與手工藝。而對於師長的種種課外提議，我也總是來者不拒——我就是想幫上忙、想出點力、想做出成績。我的想法是，只要拼了命工作、做得愈多，就可以確保自己有一個光明的未來。

我之所以那麼擔心自己的未來是有原因的。我的父親在阿帕拉契山區長大，更準確地說，他出身於一座老舊的礦城，而那裡的礦藏早已凋敝，就業前景蕩然無存。成年之後，我父親無時無刻都在擔心錢的事情。他患有腦性麻痺，所以寫字跟打字都很不方便，而那也斷了他上大學或坐在辦公室裡工作的可能性。他只能拼了命地靠勞力賺錢，即便他知道自己的身體總有一天會撐不住。我母親是領有證照的口腔衛生師，但她也苦於脊椎側彎，以至於她一星期只能工作個兩三天。

我爸媽都沒有大學學位，這令他們的職涯選擇非常有限。他們說什麼也不想讓我重蹈他們的覆轍，於是乎，他們給我的教育，就是凡事要有所規劃及準備，並且要用功讀書。他們在我滿足資格的第一時間就替我報名了校內的資優生計畫。他們鼓勵我去打工，去上進階的課程，去參與模擬聯合國與演說辯論等課外活動。他們篤信：只要我好好用功，多存點錢，並且多修一點「額外」的人生學分，那麼我就可以跑贏別人——意思是我可以進好學校、多少拿到一點獎學金，然後為自己打造一段人生勝利組的職涯——前提是我不可以懶惰。師長們也在我身上看到了潛力，鼓勵我全力以赴。

這種要一步步達到穩定生活的壓力讓我焦慮不已，但我又無法換一條路走，因為另一條路的生活感覺更糟，而且是糟得多。當時的我已經開始注意到一件事：不是每個孩子都像我一樣被鼓勵上進。有些孩子在旁人的眼中已經「撿角」——沒救了——只因為他們在課堂上搗蛋或學習進度緩慢。這些孩子年紀尚輕時，多少還能得到一些支持與同情。但隨著掙扎的時間愈來愈長，旁人的耐性與同理心也會消耗殆盡，最終再也不會有人去關心這些學生有什麼需求或侷限。相對於此，眾人開口閉口會都變成「這些大孩子有多懶」。而人一旦被貼上「懶惰」的標籤，他們獲得的助力就會變少，被破口大罵的機率就會升高。某個孩子一旦成了眾人眼中的懶鬼，大家就會覺得他或她無可救藥。這些孩子不論是遲交作業、吸收不了困難的概念，還是沒有在課後下功夫做一些「有用」的事，都是他們咎由自取。懶惰的小孩就等於沒有前途。同時，世界似乎還向我傳達一個訊息，那就是「這些人活該」。

麥克絲也耳濡目染地，將她的價值綁定在生產力上。跟我一樣，她也出身於一個家裡窮了好幾代人的美國南方鄉下；跟我一樣，她也在學術成就及專業上獲得了很高的成就。還有一件事也跟我一樣，就是她堅持拼命工作，堅持到自己被工作生吞活剝也在所不辭。

時至今日，麥克絲已經是堂堂一家資訊科技公司的寫手，她的撰稿內容包括各種申請表單與提案，乃至於關乎公司業務的部落格文章。為了把自己的工作做好，麥克絲需要同事們的協助。這些同事理應提供她縝密的專案細節、填妥詳實的申請表格，以及清晰易讀的初稿。但現實是，麥克絲經常無法及時拿到這些素材，只能自己手忙腳亂地把需要的材料拼湊出來，免得被不斷逼近的截稿期限與焦躁的主管逼上梁山。她一週的工時常常高達八、九十小時，動輒處在崩潰邊緣。

「這些提案必須做到完美無瑕，但我無法仰賴他人來幫我細看，」麥克絲說。「我們合作的每個政府部門都有自己獨特的要求。有時甚至會細到必須用藍筆簽名，不能用黑筆。但我的同事老是漏掉這些細節，而我的主管根本不管這種瑣事。結果就是我得從早上六點就進辦公室，一直待到晚上十點，就為了收拾所有人的爛攤子。唯有這麼做，我們才有機會拿到合約。」

我之所以知道麥克絲有勞逸不均的問題，是因為我已不下十次聽到她抱怨：她如何在三天內工作超過五十個小時。我也注意到，她的焦躁不安愈來愈明顯，原本只是煩悶的工作壓力，已經惡化成了憤怒與失落。她的典型工作日，就是幾個小時馬不停蹄地撰寫與編修提案，然後是回家、叫外賣，接著癱在電視機前。有時她甚至累到連叫來的晚餐都忘了吃。那些她曾經熱愛的興趣，像是塔羅占卜或刺繡，早已荒廢多時。到了週末，她會一覺睡到下午四點，因為那是她唯一能稍微恢復元氣的時候。她偶爾會安排按摩或短途假期幫自己舒壓，但生活中的煩躁依然如影隨形，動不動火氣就會上身，「生活好無趣」也成了她掛在嘴邊的話。

我心想，麥克絲這種高壓生活肯定已經損害了她的健康，於是就出言關心。她說：「這他媽的爛工作毀了我的健康，也毀了我的私生活。去年我膽囊發炎，但我完全沒請假，因為我知道我主管會挑剔我的理由，逼我在罪惡感中不得不乖乖去上班。等我終於進了醫院，我已經吐到停不下來，得用手腳才能爬到洗手間，根本沒辦法站著走路。開刀後才發現，我的膽囊已經整顆壞死。外科醫生說他從沒看過有人膽囊爛成這樣，還問我怎麼不早一個月就醫。接著他開始對我長篇大論，要我該請病假就要請假……我當時差點沒有怒吼出來。」

我和麥克絲認識的時候，我們倆都還是滿腔熱血的寫手，我們會在Tumblr上分享彼此的故事與散文作品。麥克絲的文筆之優美，讓我立刻想更深入了解她。當時的她，作品中散發著一股沉靜與大局觀，如今在她的生活裡，這些早已不復存在。麥克絲的為人一絲不苟（這種特質讓我滿懷敬意），但這份工作把她逼得又暴躁又脆弱。但凡那些沒效率或讓她覺得很蠢的事，都會令她失去耐性。有時她連比薩外送員忘了附上田園沙拉醬也會因此「牙」起來。事實上，因為工作的緣故，她已經好幾年沒有再動筆寫文章了。

麥克絲深知工作正在耗損她的人生。她完全看得出來，工作正逐漸吞噬她的人際關係、健康，還有她享受各種興趣的能力。即便她很清楚自己在工作上的期望過高，也明白她不該強迫自己去承擔幾乎是雙倍的工時，但問題是，她就是停不下來。

就如同麥克絲，我也曾一路把自己逼到疲勞與疾病的邊緣，不知道該怎麼讓自己停下來。理智上我知道自己過勞了，但唯恐工作開天窗或讓別人以為我在偷懶的焦慮感，讓我持續火力全開。直到過勞徹底摧毀了我的健康，我才意識到自己必須改變。

那是2014年2月，我正在為博士論文做最後的修改。我從十幾歲時就立志要拿到心理學的博士學位，此時眼看就要美夢成真，我滿腦子都是「博士」二字，幾乎無法思考其他事。我在實驗室一待就是好幾個小時，常常其他同儕早已回家陪另一半或抱小孩了，我還留在電腦前分析資料。我甚至還在距離我就讀的芝加哥羅耀拉大學（Loyola University）只有兩條街的地方租了一間公寓，為的就是不浪費任何時間在通勤上。但由於我待在學校的時間太長，我的租屋處完全沒有任何布置，連網路都沒有裝設。

後來，就在預定要發表博士論文的兩週前，我染上了重度的流感。但我並未因此停下腳步。我仍舊天天拖著沉重的步伐進辦公室，沒日沒夜地與論文奮戰，完全不理會自己病得多嚴重。我甚至連運動都沒有停下來。由於我沒有給自己任何時間休養，流感也始終纏著我不放。在進行論文答辯的當天，我還在發燒，穿着西裝外套的我瑟瑟發抖。我能做的只有拼命假裝沒事的樣子，把研究成果好好發表出來。

我畢了業。但流感仍在。於是我開始拖著病體申請工作。就這樣一連數月，我只能設法與流感共存。為了維持白天的生產力，我得卯足全力無視疾病的存在，但只要一到夜晚，我就會不住地發抖、虛弱到只能裹著毯子躺在地板上直到天亮。這種情況一直持續了幾個月。我度過了一個用電熱毯包住自己的夏天，因為即便是在華氏九十度的日子，我依然覺得身體快凍僵了。

即便如此，我還是持續工作著。我沒有讓我老闆知道我的狀態有多差。弱不禁風讓我覺得很丟臉。我把所有的閒暇時間都拿來補眠，但邊睡又邊斥責自己很懶惰。醫生也搞不清楚我的身體究竟出了什麼問題。我去檢查了風濕性關節炎、紅斑性狼瘡、單核白血球增多症等，結果全都顯示為陰性。有一位心臟科醫師發現我的心臟有雜音，另一位血液科醫師則說我患有嚴重的貧血，但沒有人能確切指出我病因。就這樣，我拖著病體迎接冬天，距離流感找上我已將近一年。

各種檢查與治療都沒能改善我的狀況。困擾我的怪病也成了醫生之間的謎。2014年11月，我終於找出了解決之道——我得好好的休息。我是說真正的休息，而不是假裝自己沒事，勉強自己去運動、去寫東西、去上班。對我來說，這種無所事事的狀態無異於是一種酷刑。我不參加工作會議，強迫自己放鬆下來，因為此時的我已經沒有其他選擇了——我的病愈來愈嚴重，已經不能再假裝沒事了。就這樣，我讓自己放空了兩個月：我不再強撐著不舒服在那兒硬拼，也不再明明用過勞在損耗著健康，卻仍為了「懶散」而心懷歉疚。

慢慢地，我開始恢復了元氣。燒退了，紅血球數開始回升。心臟雜音也不見了。而一恢復健康，我的當務之急就是找到新的生活方式，揮別那個把身體當作消耗品的曾經。

在大病一場後的那幾年，我開始專心為自己建立一種可持續的生活方式。我學著在每天的行程中安排時間放鬆與休息。我放棄了成為終身職教授的夢想，因為那代表我必須投入無止盡的研究工作。取而代之的是，我轉為在大學中兼課，並盡可能尋找線上授課的機會。這個選擇讓我的生活更為寬鬆。我開始學著休息，並堅定捍衛自己的空閒時間。我慢慢地讓自己相信：我值得擁有舒適、放鬆與幸福的生活。

就是在這個時候，發生了一件有趣的事：我的健康與幸福感愈是提升，我就愈是注意到我的學生、同僚與朋友們，也都帶著我當年那種對工作的自我懲罰態度，而他們同樣也為此付出了代價。

我發現自己被一群過度燃燒、身體亮紅燈、過勞的人們包圍著。譬如麥克絲，她每週的工時可以高達八、九十個小時；我的朋友艾德，因為對他從事的家暴熱線工作投入太多心力，讓自己的心理健康亮起紅燈；還有我的同事艾莉莎，總是在育兒責任與全職研究工作的壓力間疲於奔命，還得忍受親戚與鄰居對其教養選擇所投來的批判眼光。除此之外，還有數十位、甚至上百位我的學生，都曾在學校被灌輸「你還不夠努力」的觀念——意思就是「你太懶了」，而「懶人沒有資格獲得幸福與成功」。

這讓我意識到我所歷經的掙扎，其實在更大的格局上，是屬於一種社會性的流行病，我稱之為「懶惰的謊言」。這個謊言深植於人心，成為一種文化信仰體系，致使我們許多人對以下的說法深信不疑：

- 我內心深處是個懶惰蟲，我一文不值。
- 我必須拼命工作，才能克服我內在的惰性。
- 我必須透過我的「生產力」去創造我的價值。
- 工作是人生的核心。
- 沒有成就與上進心的人，等同於沒有道德的人。

「懶惰的謊言」會催生出罪惡感，而這種罪惡感的源頭，就是「我們做得不夠」；也正是因為這個謊言，我們才會不顧健康的拼命工作。

注意到「懶惰的謊言」無所不在後，我運用了身為研究者的專業技能，深入探究「懶惰」的歷史，以及跟生產力相關的最新心理學研究。在這個過程中，我有了一些發現，而這些發現一方面讓我大大鬆了口氣，但另一方面也讓我深陷在挫折感之中。關於生產力、過勞與心理健康的各種研究都顯示：平均而言，我們每天的工時實在太長，而許多我們普遍認為理所當然的責任，例如一套完整的大學課程，或每週固定參與的活動，對大多數人來說都是無法長時間承受的。

我也慢慢了解到，我們所謂的「懶惰」，其本體往往是一種強大的自我保護本能。我們之所以會感覺到缺乏動力、沒有方向，乃至於「懶懶的」，是因為我們的身心正在吶喊著「我們需要平靜與安寧」。一旦我們學會去傾聽這些持續不斷的疲憊感，並尊重它們，我們就能開始真正地療癒自己。在跟治療師與企業教練對談之後，我學會了個人該如何在工作與生活中建立界限。我發現，當我們開始主張「懶惰」的權利時，就能在生活中劃分出空間來取樂、放鬆與復原。我的另一個發現是，一旦我們不再試圖把自我形象綁定在自己待辦清單上的完成項目數量，那種釋放的感覺真是令人如釋重負。

各種教育都教導我們要對「懶惰」戒慎恐懼，但那種恐懼其實是一種莫須有的存在。我們體內並沒有什麼道德敗壞而懶惰的力量，在驅使我們無緣無故地擺爛。承認自身的極限、需要休息，並不是什麼邪惡的事。感到疲憊或缺乏動力，也不會威脅到我們的自我價值。事實上，那些被我們當作「懶惰」的感覺，其實正是人類最重要的本能，也是我們得以長期生存與茁壯的核心機制之一。

這本書會火力全開地捍衛被汙名化為「懶惰」的行為，也會為那些被社會貼上懶惰標籤的人們平反。書中會提供各種實用的建議，協助你在生活中的各個層面去劃定界限，避免讓自己被過多的責任壓垮。藉由這本書，你可以胸有成竹地去捍衛自己與他人之間的界限，你可以自信地告訴自己：你心中最大的恐懼，「我是個無可救藥的懶人」——完全是一場誤會！

人會失去幹勁與動機，都是有原因的。

在疲憊與過勞中掙扎的人，面對的並不是某種羞恥、邪惡的內在惰性；他們真正對抗的，是一種對人要求過高、並斥責人有基本需求的過勞文化。我們不必不斷地把自己逼到極限、無視身體發出的警訊，更不必用自責來鞭笞自己。我們不必否認自己需要休息。我們不必懼怕「懶惰」。懶惰並不存在於現實之中。

第一章

名爲「懶惰」的謊言

The Laziness Lie

我的工作地點位在芝加哥的鬧區，就在密西根大道附近。每天早上，我都得穿過一群疲憊的通勤族與慢悠悠的觀光客，沿途會遇到一群坐在街角乞討的街友。不知有多少次，我瞧見幾位看似來自郊區的爸媽在勸阻孩子，要孩子別給這些遊民錢。爸媽們總是千篇一律地告誡孩子說：這些人只會把錢拿去買毒品或酒；這些人是假裝無家可歸；這些人若真的想改善生活，只要停止懶惰、去找份工作就行了。

每當我聽到這些話，總是會怒火中燒，因為我知道，要以「遊民」的身分存活下來根本是一份極其辛苦的「工作」。人在無家可歸的時候，每一天都會為了要找到（或搶到）一個安全、溫暖、能遮風避雨之處而苦苦掙扎。你得隨時帶著你所有的家當與資源，走遍大街小巷；只要稍有鬆懈，這些東西就可能被偷走或丟棄。只要流浪幾天，你身上可能就會累積幾處未治療的傷口，或者是心靈的傷，也或者兩者兼有。你永遠不能好好睡上一覺。你得乞討一整天，才能湊足一餐的錢，或是籌得去庇護所過夜的費用。若你有請領政府補助，你還得定期去見社工、醫生與治療師，好證明你有資格獲得醫療與食物。你總是身心俱疲、滿身病痛、精疲力竭。你得忍受他人的奚落、威脅，還時常無故被趕出公共場所。你每天都在為生存而苦撐，卻任誰都能大剌剌地說你就是懶惰。

我之所以知道這一切，是因為我有朋友當過遊民。吾友金姆曾在沃爾瑪百貨的停車場裡度過一整個夏天，只因為房東將他、他的伴侶，還有他們的兩個孩子都踢出了公寓。金姆告訴我，無家可歸最難熬的地方，就是得背負各種汙名與異樣的眼光。如果別人沒有察覺金姆是遊民，他和孩子們就能在麥當勞裡待上一整天，喝可樂、幫手機充電、避開酷熱。但只要一有人發現金姆是無家可歸者，那麼他在別人心中就會從一位疲憊但能把孩子照顧好的家長，瞬間變成不值得信任、懶惰的社會拖油瓶。這跟金姆與孩子們的穿著、行為舉止、消費了多少食物無關——只要「懶惰」的標籤一烙在身上，就再也無法抹去。他們馬上就會被店家趕出去，店家對此不會有絲毫猶疑。

我們的主流文化恨透了「懶惰」。而且不幸的是，我們對「懶惰」的定義非常廣泛。成癮者試圖戒毒但卻不斷復發？那他肯定是太懶惰，沒能好好克服毒癮。待業者因為憂鬱症纏身而沒有力氣下床，更別說要去找工作了？那他肯定也是個懶鬼。我的朋友金姆除了每天都在搜尋資源與住處，也有一份全職的工作，他甚至會擠出時間在破舊的休旅車後座教孩子數學與閱讀，那裡也是他們一家人過夜的地方——但你知道主流社會會怎麼看他嗎？他毫無疑問是個懶鬼，因為他還不夠努力工作，把自己從貧窮中拉出來。

「懶惰」這個詞，總是伴隨著一種道德判斷與譴責的語氣。我們說某人「懶惰」，不只是指他們缺乏幹勁；我們是在暗示他們某個地方壞透了、嚴重欠缺了什麼，因此他們活該遭受那些倒楣事。懶人在工作上不夠努力。他們總是在好的決定唾手可及時做出了壞的決定。懶人沒資格享有旁人的協助、耐心或同情。

像這樣去無視人的苦難，有時會讓人獲得一種（病態的）慰藉。如果我在街上看到的遊民都是因為他們「懶」，才落到這步田地，那我自然不用施捨他們一分一毫；如果每一位因持有毒品而入獄的人，都只是因為「懶」而不去找一份正當工作，那麼我就不需要去關心毒品政策的改革。再者，如果我班上每一個成績不好的學生，都只是因為「懶」得念書，那我也永遠不必改變自己的教學方法，也不用給遲交作業的學生任何寬限。

然而，人生從來沒有這麼簡單。絕大多數無家可歸者都是創傷與虐待的受害者[1]；多數無家可歸的青少年之所以流落街頭，不是因為被恐同或厭惡跨性別的父母趕出家門，就是因為被寄養系統辜負。[2] 許多長期失業的成年人都至少患有一種心理疾病，而他們失業的時間愈長，症狀往往會愈加惡化，也愈難被雇主視為可聘用的對象。[3] 當一名毒癮者未能從物質濫用中康復時，通常還得面臨貧困與創傷等其他難關，這些都讓毒癮治療變得格外複雜且困難。[4]

那群我們被教導去批判、認為是「不夠努力」的人，幾乎無一不是在對抗著最多隱性障礙與挑戰的人。我在自己的教學生涯裡也多次注意到這一點。每次我接觸那些看似「懶惰」、低成就的學生，總會發現他們正經歷巨大的個人困境，包括心理健康問題、沉重的工作壓力，或是必須要照顧生病的子女或年邁的親人。我曾有一位學生，在為期十六週的學期中，經歷了雙親過世、住家毀於天災，以及女兒因病住院。即使這些天災人禍都不是她的錯，她仍為了沒能準時交作業而心存愧疚。她篤定旁人會懷疑她在「裝可憐」，於是她隨身攜帶能證明這些災難的文件，只為了證明這一切是真的。人們對於被視為「懶惰」的恐懼，就是這麼深不見底。

明明許多人已經忙得不可開交，為什麼我們還是會視之為「懶惰」呢？其中一個原因，是大多數人的痛苦在外人眼中都是隱而不見的。除非學生親口告訴我，他們正苦於焦慮症、貧窮，或是得照顧生病的孩子，否則我根本無從得知。若我沒有跟公車站附近的那位遊民聊上幾句，我也不會知道他的腦部受過重創，而這讓他連完成像早上起床後更衣的這種日常生活都困難重重。若某位同事的表現不佳，我也無法得知他之所以無精打采，是因為長期慢性憂鬱的緣故。在我眼裡，他或許只是顯得麻木不仁，但其實他早已油盡燈枯。當一個人一次又一次被社會排斥，他們就會顯現出一副生無可戀的厭世模樣，但其實他們正拼盡全力想苦撐下去。

那些被我們不當一回事地貼上「懶惰」標籤的人，往往也是一群被逼到極限，已經完全沒有退路的個體。他們背負著沉重的包袱與壓力，為了生存拼盡了老命。但由於外界賦予在他們身上的責任與義務已經遠遠超出他們所能湊到的資源，因此在我們眼中，他們看起來就像是在原地踏步、一事無成。而我們也往往被教導去把個人的挑戰當成不能接受的藉口。再者，社會也灌輸我們一個觀念：個人不論遭遇何種困境，都只是不會被接受的藉口。

齊伊在與海洛因毒癮對抗多年後，試圖重新回到職場。他努力參與戒毒療程，在團體治療中學習生活技能，並藉由志工活動來重建自我認同。但是當準雇主翻閱齊伊的履歷時，看到的只有數年未工作的空白，於是認為齊伊這幾年無所事事。事實上，就連齊伊的家人與朋友，也認為齊伊這幾年的復健只是在浪費時間。我們知道毒癮是一種行為與心理層面的疾病，也知道大多數人都要經歷數次嘗試後才有機會成功戒毒，但我們還是會傾向於認為，有物質濫用問題的人是道德淪喪、自作自受，而每一次復發，都像是他們心甘情願、故意墮落的選擇。[5]

我們不光是會這樣審視跟批判其他人，我們也會這樣看待自己，並作繭自縛。我們大多數人都會用高得離譜的標準去苛求自己。我們覺得自己應該做得更多、休息得更少，也不要要求這個要求那個。我們會覺得自己面對的各種困境——例如憂鬱、育兒、焦慮、創傷、背痛，或僅僅是作為一個普通人的需求——都不足以被當成是力有未逮或疲憊不甘的理由。我們的自我期待是要表現得像個超人，而一旦做不到，我們就會狠狠地給自己安上一個「懶惰」的罪名。

我們都曾被「懶惰的謊言」欺騙過。我們的文化讓我們深信：成功只需要一樣東西，那就是「意志力」。我們總以為把自己逼到崩潰的極限就是好，就是比好整以暇更了不起。我們所受的教育是：人不能表現得難以為繼，難以為繼就代表懶惰，而懶惰的人沒有資格獲得關愛，也沒有資格享受。這就是「懶惰的謊言」——它無所不在，它讓我們變得苛刻、壓力沉重、疲於奔命，還讓我們誤以為自己做得不夠。要破除這個謊言，我們就必須正視它、拆解它，直到我們能看清它的毒性，會對我們的生活、信念體系及人際關係造成哪些影響。

「懶惰的謊言」如何騙了你？

「懶惰的謊言」是一種信念體系，它讓我們相信：努力工作在道德上高於放鬆休息；不具生產力的人，其本身的價值也比不上那些高效率的人。這是一套不成文、卻廣泛流傳的信念與價值觀，它左右了我們的工作方式、如何劃定人際關係中的界限，也影響了我們的人生觀。

懶惰的謊言有三大核心信條：

1. 你的價值取決於你的生產力。
2. 你不能把你的感受與極限當真。
3. 你永遠還可以做得更多。

我們是怎麼被「懶惰的謊言」洗腦的呢？多數時候，父母並不會刻意叫孩子坐下來，然後灌輸他們這種觀念。相反的，人們是透過多年來的觀察與模式識別，一點一滴地吸收這些觀念的——當父母對孩子說，不要給街上的遊民錢，因為這些人太「懶」、不配得到幫助時，「懶惰的謊言」就會在孩子腦中埋下了種子。當電視劇把殘障人士描繪成靠著純粹的意志力「克服」障礙，而不是獲得他們應有的協助時，這個謊言又被強化了。又或者，當主管責備某位真正需要休息的員工請病假時，這套謊言又更進一步地在人們的心裡扎根。

我們活在一個努力會被獎賞，而有需求與侷限卻被視為恥辱的世界裡。難怪我們總是過度勉強自己，害怕說「不」會被別人投以異樣眼光，而只能不停地說「好」。就算你認為自己並不全然同意上述三項「懶惰的謊言」之信條，你多半也已在不知不覺中吸收了它的訊息，並讓這些訊息影響了你設定目標與看待別人的方式。接下來，在我逐步拆解這些信條的同時，請你先思考：這些觀念是如何深植在你的思想中，又是如何影響你每天的行為選擇。

你的價值取決於你的生產力

在跟兒童與青少年談論未來的時候，我們會問他們將來想做什麼——換句話說，他們將來想貢獻何種價值給社會與雇主。我們很少會問他們真正熱愛的是什麼，或是做什麼會讓他們感到快樂與平靜。身為成年人，我們經常用「職業」去定義一個人——他是演員、她是禮儀師——以他們能提供什麼勞動作為分類依據。當某人失去或降低了原本的生產力，不論是因為傷病、變故，或甚至是衰老，我們往往會壓低聲音，帶著羞愧的語氣談論，彷彿對方喪失了其核心的身分。一旦沒有工作可做，我們就會有種人生失去意義的感覺。

我們很多人會這麼想、這麼說，並非全然沒有道理，畢竟在我們所處的世界裡，舒適、安全的生活絕非唾手可得。不想（或不能）工作的人往往會過得很辛苦；失業或貧困者比起中產階級或工作無虞之人，前者很可能不小心就會英年早逝。[6] 我們生活在一個由工作構築的世界裡，不工作會令我們在社交上遭到孤立，進而加劇原本的身

一旦沒有工作可做，我們就會有種人生失去意義的感覺。

心健康問題。[7] 失去生產力的後果往往不堪設想。於是，我們許多人長期活在對財務與職涯的焦慮中，時時刻刻承受著「自己是否做得不夠」的壓力。

邁可是一名酒保，他總是擔心自己工作量太少。他在芝加哥南區一個義裔的工薪階級家庭長大，而這個家充斥著失能與心理疾病的問題。儘管如此，他還是闖出了一條路，學會了一門不怕沒有需求的技能。也因為如此，他對每一份工作都來者不拒。在芝加哥，若你是一位能力出眾的酒保，那麼你會動輒被叫去替很多人代班——邁可對此大小通吃，在這個城市大大小小的酒吧之間來回奔波，就算每天只能睡一兩個小時也在所不辭。我花了好幾個星期才約到他來面談，因為他的行程實在是排得太滿了。

「我的人生就是徹底的燃燒，」邁可對我說。「之前開自己的酒吧時，我一週營業九十個小時，週週如此。我晚上會直接睡在男廁的地板上。醒來後，不是在安排店裡的活動，就是在設計菜單酒單、向廠商叫貨，然後還要實際站上吧台調酒。後來酒吧倒了，我只能開始接各種工作，什麼都做。」

邁可一直過著這樣的生活。十來歲的他曾跳過芭蕾，而芭蕾那個沒日沒夜練舞的世界，讓他學會了要在醒著的每個瞬間都填滿課程與訓練，完全不去管自己的身體撐不撐得住。長大之後的他帶著同樣的決心，進入了成人的世界，就這樣死命工作了幾十年。即便遊歷在外，他也不忘打開天線尋找可以上的酒吧空班，一有機會就在市區打工。他從來不知道什麼叫休息。他用表單記滿了自己的鐘點與收入，密密麻麻的數字讓人看了頭皮發麻。

「剛過的三月份我就累積了三百八十小時的工時，」他告訴我。做為對照，每週四十個小時的標準工時，相當於一個月一百六十個小時的工時。邁可宛若強迫症的工作模式與所付出的代價，詭異地映照著我與麥克絲的狀況。幾年前，當邁可的酒吧生意開始走下坡的時候，壓力令他嘔起血來。同時他也開始出現嚴重發寒的現象，以致於他每晚都苦不堪言。而我也有過這樣的經驗。但即便如此，他還是硬撐著病體在工作，希望努力工作來讓生意好轉。

我們當中比較幸運的人，在這種生活方式下撐了幾年之後，還有機會順利退休。但由於我們從小被教導要將工作視為身分的核心，因此當生活節奏放慢時，我們往往不知道該如何應對。退休後的人常會陷入憂鬱，覺得人生失去了意義。[8] 和失業者一樣，退休者也經常表示自己感到迷惘和孤單。孤立感與流失了框架的日常生活，會讓人身心俱疲，甚至提高罹患心臟病的風險。[9] 我們許多人終其成年的生涯，都在恐懼退休，因此我們會用健康的人生規劃作為代價，不斷地延長工作年限。[10]

當新冠肺炎襲捲芝加哥、酒吧紛紛關門之後，邁可立刻陷入驚恐與不安中。他成年後幾乎每天都在工作，如今酒吧歇業，他完全不知道該做什麼，也不知道該怎麼賺錢維生。於是，他打算在市區找一間閒置店面，開設非法的地下酒吧。他在服務業界交遊廣闊，其中有些人知道有哪些適合的地點，可以讓他偷偷溜進去開店。而其他非服務業的朋友則對此相當吃驚，他們沒想到邁可會如此不顧自身與朋友的生命安全，硬是要開店，讓大家暴露在病毒的威脅中。最終，邁可被說服了。

我固然覺得邁可的地下酒吧計畫很不應該，但我可以理解他為什麼會想這麼做。生活逼迫他必須自給自足，而能讓他擺脫困境的唯一方法，就是不計後果的戮力工作。他過去已有因過勞而吐血的紀錄，所以在他看來，新冠這種急性呼吸道症候群也不是冒不得的風險。

保持社交距離的政策實施兩週之後，邁可傳訊息給我說：「我已經等不及要去上那個該死的班了。這是我從十四歲以來放過最長的假，我快瘋了！」

我們很多人都跟邁可一模一樣，頂多是我們的選擇不會都像他一樣極端。我們無法減少工作量，總是反射性地接下新的責任，只因為我們會不由自主地擔心「要是我們不這麼做，我們的生活就會分崩離析」。我們總是會用自己的健康去交換財務與職涯上的安全感，總是得在充足的休息、運動與社交時間，與勉強維生所需的工時之間二選一。

遺憾的是，我們許多人都不是緊張過度才做出工作的選擇。我們是真正知道自己在經濟上有多弱勢，才不得不如此。

像新冠肺炎這樣的國際性災害，只是讓邁可更加堅信自己一路走來如此拼命工作，是正確的決定。要是他此前沒有如此未雨綢繆，現在只會更加落魄。

長期過度承擔責任的人，是最會忽視身體需求的專家。我們的經濟體系與文化教導我們，「存在需求會讓我們變成弱者」，而我們的極限是可以硬擠出來的。我們會學著去忽視自身的需求，並將健康視為是一種我們可以拿去換取名利的資源，而這就引出了「懶惰的謊言」的第二則信條：我們不能相信自己感覺到的疲憊或病痛，我們不能容許自己存在身心的極限。

你不能把你的感受與極限當真

艾瑞克·波伊德（Eric Boyd）是一位成功的小說家，但他始終擺脫不了那種害怕自己會搞砸一切、導致一無所有的恐懼。他的恐懼並非沒有根據：在成為小說家之前，他曾坐過牢。他比多數人都更切身明白，工作所帶來的舒適與安全，可能在任何一瞬間煙消雲散。身為一個有前科的人，他無法像我們許多人一樣輕鬆地重返職場。因此，即使他的行程早已被演講、教學和寫作邀約填滿，艾瑞克仍不斷報名參加有償的臨床試驗和其他副業。他從不對任何寫作或表演的機會說「不」，就算得在深夜奔波於兩個城市之間也毫不遲疑。他仍深怕只要自己稍有鬆懈，就會墜入「懶惰」的深淵，永遠爬不起來。

我和不下數十位過勞者談過，這種恐懼幾乎是他們共同的心聲。那些工時最長、把自己逼得最狠、對工作來者不拒的人，往往也是最懷疑自己「是不是太懶」的那群人。他們似乎被一種內在的恐懼折磨，害怕自己其實是自私的、依賴的、不夠積極的。這聽起來似乎很矛盾，卻正是「懶惰的謊言」之核心——而且可能是後果最危險的部分。

「懶惰的謊言」告訴我們：我們每個人都隨時有變成懶鬼與一事無成的風險，而任何一個示弱的跡象，都可能讓我們萬劫不復。這個謊言讓我們許多人堅信，在內心深處，我們並不是真正那個充滿幹勁、成就斐然的人，一切都只是我們裝出來的罷了。我們相信，要克服那種自私、懶散的本性，就必須永遠不要聽從身體的聲音、永遠不能讓自己鬆懈，更絕不能把生病當作放慢腳步的藉口。

這個層面的信條，給了我們一個「教訓」：我們應該對自己的基本需求感到恐懼與厭惡。感覺疲倦？那不表示你需要睡眠；那只是你懶。難以專注在複雜的事情上？那不是因為你分心了，也不是因為你快被工作壓垮了，而是正好相反！你其實應該再扛起更多工作，好讓自己保持犀利！你發現自己開始討厭曾經熱愛的工作了嗎？那只是你太幼稚。你只需要更狠地逼自己一把，就能克服那種令人羞愧的動力不

> 這個謊言讓我們許多人堅信，在內心深處，我們並不是真正那個充滿幹勁、成就斐然的人，一切都只是我們裝出來的罷了。

足。

一旦你臣服於這種信仰體系，要辨認自己的需求並為自己發聲就會變得非常困難。我在2014年那陣子病得很重，身體幾乎垮掉，卻還是常常懷疑自己是否真的生病了。我甚至會想，會不會是我在潛意識裡假裝自己發燒，好偷偷操控朋友與親人對我產生憐憫。事實上，連我的醫生都不太相信我的病情有我說得那麼嚴重。他要我每天晚上量體溫，並把紀錄寫在一本小筆記本裡帶去給他看。後來我們發現，我幾乎每晚都發燒到華氏103度（攝氏約39.4度）。但即便如此，我仍然為了給人添麻煩而感到罪惡。我無法理解，為什麼光靠意志力無法讓我好起來。

我們的身體與心靈會發出許多早期警訊，提醒我們感冒、飢餓、脫水或心理疲勞正在逼近。如果你早上醒來時覺得喉嚨痛、嘴裡有一股異味，那麼就能預先做準備，讓自己好好休息，把病毒扼殺在萌芽狀態。如果你發現自己心神不寧、滿腦子都是食物，你也會知道自己該去吃點東西，以免真正的飢餓感鋪天蓋地的襲來。[11] 如果你連讀一頁書都覺得費力，那就代表你得讓大腦放鬆一下了。

然而，若依照「懶惰的謊言」所說，上述這些都不是什麼有用的警訊——而是某種詐騙。你需要的不是點心、不是茶水，也不是在床上度過一個慵懶的星期天。這些東西不過是你的劣根性，是在拿不務正業誘惑於你。「懶惰的謊言」會驅使你忽視身體的警告，去頂著各種不舒服硬撐，去憋著不尋求適當的緩衝。而在這種種掙扎與勉強的最終，你也換不到任何報酬。你永遠不會因此「贏得」輕鬆一下的權利，因為「懶惰的謊言」還會告訴你：你永遠都做得不夠！

你永遠還可以做得更多

「懶惰的謊言」會慫恿我們去追求那種不可能達成的高生產力。我們會專心地先把週間的八小時工作做完，然後在晚上做體能訓練、做能上傳到IG的家常料理，乃至於做令人稱羨的餘興活動。

按照「懶惰的謊言」所說，沒有缺憾的人生要滿載著充實而講究的日常。充實人生的模範生不會對醫生失約，不會忘記檢查車子的五油三水，不會在該上健身房的時候臨陣退縮。要是有人在大選當天沒力氣去投票，只因為他們剛撐完一天中的第三個班，那麼「懶惰的謊言」會說，「就是這些人讓這國家的政治局勢變得一團亂！」要是參加進修課程的主婦沒力氣念書，「懶惰的謊言」會說，「那是因為她不夠聰明或不夠勤學，所以沒資格拿到學位！」

「懶惰的謊言」會無所不用其極地去說服我們什麼都得做。我們的眼界會被逼著不斷地攀高——但卻始終碰不到天花板，因為所謂的「天花板」根本就不存在。即便你勤勤懇懇地完成份內的工作，「懶惰的謊言」也會斥責你的志工做得不夠多，或是你沒有花更多時間去照顧親友。若是你把人生都投入在服務他人、滿足他人的需求上，「懶惰的謊言」也會說你的運動量不夠，或者家裡亂七八糟。要是你贏了什麼大獎或達到了什麼改變人生的里程碑，「懶惰的謊言」則會給你一個禮貌性地微笑說，「恭喜你了，但你接下來要做什麼？」

我們所受的教育都告訴我們：要深深地以自身成就為榮。與此同時，我們也被灌輸一個觀念：即便你真的有所成就，也絕不能因此鬆懈或稍作歇息。就算成就再怎麼卓越，社會也不允許你停下來喘口氣。我們永遠都會陷在一種不斷追問自己「接下來要幹嘛」、「還能再做什麼」的焦慮裡。

「懶惰的謊言」教我們的是，「你愈認真工作，你就愈是個好人」，但它從沒有好好定義過：要認真到什麼程度是人可以接受的。它永無止境地把終點線往後挪，從不允許我們脆弱，或承認自己有所需求——這等同於一開始就要我們只許失敗，不許成功。

過去這一年，我母親的髖部受了傷，遲遲無法痊癒。照理說，她本該好好休息並接受物理治療，讓病情不再惡化，但身為口腔衛生師、工作時得一直站著的她，仍拖著病體去上了好幾個禮拜、好幾個月的班。即便她的身體很明顯已經撐不下去

了。

我母親愈來愈難以走路或站立，直到她開始害怕進辦公室。但就算這樣，她還是持續地把退休時間往後延。她已經工作了四十多年，她反覆對我說，「這份工作已經跟她劃上等號，她成年之後就沒有做過其他工作。」因此，遲早得退休的她仍一拖再拖，直到她痛到不得不把排好的班通通告假取消。就這樣，她不是照計畫按部就班地退休，而是宛若突發狀況，以文字訊息的方式通知了同事。

「懶惰的謊言」讓我媽無法對自己坦承，「自己該退休了」。事實上，這種謊言讓我們許多人無法騰出時間好好休養，也無法在自己普遍較為健康的青春歲月中，投入那些真正熱愛的事物。我的許多親友也以類似的方式在自我傷害，把他們的健康、人際關係與生命，獻給了名為「努力工作」的祭壇。這就是「懶惰的謊言」對我們造成的破壞——它讓我們不敢去過一種更溫和、更舒緩的生活。

這種「努力至上」的世界觀讓我們許多人在根本上無法好好照顧自己，更別提將同理與關懷延伸到他人身上。更糟的是，「懶惰的謊言」深植於我們的文化與價值觀中，以至於我們多數人從未想過要去質疑它。若要徹底理解這場謊言的深遠影響，以及它究竟如何成為我們文化的一部分，我們就得回推到數百年前，回到資本主義的起點。

「懶惰的謊言」是怎麼編造出來的？

「懶惰的謊言」根深蒂固地藏在美國這個國家的根基之中。勤勞工作的價值觀與懶惰帶來的禍害，深深烙印在我們的國族神話裡，也鑲嵌於我們共同的價值體系中。仰賴帝國主義與奴隸制度所留下的遺緒，再加上美國對貿易夥伴所持續發揮的影響力，「懶惰的謊言」已成功將其觸角伸入地球上幾乎每個國家與文化中。

「懶惰」（lazy）這個英文單字，最早出現在西元1540年左右。而即便是在當時，它也已帶有批判的語氣，用來形容那些不愛工作、不願付出努力的人。[12] 許多語源學者認為，「lazy」可能來自中世紀低地德語的「lasich」，意思是「虛弱」或「無力」[13]；也可能源自於古英文「lesu」，為「錯誤」或「邪惡」之意。[14] 這兩種語源都說明了：當我們說某人「懶惰」時，這個詞背後其實帶有一種奇特的雙重貶意。它既是在說對方因為（身體或心理）虛弱而無法完成任務，同時也是在暗指，這種「無能」在道德上是不被接受的。他們不只是疲憊或失去動力——這個詞還暗示，他們從根本上就是失敗的人，是人類中的劣質品。「懶人是邪惡的騙子，活該受苦」這樣的觀點，從這個單字誕生的那一刻起，就已經被深植在它的字義中。

「懶惰的謊言」之所以能在美國境內廣泛散播，其中一大主因，就是清教徒的到來。清教徒長期以來的觀念是，「一個人若勤奮工作，就表示他是上帝揀選來接受救贖的人」。辛勤工作被認為是能讓你變成一個更好的人；反之，如果一個人無法專注於手頭的工作，或無法自我激勵，那就代表他遭到了詛咒。[15] 這自然也意味著，對那些無法履行責任或表現不佳的人，我們不必懷抱同理心。缺乏成功的動力，就等同於向世界宣告：上帝沒有選中他們進入天堂。當清教徒踏上殖民時期的美洲，他們的這種觀念迅速蔓延，傳播到其他不那麼虔誠的殖民群體。[16] 基於多重原因，一套用來批判和懲罰「懶惰者」的信仰體系，從此變得極受歡迎——而且在政治上極為管用。

殖民時期的美國高度依賴奴隸與契約勞工的勞動力。[17] 對掌握財富與奴隸的殖民者來說，如何讓奴隸在拿不到任何好處的狀況下依然能賣力工作，是當務之急。[18] 而要達成這個目的，有一個強效的方式，就是透過宗教的教義與洗腦。這種強調生產力的基督教信仰從早期的清教徒思想中演化而來，主張工作能塑造品德，並被強加於受奴役者的身上。這套教義宣稱，「吃苦是一種道德上的高尚行為」，因此只要奴隸溫和、順從，乃至於最重要的——勤勞，有朝一日就能在天堂獲得獎勵。[19]

> 基於多重原因，一套用來批判和懲罰「懶惰者」的信仰體系，就此變得極受歡迎——而且在政治上極為管用。

反過來說，如果奴隸懶散或「lazy」，那就代表他們從根本上是腐敗且有問題的。[20] 奴隸主會刻意讓奴隸忙到精疲力盡，因為他們擔心，一旦讓奴隸閒下來，就可能有機會策劃叛亂或暴動。[21] 更令人不安的是，若奴隸試圖逃離束縛，便會被視為是有精神上的問題，罹患了所謂的「脫逃奴隸症候群」。[22] 只因他們拒絕接受社會賦予的角色，就被認為是有缺陷且異常的——這種世界觀成為了美國資本主義的基礎。[23]

「懶惰的謊言」就此於奴隸間誕生後，便很快地擴散到其他被邊緣化的群體之間，包括簽了合約的長工、窮困的白人勞動者，以及被迫進入公立寄宿學校裡的原住民。[24] 這些被剝削的群體也受到同一種教育，那就是「任勞任怨地工作是一種美德」，而奢望空閒的時間則充滿了道德上的疑義。隨著工業革命改變了舉國的地景，愈來愈多的美國人開始在工廠裡長時間勞動，「懶惰的謊言」也開始愈來愈深入人心。有錢人與受過高等教育者開始宣稱「窮困的白人也不能被託付以『閒暇』的時間」。事實上，有人認為過多的休假恐將讓人產生反社會傾向。[25] 主要是當時的宣傳常指稱，如果勞動階級的窮人不夠忙，他們就會把時間拿去犯罪、吸毒，社會也會因此大亂。[26] 就此，懶惰不僅正式成為了一種個人的缺陷，同時還是一種有待攻克的社會弊病——而這種觀念也一直維持到今天。

我們也能從那個時期的大眾媒體中看見「懶惰的謊言」的教條影子。在十九世紀末，作家荷瑞修．安格勒（Horatio Alger）出版了許多小說，描述在貧困中掙扎的人物如何靠著努力躋身上流階級。這些暢銷小說形塑了一種觀念：窮人若想過上好日子，只要自力更生、奮發向上就行了。[27] 從1950年代起，福音派牧師開始宣揚一套類似的理念，稱為「成功神學」（Prosperity Doctrine）。這套教義主張，只要人們將生命奉獻於侍奉耶穌，就會獲得豐盛的工作機會、財富與成功作為回報。[28]

在那之後的幾十年間，「懶惰的謊言」滲透進了不計其數的電影、戲劇與電視節目中。從保羅．班揚（Paul Bunyan）與強尼．蘋果籽（Johnny Appleseed）的美國神話，到電影大螢幕上獨立的硬漢牛仔，再到康拉德．希爾頓（Conrad Hilton）等企業家的回憶錄——美國文化中最普遍的傳說之一，就是那個專注而勤奮的人，憑藉純粹的意志力創造出自己的成功，並改變了整個社會。[29] 在這些故事裡，主角總是個強悍的白人男性，他們不需要他人的扶持；他們在人際上彷彿一座孤島，沒有任何與他人緊密的關係，也不太理會社會的常規。從各方面來看，他們都是「獨立」的寫照，彷彿正是靠著他們的堅毅與執著，方得以踏上成功之路。這些神話雖然鼓舞人心、令人嚮往，卻也暗藏一個陰暗的訊息：如果一個人沒有成功，那就是他不夠努力。

對於相信「懶惰的謊言」的人來說，經濟改革、勞工保障與各種社會福利似乎都是多此一舉。畢竟任何人若想成功，只要靠自己奮發向上就行了。近三十年來的研究一再顯示，大多數美國人確實就是這樣想的。對許多人而言，我們本能地會把失敗歸咎於個人的問題，尤其是如果我們認為對方是因為懶惰才失敗的話。[30] 研究還顯示，當我們相信這個世界是公平的，所有成敗都是其來有自的時候，我們就會傾向於不支持社會福利計畫，也較少會對貧困者及其需求表現出同情。[31]

就像我曾看過的那些不鼓勵孩子捐錢給遊民的父母那樣，許多美國人都認為，把慷慨、憐憫與相互扶助投注在懶人身上，是一種浪費。若我們相信這個世界，是由那些獨立的人單靠自己打造出來的，那麼我們也可能進一步認為，人與人之間不需要相互扶持，更沒有必要悲天憫人。我們甚至會把依賴他人視為對人類進步的威脅。

經過幾十年來對「懶惰的謊言」耳濡目染，已深刻影響我們的公共意識。這讓我們變得對他人過於刻薄，習慣性地將經濟不平等歸因於貧困者自身的過錯。而我們也會因此憎恨自身有限的能力，將疲憊或想休息的念頭視為失敗的象徵，也在內心積壓了巨大的壓力，逼迫自己不斷努力，從不為自己設定任何上限或界限。尤其是社群媒體與數位工具的興起，更讓這些壓力變得比以往更難擺脫。

從超級英雄到百萬網紅，它無所不在

就像荷瑞修・安格勒（Horatio Alger）以往的小說作品，今日的流行媒體也仍不斷教育我們要對「努力工作」心懷崇拜，並鄙視懶惰者。從我們看的電影，到午休時陪伴我們的YouTube影片，我們被各種讚頌勤奮與個人主義的敘事淹沒。今日許多當紅名人都將自己塑造成「白手起家」的創業者，而非承認自己是備受幸運與特權眷顧的商界大亨。我們所看到的英雄之所以能戰勝邪惡、實現夢想，是因為他們具備非凡的意志與執著，而非因為他們曾獲得或提供過他人幫助。相對的，那些面對身心障礙與個人困境的角色幾乎總是被描繪成反派或滑稽的配角，令人憐憫但不值得尊敬。[32]

電影《捍衛任務》裡的約翰・維克（基努・李維飾）一角之所以塑造的如此成功，是因為他總是單槍匹馬解決掉無數敵人，同時，他一次次地說要退隱江湖，卻又重作馮婦、再現江湖。許多關於刺客、特務與超級士兵的故事都遵循著大同小異的模式，那些鋼鐵猛男無論如何也放不下自己的工作，也不管工作內容有多可怖，他們又為此吃了多少苦頭。從《銀翼殺手》（*Blade Runner*）到《刺激驚爆點》（*The Usual Suspects*）再到《全面啟動》（*Inception*），美國許多最具代表性的經典動作片角色都有著與約翰・維克如出一轍的人設，他們都永遠在為最後的一項任務延後退休。[33]當然，他們所謂的「最後一次任務」，永遠不會是真正的最後一次。因為片尾總是會有跟續集有關的彩蛋，賭注更大的新挑戰永遠都在等著他們。

在《復仇者聯盟：終局之戰》（*Avengers: Endgame*）裡，雷神索爾被當成了笑柄，因為他在一場星際災難的面前顯得被動、活像個酒鬼，而且懶散。該片還讓演員穿上增胖裝，好讓畫面呈現出索爾有多墮落。該電影的敘事中，重點不在於索爾在滅霸的響指中失去了無數摯友，並親眼目睹一場難以想像的災難席捲整個宇宙——這些仍不足以解釋他為何會陷入無所事事、充滿痛苦的狀態。創傷與哀慟本應是再正常不過的反應，卻被劇情描繪得既可笑又可悲，結果讓無數體重偏重的觀眾感到受辱與被非人化，也讓有憂鬱症與成癮困擾的影迷被拖下水，受到傷害。

這種對強悍個人主義角色的迷戀，幾十年來滲透了整個美國文化。像是電影《駭客任務》、《星際大戰》與《哈利波特》系列，皆強調主角是「天選之人」，必須傾盡全力、不惜一切代價去擊敗邪惡勢力。這些主角的背後或許有支援網絡與夥伴協助，使他們在故事中獲得助力，但到了關鍵時刻，他們幾乎總是得獨自奮戰、靠自己取得勝利。他們被告知擁有某種獨一無二的能力，因此別無選擇，必須背負起拯救世界的使命。而這傳遞給觀眾的訊息是：我們的技能與天賦並不真正屬於自己，它們的

> 如果我們不欣然將時間、才能，甚至生命奉獻給他人，我們便稱不上英雄，更談不上是好人。

存在是為了發揮作用。如果我們不欣然將時間、才能，甚至生命奉獻給他人，我們便稱不上英雄，更談不上是好人。

當前許多最受歡迎的兒童節目，譬如《七龍珠》或《我的英雄學院》，也都聚焦在那些拼死修煉、把自己逼到受傷邊緣的角色上。我小時候看過《七龍珠》的早期版本，當時我就對那些為了在戰鬥中取勝而拼命的角色很癡迷。劇中的小朋友總是渾身是傷、血跡斑斑，但即便如此，他們依然不會停止戰鬥。那時我很佩服他們的奮戰精神，也希望自己能像他們一樣堅強。然而長大之後，我才驚覺那些動漫竟然如此駭人且赤裸地將暴力與虐待兒童美化為「努力奮戰」。即便是在道德論述上較有深度的現代兒童動畫中，像是《神臍小捲毛》（*Steven Universe*）與《降世神通：最後的氣宗》（*Avatar: The Last Airbender*），孩子們學到的教訓仍然是：拯救世界得靠某個意志堅定的個體來完成。如果那個人必須為此犧牲一切，那就是他的命運。但在現實中，努力去改變現狀是一個更為漸進、且需要集體合作的過程。

IG與YouTube上的網紅，也都無所不用其極地在兜售著「懶惰的謊言」。傑佛瑞．史達（Jeffree Star）與沈恩．道森（Shane Dawson）等當紅的油土伯，都在各式各樣的影片裡大談他們身為創作者，是付出了多少努力與犧牲，才掙得了今日的成功。他們令人咋舌的財富，總是被拿來與他們的努力（而非好運）畫上等號。金．卡戴珊（Kim Kardashian）與凱莉．

詹納（Kylie Jenner）這兩位名媛，也耗費了多年的光陰（外加多個電視節目）將自己描繪成「創業者」，基本上就是將她們名利雙收的成果歸功於自己的努力不懈，且永遠在尋找新的機會。當IG網紅兼模特兒暨喜劇演員瑞奇．湯普森（Rickey Thompson）達成約400萬人追蹤、足以將名氣拿來變現的時候，他首賣的商品是一件印有「Booked and Busy」（已訂位但沒空）口號的T恤。[34] 這些公眾人物挾帶自身的高人氣，勢不可擋地強化了「保持忙碌」的重要性。他們不論是在生活或工作裡，都反覆在論述這樣的主題。

走遊戲暨喜劇路線的YouTuber們也會去蹭這類主題，他們三句不離自己是如何投入在粉絲的經營上，又是如何花費大把時間去完成每一項企劃。若干直播主會常態性地在鏡頭前睡著，只因他們太過努力地想創作出好的內容。[35] 某些網紅則會在鏡頭前一待就是二十四小時以上。很誇張的是，有一次某直播主竟然因嚴重的睡眠匱乏與生理疲憊而暴斃在鏡頭前——他在事發前已經連續直播了二十二個小時，中間完全沒有間斷。[36]

就某些方面而言，孩子們等觀眾若能常態性聽取「白手起家」的故事，是有好處的。社群媒體作為一種民主化的過程，讓愈來愈多沒有背景的人也能名利雙收——至少在某個程度上是如此。有時候，像瑞奇．湯普森這樣的黑人同性戀者也確實能夠攀上名利的高峰，只因為他們做出了品質出眾的影片，並且非常努力工作。但有瑞奇．湯普森，就會有傑佛瑞．史達這類成功到極致的YouTuber兼化妝品大亨——他住在吃穿不盡的豪宅中，而他的員工們則得在他的倉庫裡操勞不休，替老闆生產商品與財富。

就在大獲成功的明星們把幸福的功勞攬在自己身上、自認一切都是靠自己努力換來的同時，他們也為許多人堆砌出不切實際的期待——讓大家以為自己也有機會成功，乃至於相信美國是一個遍地黃金的國度。這樣的風潮其實問題很大，因為這種過勞式的工作習慣本身就相當危險。我們的媒體內建了一種特定的偏見：我們鮮少聽到另一種人的聲音——那些同樣努力工作，最終卻以失敗收場或一無所有者的聲音。

做音樂的波．柏翰（Bo Burnham）——其職業生涯始於YouTube——他對這種現象有極為貼切的描述：「別聽信那些超級幸運的人給你的建議。泰勒絲叫你去追夢，就跟一個樂透得主告訴你『把所有資產變現！把錢全部拿去買威力彩！真的會中獎喔！』是一樣的道理。[37]」

我們的媒體很少呈現人們是如何設下停損點、開口求助，或是將生命投注在那些讓自己感到快樂與安全的事物上。當然啦，一個故事若是講某人開開心心地過著充實又健康的人生，自然比不上那些充滿暴力、苦難與掙扎的劇情來得精彩。堅強而獨立的英雄之所以讓人欲罷不能，是因為我們都渴望擁有他們那樣的力量與專注。這類故事裡的反派固然讓人恨得咬牙切齒，但當我們看著基努．李維飾演的主角，用一本圖書館裡的書或僅靠意志力就痛宰成群壞蛋時，腎上腺素總會隨之飆升。然而，這些故事背後其實都有其社會成本，因為它們不斷灌輸我們一種觀念：我們絕不能放棄努力，也不該開口求助——但事實上，多數時候，我們都需要、也值得好好休息一下。

鼓吹我們必須努力不懈的，不光是大眾媒體而已。「懶惰的謊言」也在我們的校園裡成了被宣傳的標的。我們的現代教育體系成形於工業革命時期，其設計的原意是要訓練學生能順利在倉庫與製造業工廠裡就業。[38] 時至今日，上課日的結構仍高度類似於一般上班日的結構。你會看到嚴格的課表與任由師長規定的作業繳交期限，至於學生生活中還得完成什麼其他事情，則完全不在校方的考慮之列。缺席或作息的改變可能會讓孩子們惹上麻煩。無法專心或坐不住八小時的孩子，會被認為是需要控管的問題學生。沒有哪一科特別突出的學生會比較不受關注，也較難獲得支持；至於那些不符合「資優生」刻板印象的孩子，也常因性別、種族或社經地位等問題而被冷落。[39]

有些人確實可以在標準的求學環境中發光發熱。比方說，我們當中的某些人比較能夠長時間維持安靜不動，並遵照師長的規定行事，而這有助於我們在求學路上成為被讚許與鼓勵的對象，進而表現亮眼。然而，有為數眾多的年輕人因為做不到這些，因而接收到一種訊息：他們不夠優秀、不夠努力，所以注定會失敗。

在芝加哥的羅耀拉大學，我的學生都是在職的成年人。他們不少人是在十八、九歲時註冊大學學籍，但後來因為各種因素沒能「準時」畢業。他們有人懷了孕，有人生了病，有人得休學照顧病重的父母。有時候，他們只是無法專注在課業上，或者突然覺得念書失去了意義。令人遺憾的是，我的許多學生都內化了一種觀念，認為自己之所以會遇到這些挑戰，是因為「自己有問題」。他們當中有許多人相信，自己之所以沒能一次就完成學業，純粹是因為自己「太懶惰」。

若干年前，一位名叫毛菈的成年學生在課後來找我。她臉上有幾個穿洞，也染了頭髮——就跟我一樣。她剛刺了一個新的刺青，想給我看看。我們聊了一會兒，話題圍繞著穿洞、刺青，還有我們各自去過的演唱會；她和我有很多共通點。後來她問我幾歲，結果發現我們竟然同齡。一得知這件事，毛菈立刻開始自嘲，說自己「沒有像我一樣好好把握人生」。她的語氣像是在開玩笑，但我感覺得出來，那背後其實是發自內心的不安。

我在遇到比我更有成就的年輕人時，也會有類似的反應。我所受的教育，就是要不斷拿自己的表現去和別人比較，所以當我遇到看起來「領先」我的人時，內心就會覺得受到威脅。但我比較少會如此去評斷別人的人生。

我開始問起毛菈二十幾歲時，日子都是怎麼過的。她說當時她經營過一間頗具規模的零售店，前後維持了好幾年；同時，她一邊修課、一邊養育孩子。此外，毛菈還有幾位年紀比她小的室友，她常常發現自己不自覺地扮演起「媽媽」的角色。室友的車子拋錨時，她得載她們上班；室友生病時，她也會照顧她們。除此之外，毛菈的前夫是軍人，有好幾年她都跟著丈夫四處調職，而在他們住過的各個軍事基地裡，她幾乎都找不到工作可做。

毛菈顯然曾過著一段充實且肩負重責的日子。跟我比起來，她二十幾歲時的日子不僅更有趣，也更具挑戰性，但她卻覺得自己那幾年「一事無成」。她其實比我成熟得多，也更有歷練。我試著把這些話告訴她，但我不確定她有沒有有聽進去。畢竟在那之前，已經有太多教授對她說，「妳不夠用功、不夠努力」。在修我課的同時，毛菈還有另一門課不及格，因為她工作上的緊急狀況，讓她錯過了考試，而那門課的教授不肯讓她補考。

如同我許多的成年學生，毛菈不時也會有一臉睡眠不足、神情恍惚的模樣。但在與她交談的過程中，我意識到那是因為她實在有太多事情要忙。做老師的人一不小心，常會把學生的精疲力竭誤認為他們不積極或缺乏上進心，但我的經驗是：只要願意坐下來跟這些看似不上進

> 不論我們把視線轉向哪裡，看到的總是「你還不夠好」。

的學生聊聊，便會發現他們往往展現出令人刮目相看的高度幹勁——他們整天忙得團團轉，不是在做全職工作，就是在進修或服務他人。但即便如此，我許多最忙碌的學生仍自認為自己很懶惰，畢竟他們曾遇過不少老師，總是將他們不得已的環境因素歸咎於他們自己。

「懶惰的謊言」也隨著我們進入家中，闖進了我們的私人時光。數位科技與社群媒體占據了我們的空閒時間，讓我們的生活充斥著來自同事的電子郵件、提醒我們遺忘某個約定等充滿壓力的通知。還有各種讓我們滿懷罪惡感，要我們別忘了自己的身材、住家與生活該是什麼模樣的訊息。

數位工作的工具讓我們許多人得以在家工作，但這並未讓我們的生活變得更輕鬆，反而創造出更多讓老闆施壓的機會。我們的新聞來源不再是報章雜誌，而是手機App與社群媒體，這使得那些不堪入目的畫面與令人焦慮的訊息更加無孔不入。即便是理應帶來愉悅與娛樂的網路空間，像是IG或抖音，也充斥著減重產品廣告、巧奪天工的居家改造設計，乃至於繁複的美容保養流程，無不讓人感到內疚。不論我們把視線轉向哪裡，看到的總是「你還不夠好」。而當我們終於與這些不斷湧現的羞愧感與壓力意識切斷連結後，卻又往往會為了在同事與親友間「消失」了一段時間而感到愧疚。

為什麼你會覺得自己很懶惰？

每當我跟人說「我不相信世界上有懶惰這回事」，就會發生一件有趣的事：對方幾乎毫無例外地會試圖跟我爭論，強調自己有多懶、多糟糕。他們會承認「沒錯，其他那些被貼上『懶惰』標籤的人其實都非常努力」，也會承認「沒錯，很多人看似無所事事，其實卻正忙著應付一堆貨真價實的障礙與挑戰」。只不過，他們會再三向我保證，他們絕對不屬於這種人。他們認為自己是純粹的懶，懶惰已刻在他們的基因裡。不論跟世界上任何一個人相比，他們總覺得自己更懶一點、更不堪一點。我和幾十個成就斐然且上進心十足的人聊過，他們卻無一例外地深信自己懶得無可救藥，懶到無地自容。

我第一次進行這種對話，對象是我的藝術家朋友邁可・洛伊。洛伊從事街頭藝術與壁畫的工作，為此他取了一個「鳥帽」（Birdcap）的藝名。邁可周遊列國，在室內外的牆壁上繪製色彩鮮豔且繁複的圖案，上頭結合了古代神話人物與其年輕時的懷舊影像。他憑藉自己的才華與專注度，成為一位知名藝術家。但在2015年當我們倆閒聊時，他卻告訴我他真的是懶得可以。

> 我和幾十個成就斐然且上進心十足的人聊過，他們卻無一例外地深信自己懶得無可救藥，懶到無地自容。

我問邁可他是怎麼辦到的——他一邊充滿精力地環遊各

國從事壁畫創作，一邊申請藝術補助，還能順便接案，替客戶創作數位圖案。這也太分身有術了吧！他聳了聳肩說，他不得不這樣逼迫自己，因為一旦放鬆下來，他就會墮入「懶惰」的深淵，從此再也無法完成任何作品。在他的心中，所謂「生產力」的定義似乎非黑即白：要麼他焚膏繼晷、努力不懈，白天繪製壁畫，晚上在平板電腦上作畫；要麼他就是徹底的懶鬼，毫無創作動力與職業前景可言。

在那個人生階段，邁可既沒有透天厝也沒有公寓，因為他太頻繁旅行了，所以在他看來，買房子並不是個明智的決定。他要麼睡在朋友家的沙發上，要麼棲身在青年旅館，他隨身帶著一個塞滿噴漆罐的背包四處奔波。他沒有健康保險，整天在外頭揮汗、踩著梯子在烈日下作業，時而替牆壁塗上底漆，時而為其被覆華麗的圖案。然而，即使已經忙碌到這種地步，他仍然覺得自己隨時可能掉進「懶惰」的深淵。

邁可絕不是某種獨特的懶人，反倒是個忙得不可開交的人。但和我們許多人一樣，他總是感受到一股巨大的壓力，逼迫自己持續向前。這種令他既憎恨又恐懼的「懶惰感」，很可能只是他身心疲憊、精力耗盡的警訊，但他卻無法意識到這一點，因為他周遭的人都在讚美努力不懈與毫不示弱的美德。

視覺藝術的世界競爭激烈，有時甚至會拚到你死我活的程度。想成功的人，就必須持續不斷地努力，這不僅代表你得持續產出新作，還得打造並經營自己的網路平台與個人品牌。日復一日，邁可都會看到同行們在社群媒體與訪談中大力宣傳自己的成就。當他忙著創作、申請補助與拓展新客戶的同時，他也必須煩惱該如何吸引更多IG的追蹤者，以及如何在訪談中推銷自己。

邁可所處的這個專業領域，彷彿是一場比拚「忙碌程度」的軍備競賽，每個人都拚命爭奪數量有限的機會與社群媒體的關注度。每位藝術家都得盡可能搶下更多的工作，因為他們無法預測未來會發生什麼事。同時，他們還得建立起一個「緊貼時代又夠酷」的公眾形象。由於每個人都在不斷炫耀自己多麼成功、多麼投入、多麼受歡迎，因此我們很難清楚判斷自己究竟位居競爭天梯中的哪個位置。也正是因為這樣，我們很容易不小心就會覺得，「不論自己多麼忙得喘不過氣，外頭總有人比我更拼命十倍」。

邁克的感受也是許多人的共同心聲：大家都一邊在燃燒自己，一邊擔心一旦休息，就會從邊緣摔落下去，過去的成就也會隨之毀於一旦。我們生活在一個充滿經濟不確定性的時代，

許多產業都在經歷劇烈的變動與自動化的衝擊。對許多人而言，穩定的全職工作早已被自由接案與零工經濟所取代，這也造就了一個充滿不確定性與高度競爭的環境。電子郵件與Slack等數位工具侵蝕了家庭與辦公室之間的界限，使人很難真正休息。同時，社群媒體又不斷提醒我們其他人在忙什麼、成就什麼，令我們感覺自己彷彿是被遠遠甩在後面的失敗者。

這是一種怪誕的悖論，但是當我們拼到超出自身負荷時，我們反而會覺得自己什麼都沒做好。如果待辦清單上總是堆滿永遠無法全部完成的任務，你就再也無法感受到成就感。如果老闆不停地透過電子郵件向你發問與要求，你就會開始為了晚上睡覺時把手機關掉這種小事感到罪惡。當連運動、參加活動或與朋友聊天，都會透過手機App被追蹤與量化時，你甚至會覺得自己隨時都在辜負他人。我們會覺得自己很懶，但那並不是因為我們糟糕或無動於衷，而只是因為我們真的累了。

> 這是一種怪誕的悖論，但是當我們拼到超出自身負荷時，我們反而會覺得自己什麼都沒做好。

看著行事曆，是否會讓你內心充滿恐懼呢？你是否有一個「截止日期」在不斷往後推，只因一想到要和它硬碰硬就讓你感到無能為力呢？你是否每天都一個小時又一個小時在「浪費」時間，一會兒滑著推特，一會兒在網購自己根本不需要的東西呢？如果是這樣，你現在或許會覺得自己很懶——而這或許正是一件好事。

當我們感到精神渙散、疲憊與懶散時，通常代表我們迫切地需要一些時間讓身體與大腦獲得充分的休息。研究一再證實，一個處於過勞邊緣的人，會難以維持專注力與效率。[40] 再多的壓力與焦慮都無法神奇地幫助一個人克服這種精神渙散與缺乏動力的狀態。唯一的解決之道，就是暫時降低對自己的期待。被壓榨到極限的人，必須在生活中騰出空間來好好睡一覺，放鬆一下緊繃的大腦，讓精神與情緒重新充電。你可以等到像麥克斯和我一樣到了崩潰邊緣再行動，也可以選擇在生病或過勞爆發之前懸崖勒馬。

「懶惰的謊言」試圖讓我們相信，「渴望休息與放鬆會使我們成為糟糕的人」；這種謊言讓我們認為缺乏動力是可恥的，必須不計代價地避免。然而事實上，那種疲憊與懶散的感覺其實是在幫助我們，提醒我們正迫切需要一些休息的時間。當我們停止懼怕懶惰，就能騰出時間去自我反思、去充電，去重新跟我們的所愛之人與興趣連結，去以更有意識、更平和的步調面對這個世界。「浪費時間」其實是人類基本的需求之一。一旦我們接受了這個事實，就能停止害怕內心的「懶散」，並開始建立起健康、快樂且平衡的人生。

第二章

重新思考「懶惰」這件事

Rethinking Laziness

我認識茱麗葉時，她是芝加哥某間非營利機構的執行董事。她所屬的機構開設了創意寫作班給芝加哥公立學校（Chicago Public School）的學生，尤其是城市西南部那些經費與人手都不足的學校，是他們援助的重點。孩子們樂見茱麗葉的機構前來造訪；那些客座老師裡有演員、作家與表演者，而且很大比例的成員是黑人與拉丁裔，就跟他們所教導的孩子們一樣。這個非營利組織的主要目標是幫助孩子們發揮創意，成為優秀的寫作者。每年有數以百計的孩子參與課程，學習撰寫各種主題的短篇故事、對話，以及說服性十足的文章。

在擔任董事的那幾年，茱麗葉提出了大量補助申請，在不裁員與不削減重要資源的情況下設法替組織節省開支，並設法累積足以支撐未來數年的營運資金。她舉辦了員工真心喜愛的專業進修活動，並在同仁遇到私人困難或醫療急難時給予援助。當芝加哥公立學校面臨預算削減與廢校風波時，茱麗葉也會現身於抗議與教師罷工現場，拼命為弱勢學童爭取珍貴的教育資源。她一方面砸下大量的時間，在教育的第一線卯盡全力，一方面還得養育尚在強褓中的女兒，並控制好自己的焦慮症。

那段時期，茱麗葉可說是「生產力」的化身。她努力工作，堅持信念，養育孩子，並以同理與彈性領導團隊。換句話說，她完全符合「懶惰的謊言」所設定的贏家標準。她幾乎無懈可擊。

直到有一天晚上，也就是她女兒滿周歲的隔天，茱麗葉回到家，丈夫里奇對她說，他不再愛她了。

茱麗葉的人生自此開始走向分崩離析。接下來的幾年，她經歷了婚姻諮商、到普通科與精神科就診、搬到別州、做大量的瑜伽、辭掉好幾份工作。她的優先順序經歷了全面的重整，而她邁向一種較慢、較「懶惰」生活步調的漫漫長路，也從此開始。

里奇在對茱麗葉說他不愛她之後的幾個月裡，變得愈來愈喜怒無常，甚至有自毀傾向。他與茱麗葉在非營利機構的一名同事陷入了情感曖昧，情緒明顯低落，還時不時把自殺一詞掛

在嘴邊。然而，茱麗葉並未考慮跟他離婚，而是選擇成為他的支柱。她想釐清究竟是什麼原因，讓里奇變得判若兩人。她的直覺告訴她，里奇的異常行為並非出於故意，更不是惡意使然。

「我簡直快瘋了，」茱麗葉說，「我心想，這不是我的丈夫，不是我認識了那麼久的那個人。我從二十歲就跟他在一起了，我們對彼此非常了解。」

在經過數名精神科醫師的診斷後，他們發現茱麗葉的直覺沒錯——里奇罹患了躁鬱症。他的病情之所以惡化，是因為長期承受無法兼顧親職與頻繁出差的全職工作所帶來的壓力。多年來，里奇在不自覺中一直努力控制自己的情緒，試圖壓抑症狀，但隨著壓力不斷累積，他的應對能力也逐漸耗盡。突然之間，茱麗葉發現，她不僅得努力修補婚姻，還得確保丈夫能維持身體的基本功能，甚至是保住性命。

有天晚上，里奇情緒崩潰得特別嚴重，於是茱麗葉帶他去了醫院，同時也打電話向心理健康危機熱線求助。但她沒想到，電話那頭的聲音不只關心里奇的情況，也想了解茱麗葉自己的狀況——在這種極端壓力與創傷的時刻，她有沒有採取什麼行動來照顧好自己？茱麗葉這才驚覺，自己對這些問題竟然答不上來。她重來沒有思考過自己的身心狀況。

「在某個點上，」茱麗葉說，「我真的覺得我們不能再繼續這樣下去了。我們倆不能再同時做全職工作。我的壓力已經大到撐不住了，我得同時照顧孩子、先生，還有這間公司及所有的同仁。這種日子真的不是人過的。」

茱麗葉意識到她和丈夫必須重新調整他們的優先順序。他們倆實在太忙、太緊繃、太過分身乏術，以至於無法在照顧女兒的同時，也維持自己的身心健康。於是她擬定了一個計畫。她想到，既然里奇的工作在整個美國中西部都能藉由遠端來完成，那麼芝加哥就不是唯一的選項，他們可以搬到生活成本更低的地方。在一個開銷較小的小鎮上，茱麗葉可以待在家擔任女兒的主要照顧者，讓里奇有時間休息並照顧好自己的心理健康。而且，搬去郊區（而非吵雜、忙碌又擁擠的都市），也能讓茱麗葉在生活中有更多空間照顧好自己。

里奇同意試試看這個計畫。於是，茱麗葉辭去了她在非營利機構的工作。他們把房子賣了，好讓自己在搬家時不用擔心錢的問題。他們在威斯康辛州找到一間舒適又負擔得起的房子，舉家搬了進去。「我的故事其實充滿了銅臭味，」茱麗葉說。「我們在房地產這一塊真的很幸運，我們知道我們把房子賣了，可以換來不少錢。」

茱麗葉形容自己是個很宅的家庭主婦，但其實她也在家經營好幾門小生意。事實上，在威斯康辛生活的四年間，她創辦了三間不同的小公司。雖然她已經不像以前那樣一頭熱地拚命工作，但她說，如今的生活總算讓她有了可以喘息的空間。

「我現在有足夠的情緒空間可以留給別人，也留給自己，」她說。「而且我變得更溫柔、更和善了。以前在芝加哥，我的情緒容量只夠我去上班、接小孩、然後在市區的交通裡開車穿梭，把女兒送到她該去的地方，還要擔心有沒有地方停車……除此之外我什麼都顧不上。」

時至今日，茱麗葉替自己設下了嚴格的界限，她每天只能完成一定數量的工作，而她的家人也只能接觸到有限程度的焦慮。她知道，如果不這麼做，等待他們一家的就會是一場災難。近來，她在一間舞蹈教室接了一份兼職教學的工作。那裡的老師之間爆發了某些紛爭，而隨之而來的壓力影響到她的幸福感。舞蹈圈內經常充斥著性別歧視與羞辱肥胖的文化，而茱麗葉不想讓自己或女兒沾染到這種東西——雖然才在那兒工作不久，她還是選擇離開了那間教室。換作幾年前，她肯定無法如此堅定、果斷地說出那聲「不」。

什麼叫「可以自行安排行程」，什麼又叫「可以按照自己的優先順序規劃生活」，茱麗葉早已嚐過箇中滋味，而且一旦嚐過，她便再也回不去了。如今的她，只要遇到不合心意的事，馬上能二話不說地轉身離開。

「雖然這是陳腔濫調，」她說，「但我會做瑜伽，而每次身處在平衡姿態時，我就會想起：維持平衡是一件多費勁的事。你得一直保持專注，也得不斷調整身體，才能找到重心。」

茱麗葉與里奇也終於在婚姻中找到健康的平衡。他們以令人難以想像的坦誠度，向所有親友敞開心房，談論一路走來的掙扎，也學會了在需要時開口求助。他們之間的溝通，也因此有了驚人的突破。

「前幾晚我覺得自己很焦慮，里奇也是。我們在家各自忙著自己的事，然後我開口對他說，我覺得我們快吵起來了，」茱麗葉告訴我。「我能感覺到我們之間的緊張情緒正在升高，心想：如果我現在就把這話說出來，會不會比較好？」

茱麗葉一察覺到怒火正在升起，她與里奇就能及時拆彈、化解衝突。

「里奇會說，我不想吵架，」茱麗葉說。「我也會告訴他，我也不想。要主動去捅這個馬蜂窩，感覺很可怕，但只要把話說開，事情就會比較容易解決。」

每次跟茱麗葉和里奇聊天，我都會不由自主地感受到他們在彼此身邊有多麼自在、坦率，甚至帶點傻氣。他們之間那份輕鬆與誠實，是我這輩子只有在極少數伴侶身上見過的。只要兩人齊心，他們就能把一段殘破不堪的感情重建成一段更加纖細、也更加持久的關係——這在他們仍深陷過勞的那段時期，是絕對辦不到的。

或許有人會覺得茱麗葉的故事，是關於一個女人如何放棄

與逃避。茱麗葉提過，她的母親也曾無法理解女兒在人生中做出的改變。茱麗葉曾為了替這些轉變留下紀錄，去找了刺青師傅，在上臂刺下了「surrender」（臣服）這個字——她母親對此簡直一頭霧水。

「那枚刺青讓我被我媽碎唸了好久，」茱麗葉說。「她的說法是，surrender？妳怎麼會刺這麼軟弱的一個字？」

但茱麗葉的新刺青與新生活，反映了她的新認知：她無法掌控所有的事。她沒辦法一邊做全職工作、一邊養育孩子、在變動不居的婚姻中摸索方向，同時還得維持自己的幸福與健康。她不可能永遠把所有人的需求擺在自己之前。若想真正活得健康燦爛，她就必須選擇性地放下某些東西。她學到的一課是：不要因為說「不」而感到罪惡。不是每個機會都非得把握，也不是每個責任都該由她承擔。

這一課說來簡單，做起來卻不容易。在一個懶惰等同於邪惡的世界裡，說「不」往往讓人感覺是一種禁忌。我們的文化瞧不起中途放棄的人。與其鼓勵一個人尊重自己、做出個人的理性判斷，我們更傾向把放棄視為意志薄弱，甚至是不誠實的表現。相反的，當某人把包山包海的責任全都攬在身上，我們就會讚揚他「才華洋溢」。但如果他突然決定不想再那麼拚，或者覺得那些責任根本不值得，我們會做何反應呢？我們能尊重急流湧退之人的選擇嗎？還是會因他的出爾反爾而瞧不起對方？當有人承認他再也無法承擔身上的重負時，我們能對他產生佩服之情嗎？對很多人來說，「臣服」（或是「放下」）是我們從來沒有學過的課題，即使我們曾經動過這樣的念頭。我們總是被逼著說「沒問題」，以至於早就忘了怎麼自信又堅定地回答「有問題」、「不要」。

我們往往把「懶惰」視為是自己沒資格享受的奢侈品。在一個對「懶惰的謊言」言聽計從的世界裡，我們常常覺得自己必須隱藏對閒暇的渴望。至少我知道，自己只要取消了什麼計畫，就會本能地想編出一個聽起來合理，甚至冠冕堂皇的藉口。「抱歉，我沒辦法參加今晚的聚會，我得加班！」（其實我只是懶得去）這樣的實話讓人難以啟齒。承認自己只是想坐著發呆，會讓我看起來很懶，簡直像是在對全世界宣告我是個沒用的人。

問題是，如果事實正好相反呢？在我看來，坦白承認自己的侷限與需求，其實是一種力量，而不是弱點。減少一些責任，並不等於你在傷害別人或讓他們失望。坦然且自信地說出「不，我不想做那件事」，有助於解救其他人，讓他們也能在自己的生活中提起勇氣說「不」。許多我們被教導要避之唯

我們總是被逼著說「沒問題」，以至於早就忘了怎麼自信又堅定地回答「有問題」、「不要」。

恐不及的「懶惰」行為，其實往往是非常成熟且負責任的選擇。

在〈第一章〉裡，我探討了「懶惰的謊言」從何而來，並說明這些謊言如何將我們推向失敗與疲憊。而在本章，我想更進一步討論休息、放棄、抄捷徑，乃至那些我們經常一概視為「懶惰」的行為，其實能幫助我們療癒與成長。不少研究都支持一個觀點：我們想「偷懶」的感覺具有保護作用，也能為我們指引方向。只要我們願意停止批判自己渴望放鬆、渴望懶一下的心情，並開始信任這些感受，我們的生活就能有所改善且獲得實質的成長。

懶惰並不是一種罪孽

最近我在推特上，跟一位大學新鮮人吵了起來。嗯，或許也稱不上是吵架——只是我們進行了一場比較冗長、激動的討論。他很不滿我主張「懶惰」不是一種十惡不赦的罪過，因為這樣的說法違背了他一直以來所相信的常識。我在幾年前發表在網路上的一篇文章中提到，看起來懶惰的人，其實往往都有某種合理的理由，才會顯得缺乏幹勁。[1] 如果你能理解他們正在經歷什麼，就會發現即便是他們最無可救藥的「懶惰」行為，也都是有脈絡可循的。不過那位年輕人（我們姑且叫他詹姆斯吧）認為我忽略了幾種他認為明明就是罪無可逭、毫無藉口的懶惰行為。

跟許多人一樣，詹姆斯似乎堅信自己不作為的狀態與「懶惰」的程度遠比多數人還嚴重。他提到自己的懶惰是源自憂鬱症，但同時又堅稱心理疾病不該成為他「惡劣」行為的藉口。詹姆斯告訴我，有時他需要花整整一天的時間，才能累積足夠的能量走出房門——這不就是一種明顯不可接受的行為嗎？他心中不禁這樣想。這樣的懶惰，難道不糟糕嗎？難道還說得過去嗎？

詹姆斯告訴我，他在高中時有幾個朋友會以自己的懶惰為傲。他說他和那些朋友做事時會故意拖延，為的是要給學校「難看」。其中有一位同學更過分，他竟會在上課前一小時才開始寫整份報告。這種人，不就是標準的懶鬼嗎？詹姆斯這麼認為。

最後，詹姆斯還說，他在大學裡認識了一些人，完全是一副不求上進的樣子——你看不出他們有什麼充分的理由不努力。他想知道，我的信念體系會如何解釋這些人的行為，畢竟這些人並沒有遭遇什麼個人的困難，他們之所以不去把事情完成，似乎就只是因為他們壓根不在乎罷了。

詹姆斯的問題，觸及了社會上三類經常被貼上「懶惰」標籤的人：憂鬱的人、拖延成性的人，以及那些覺得求學或就業毫無意義的無感之人。學校的教授及職場上的主管經常瞧不起這些人；而看在親朋好友眼裡，這些人彷彿在荒廢人生，令人百思不解。整體社會也傾向對這類人感到不滿，甚至憤怒，因為他們看起來一點都不像是在「貢獻」社會。但也正是在這群人身上，我們可以清楚看見，所謂的「不想努力」，既不是個人的缺陷，也不是「懶惰的謊言」想讓我們相信的那種——糟糕透頂、道德上有所缺陷的行為。

憂鬱一族

詹姆斯想從我這兒得知的第一類人，是那些為憂鬱所苦的人。他開門見山的提到，自己就是重度憂鬱症患者。他說，每當憂鬱症發作，他就會以一副要死不活的「懶惰」面貌，出現在世人面前。

「懶惰一詞或許不好聽，」他在推特上寫道，「但用來形容那副面貌還滿貼切的。只要憂鬱症一發作，我就會一直睡、一直睡。說我一事無成，一點也不為過。」

只要詹姆斯一陷入憂鬱，就會提不起勁去整理房間或寫作業。他不是缺課，就是整天躺在床上。他難道不正是因為這種「懶惰」，才在生活與學業表現上乏善可陳嗎？說得更一針見血點，這種懶惰難道不是萬惡的根源嗎？

針對憂鬱症的這種見解，可說已普遍到令人厭煩。儘管心理衛生界已竭盡所能地去消除這種疾病所遭受的汙衊，但社會對它仍充斥著各種負面與膚淺的誤解。譬如說，直到今天，仍有不少頂著「教授」頭銜的人，堅信憂鬱症不足以成為學生無法準時交作業的正當理由。[2] 員工若向主管坦承自己有憂鬱症，不僅更容易因請病假而遭到懲處，被公司開除的機率也會大幅提升，即便他們的工作表現無懈可擊。[3] 至於家長在面對家中患有憂鬱症的孩子與青少年時，往往傾向於責備，而不是提供理解與支援。[4]

由於憂鬱症對人的傷害，並不像其他疾病那樣顯而易見，不少人因此難以理解，為什麼憂鬱症患者會拿不出行動力來好好生活。在2018年一場大規模調查中，超過三成的受訪者認同「憂鬱症是由於人格羸弱所致」這種說法。[5] 檢討受害者、為他們貼上「懶惰」標籤的態度，在我們的文化中可謂歷久不衰、根深蒂固。難怪詹姆斯早就把這種觀點奉為圭臬，深信不疑。

那麼，憂鬱症患者究竟「懶」在哪裡呢？首先我們要了解的是，對抗憂鬱症本身就是一份「全職工作」。他們之所以會長時間睡覺，是因為大腦必須耗費極大力氣去對抗負面思緒與情緒，一整天下來想不疲憊也難。[6] 憂鬱症患者的另一個特徵是睡眠品質較差，也就是說，即使睡滿八小時，他們「回充的電量」仍會少於普通人。當你陷入重度憂鬱，甚至出現自殺傾向時，睡眠往往是唯一能逃避痛苦的途徑。說實話，憂鬱症患者所表現出的行為並不是真正的懶惰，而是身心為了保護主人所啟動的一種機制，目的是為了讓他們獲得療癒與修

對抗憂鬱症本身就是一份「全職工作」。

復。

憂鬱也會削弱大腦規劃與執行活動的能力。對一般人而言簡單到不行的事情，像是洗衣服，在憂鬱者眼中可能是一連串難以克服的關卡。[7] 當大腦無法正常運作時，人就很難把龐大的任務拆解成具體步驟。憂鬱還會導致記憶力衰退、專注力下滑，處理與過濾資訊的能力也大不如前。[8] 身心俱疲的人想放下一些責任，實在談不上是罪大惡極。在許多情況下，他們就是得在生活的某些領域裡「懶一下」，唯有如此他們才能騰出能量，在其他領域保持浮力，不至於滅頂。

拖延一族

在這個點上，詹姆斯對我的說法並不買單。對他來說，懶惰既不被接受，也不值得諒解，他對此依舊堅信不移。於是他換了一個話題，跟我談起高中時期，他和很多朋友是如何以自己的「懶惰」與「拖延」為榮。

「我們自稱是拖延族，還覺得這樣很光榮，」他在推特上說。「這是一種反文化，假想敵是學校的嚴格規定。我的一個朋友會在上課前一小時才開始動手寫某樣作業。」

不論怎麼說，拖延應該都是一種無可辯解的懶惰行為，對吧？拖延者既無法專注，也缺乏上進心，做事總是草率拖延，總要到最後關頭才勉強交出成果。而拖延的問題其實也不難避免，只要提早一點點、並多努力一點點，事情就能有所改變——至少很多人都是這麼理所當然地覺得。但事實上，「拖延」這頭巨獸要複雜得多，它的成因，往往是因為太在乎、太想把事情做好。

人之所以會拖延，典型的原因是陷入停滯，而這種停滯可能是來自焦慮，也可能是來自對一個龐大又複雜的計畫感到不知從何著手，或是同時陷入這兩種情況。[9] 我相信多數人在人生的某個階段，都曾經歷過這種「動彈不得」的狀況。想像你看到一個夢寐以求的工作機會，那是千載難逢的夢幻職位。你想準時投遞一份精彩的履歷，希望能讓人資經理眼睛一亮，擊敗所有競爭對手。但不管你怎麼嘗試，你都擠不出半個字來。你不知道如何在求職信中推薦自己，也不知道該找誰當你履歷上的推薦人。你甚至不敢打開自己過去的履歷，因為實在太久沒更新了，光是用想的就令人羞愧難當。

很快的，光是想到要應徵就讓你緊張到噁心，於是你索性跑去打了會兒電動，希望讓自己暫時忘掉焦慮。然後你又因為沒在寫履歷而產生罪惡感，結果焦慮再度發作。為此你去睡了個午覺（或打掃了一下廚房）。就這樣日復一日，一個星期過去了，你連正眼都沒瞧過那則徵人啟事。最後，也許你倉促地拚湊出一份履歷，捏著鼻子，壓線寄出，也或許你乾脆放棄了，因為你覺得一切都來不及了。不論如何，到頭來你都會覺

「拖延」這頭巨獸要複雜得多，它的成因，往往是因為太在乎、太想把事情做好。

得自己因為懶惰而一事無成。

拖延一族經常困在由完美主義、焦慮與失敗構成的三合一輪迴裡。太想把事情做好，讓他們給自己設定了過高的目標。他們想要把事情做到完美無缺，但一發現自己遠遠達不到這樣的標準時，就會氣餒、焦慮。隨著時間減少、死線逼近，他們會愈來愈緊張、愈來愈害怕失敗。害怕之餘，他們也會更難專心，更難推進進度。為了緩解焦慮，他們會使出渾身解數讓自己分心。等到截止時間終於迫在眉睫，拖延者只能面對終極二選一：要麼丟出粗製濫造的作品，要麼乾脆徹底放棄。

詹姆斯似乎覺得他和朋友們的拖延並沒有正當理由。在他看來，他們就是不管三七二十一地當了一回壞學生。然而，他們應該和多數拖延者一樣，行為背後可能都有一籮筐情有可原的理由。雖說他們動輒就會被貼上「懶惰」的標籤，但拖延者並不欠缺幹勁。事實上，他們往往非常上進，一心想要做出好成績。反覆的研究顯示，人在面對愈重要的事情時，反而愈容易出現拖延的傾向。[10] 人無法拿出明晰的自信，去對重要的事情展現生產力，這確實是一件令人遺憾的事。[11]

好消息是，即便是慢性拖延病的患者，也能夠掙脫這種惡性循環的泥淖。只要有人幫忙、有人鼓勵，拖延者就能學會把大型的責任切割成眾多的小任務，並針對這些小任務設定短期目標、各個擊破。「寫一篇十頁的報告」這類龐大又模糊的任務，確實會讓人綁手綁腳；但若變成「每天寫兩個段落」，就會容易許多。這樣的做法若再配合焦慮症的治療，就能幫助拖延者變得更有生產力、更值得信賴，也更能對自己的能力懷抱信心。[12]

無動於衷一族

那麼，如果是真正沒有動力、心如死水的一群人呢？如果有些人之所以放著事情不做，是因為他們真的不在乎呢？

詹姆斯提到，他有朋友會故意不做作業，是為了反抗過於嚴格的學校。在我看來，這群孩子未必是因為懶惰、憂鬱，或不知道該怎麼振作才不作為。至少對其中一些人來說，他們可能是真的毫不在乎。對什麼都無動於衷，難道不是一件糟糕透頂的事嗎？「懶惰的謊言」說這種人活該被炮轟，難道不是挺有道理的嗎？

信不信由你，我並不這麼認為。當某人看起來像是完全失去幹勁時，我不會把他們當成失敗者；我反而會認為，他們在某種程度上，是被這個體系辜負了。舉一個大家都很熟悉的例子來說：不是常有人在課堂上不好好學代數，只因為他們覺得這種東西在「現實生活」中根本用不上嗎？過去我對數學也有這種感覺。我念大學時的統計學只拿了個C，因為內容太難（而且無聊），而且我也沒有認真上課。當時我覺

> 當某人看起來像是完全失去幹勁時，我不會把他們當成失敗者；我反而會認為，他們在某種程度上，是被這個體系辜負了。

得，統計學對我來說太抽象、太模糊，而且跟我的生活毫無關聯——沒有人跟我解釋這門課為什麼很重要，它跟我主修的心理學又有什麼關係。即使在課堂上，也從來沒人把這一點講清楚。

我對統計學的無感，一直持續到我在研究所接受研究訓練。那時我才意識到，我必須運用統計知識，才能判斷我的實驗到底有沒有效。如果我希望在心理學領域有所發展，就必須學會分析自己蒐集來的資料。於是我開始認真學習統計，慢慢建立起自己的專業能力。如今，我對教授統計學的課充滿熱情（統計學是我的真愛），同時我也以統計顧問的身分協助不同的機構分析數據。但我能走到這一步，是因為我終於明白這門艱澀又無趣的科目，對我的人生有多重要。如今只要我開統計學的課，我都會努力讓學生明白這門課為什麼值得好好學習。我會向他們展示為什麼統計學值得成為他們的優先事項。當我把這件事做好時，他們自然就會理解，並開始投入心力。

所以，當我看到有人對特定的目標滿不在乎——不論是自身的財務獨立、該完成的學位，或是大選日該去投的票——我心裡總會納悶：為什麼這件事對他們毫無意義呢？

按照詹姆斯的說法，他與同儕不把課業當一回事，是因為學校太過嚴格。我覺得他們會這麼想非常合理。當你被困在一個壓抑的環境中，且完全不受到信任時，你自然就會想反抗。青少年被一堆大人規定，一會兒要這樣，一會兒要那樣；做什麼要聽學校的，怎麼做也要聽學校的……，他們會失去學習動力是再正常也不過的事。如果詹姆斯的學校能給予他們更多的自由與自主性，他們或許會選擇面對挑戰，而不是放棄自己。

有時人們之所以自暴自棄，是因為憂鬱或創傷[13]；也有些時候，是因為一次又一次被社會拒於門外。心理學家稱這種狀態為「習得性無助」（learned helplessness），常見於遭受虐待的受害者、坐過牢的人，或長期處於貧窮與種族歧視中的家庭。[14] 一旦你失去了對生活的掌控力，自然也會失去維持幹勁與動力的理由。[15] 接著，你就會為了保護自己的情緒，而選擇抽離、放棄。

比方說，在一個主管無能的職場裡，員工們就會懶得努力，因為他們知道，就算再努力，上司也會視而不見或不當一回事。[16] 美國的投票率會這麼低也是同一個道理：很多不去投票的人都是有色人種或窮人，因為他們認為現有的政治選擇無法代表自己的利益。[17] 在這種情況下選擇不努力或不投票，是很合理的事。你可以看不慣這種行為，但那也稱不上罪大惡極。

在許多情況下，所謂的「懶惰」，其實是人們在設法消化大量的挑戰，並試圖依據自己的需求重新安排優先順序的表現。當一個人被逼到極限時，那些常被視為「懶惰」的感受與行為便會浮現——無動於衷、缺乏動力、難以專注、渴望無所事事地「耍廢」……，這些其實都是值得重視的警訊，透露出一個人正面臨什麼樣的侷限與需求。然而，若要真正從這套經過高度演化的動態警報系統中受益，我們必須學會一件事，那就認真看待這些表現，不要再將之當作是罪無可逭的「懶」。

懶，其實是身體的求救訊號

以生產力與過勞為主題的科學研究告訴我們：人能完成的工作量是有限的，而且這個極限可能比你以為的還要更低。比方說，（在美國被認為十分合理且人道的）每週四十個小時的工時，其實對大多數人而言仍然太長、太操勞。[18] 我們不是機器。我們的身體與大腦無法應付每天八個小時起跳的重複性或高度耗神的工作。儘管如此，我們仍經常逼自己超出這些極限，強迫自己工作得更久、更拼命，且無視自身的健康。

「懶惰的謊言」讓我們對自己的生產力抱有不切實際的期待，而這些期待是否合理？是否能持續？反而變得無關緊要。結果，許多人因此長期活在崩潰邊緣。有些人的崩潰非常戲劇化。例如茱麗葉就是在身心俱疲、徹底崩潰之後，學會了建立良好的工作與生活界限；麥克絲也一樣。而我自己，則是在與疾病纏鬥了好幾個月後，才終於知道該如何讓自己放鬆。但其實，不必非得走到那個地步。我們的身體與大腦原本就會發出細微且漸進的訊號，提醒我們該踩煞車了、該把健康擺在生產力之前了。遺憾的是，「懶惰的謊言」讓我們忽視這些訊號，把它們當作是無關緊要的東西。

李奧有一種不可思議的能力——無論在什麼狀況下，他總是能把自己弄得很挫敗又精疲力竭。他就像是一位自我折磨的專家，總是不斷地把那些根本沒有人能承擔的責任攬在自己身上，為此他也完整經歷過勞所帶來的重創。如今，他終於明白自己的極限，並開始傾聽內心那個「讓我懶一下」的訊號，不再對這些警訊視而不見。不過，在這個冗長且顛簸的過程中，他也吃盡了苦頭。

李奧此時才三十歲，但從我大學時代認識他以來，他就一直是個成癮式的拼命三郎。學生時期的他充滿野心、聰明伶俐，而且非常熱衷參與政治。他不時為政治人物籌辦募款活動，也經常在地方與州級的競選活動上擔任志工。他參加過無數的課外活動，從校園無神論社團，到美國院校民主黨（College Democrats of America）的校園分會，都能見到他的身影。幾乎沒有他不關心的政治議題，他總是以滿滿的責任感，竭盡所能捍衛他所認同的價值觀。他甚至會「出差」到美國中西部幫候選人催票，並向選民助講相關議題。在學校裡，他會把學分修到最滿。結果每個學期才剛開始，他就無可避免地崩潰：一再缺課、無法準時繳交作業，甚至連他精心策畫的校內活動，也會被他自己放鴿子。

李奧常常將自己燃燒殆盡，然後陷入嚴重的憂鬱，但他卻從來不肯開誠布公的聊聊這些事情。

「我會在房間裡一待好幾天，丟臉跟疲憊的感覺讓我一步也不敢離開房間，」他說。「室友會以為我有事出城了，直到我下樓喝水或什麼的才發現原來我在家。」

一旦陷入這種崩潰狀態，李奧便無法兌現先前做過的種種承諾。截止日期會像長了翅膀一樣飛走，活動會在他缺席的狀態下結束，骯髒油膩的碗盤會在他的桌面上愈堆愈高。但等到新學期來臨，李奧又會重蹈覆轍地把學分選滿，扛下像山一樣高的責任。

「我總是覺得，這次會不一樣，」他說。「我總是覺得，上一次會搞砸，是因為我沒有把事情安排好，也沒準備好要全力以赴。」

放眼整個大學生涯，李奧始終認為，他之所以會被壓垮、會燃燒殆盡，是因為自己不夠努力、不夠拚命，而不是因為他肩上的負荷太沉重。他似乎一直沒看出來，他其實是在搬石頭砸自己的腳——或者說，也許他早就看出來了，只是礙於「懶惰的謊言」，讓他無法掙脫這個循環。

作為一名成年人，李奧仍持續懷抱政治上的熱情，持續燃燒自己的精力。在2010年美國總統大選期間，他變本加厲地四處奔走、組織志工，無所不用其極地將私人時間貢獻給歐巴馬的競選活動。那時他一邊念研究所，一邊做全職工作，行有餘力還會去和政治立場不同的人對話，就盼著自己的投入，能改變俄亥俄州那些原本政治冷感選民的想法，讓他們支持LGBTQ+（女同性戀、男同性戀、雙性戀、跨性別、酷兒等非異性戀族群的合稱）與「歐巴馬健保」的理念。

李奧鍾情於策略遊戲，也是歷史與哲學著作的忠實讀者。他活在自己的腦袋裡，總是思考長遠的利害得失，而非眼前的衝動與需求。我認為正是因為這樣，他才會難以時時察覺自己的需求與極限。他往往得一頭撞上牆，才會發現自己已經精疲力竭。也因此，他花了好幾年才意識到，那些「想偷懶」的感受並不是壞事，反而是在提醒他已經把自己推向了極限邊緣。

想偷懶的感覺往往是一種警訊，它的出現代表有人沒有在好好面對自身的日常需求——我們的身體會用一種神奇的辦法去迫使我們滿足這些需求。肚子餓了，我們就會滿腦子想著食物，肚子開始轟轟作響、胃酸分泌，整個人會變得愈來愈暴躁、愈來愈昏沉，直到我們被迫停下手邊的事去吃東西。[19]沒睡飽，我們就會愈來愈睏，直到連眼睛都快張不開了。要是你還是不肯去睡，大腦就會強迫我們在接下來的一整天進行一段段僅持續幾毫秒的「微睡眠」[20]。當我們不給自己放鬆的時間，強烈的放空衝動也會滲進我們的日常生活，逼得我們難以專注、忍不住恍神。

馬文是我的研究生，最近他動了一個念頭，想研究「懶惰」是如何不顧人們的意願，悄悄滲透到你我的生活之中。他選擇把重點放在人們在身心俱疲、壓力沉重的狀況下，是如何透過滑臉書或網購來分散注意力。這是一種我們都非常熟悉的「拖延」行為（我不知道你們會不會，但我幾乎每天都會滑臉書、逛網拍）。在社會學文獻中，這類行為被稱為「網路閒逛」（cyberloafing）。

一般人平均每天會網路閒逛好幾次，尤其是在剛完成一項勞心的工作，或準備從一件事切換到另一件事、進行「心靈換檔」的時候，這類行為更容易出現。[21] 研究指出，人們習於將網路閒逛當成是一種放鬆，或消除腦部疲勞的辦法。這和員工在飲水機旁閒聊，或是在備品櫃裡翻找他們壓根不需要的原子筆，其實是同樣的心理機制。[22]

不少雇主與生產力專家都對網路閒逛恨之入骨，因為在他們眼中，這是一種懶惰且惡劣至極、竊取公司資源的「薪水小偷」行為。2014年的一項研究估計，網路閒逛每年會讓企業損失高達540億美元的生產力。[23] 但這類估算的背後，其實隱含了一個不該被視為理所當然的重大前提：如果員工不偷懶、

當我們不給自己放鬆的時間，強烈的放空衝動也會滲進我們的日常生活，逼得我們難以專注、忍不住恍神。

不上網閒逛，那麼省下來的時間就能百分之百轉換為公司的生產力。馬文不相信世上真有這種美事。

馬文在爬梳社科文獻的過程中，找到不只一項研究指出，網路閒逛並非一無是處。例如在2017年，媒體研究學者沙法特．胡珊（Shafaat Hussain）與特魯普提梅伊．帕里達（Truptimayee Parida）針對衣索比亞的行政助理進行調查，他們發現，短暫的網路閒逛其實有助於這些助理對抗長時間處理文書、整理資料、影印文件，或在辦公室之間奔走跑腿所產生的倦怠。也就是說，花點時間網路閒逛不僅不會損害工作效率，反而能幫助員工提振精神，帶著嶄新的能量重返工作崗位。[24] 還有一些研究也顯示，員工在盡情網路閒逛過後，往往能恢復原有的專注力與效率。[25]

此外，馬文還發現有研究指出，網路閒逛有助於團隊運作，進行網路閒逛的員工也較能對工作難題提出更具創意的解決方案[26]。事實上，「打混」的確有助於激發人的創造力與反思能力。更重要的是，馬文也找到有力的證據指出，「一定程度的網路閒逛根本是無法避免的」。正如每位員工都需要時間上廁所或吃午餐，他們也同樣需要讓大腦喘口氣的時間。

每當員工連續幾個小時都專注在某項工作上，他們的意志力便會逐漸消磨，對網路閒逛的衝動也會漸漸升高。[27] 最終，意志力就會崩潰，他們會隨便找些什麼——任何事情——來轉移注意力。雇主通常會試圖防範這種情況發生，透過監控員工的電腦使用情形、安裝封鎖臉書與亞馬遜等網站的軟體，或是在抓到員工「偷懶」時加以斥責。但許多研究顯示，無論資方再怎麼努力，網路閒逛依然還是會繼續發生。[28] 大多數的人都需要片刻閒晃的時間，才能維持良好的情緒與工作專注力。若將這樣的行為視為是浪費公司的時間，就無異於覺得員工沒必要去上洗手間，因為那太奢侈了。

一旦員工無法透過上網去放鬆一下自己，他們便會另尋他途，試圖在心理上逃開當下的壓力。他們會「浪費」時間去泡咖啡、削鉛筆，或跑去同事那裡串門子。多數跟職場生產力有關的研究也將這些行為視為是在「浪費」公司的時間，但至今沒有人可以找到辦法去根除這些習慣。這是因為「浪費時間」本身就是一種重要、健康且正常的行為。管理階層或許會因此氣得牙癢癢，但事實上，這些行為並不構成所謂的「薪水小偷」。魚兒尚且得探出水面換氣，員工偶爾也需要從工作中浮出來透口氣。即使他們無法以慣常的方式偷閒，大腦依然會設法爭取片刻休息——哪怕只是茫然望向天花板也無妨。

所以很多時候，看似「偷懶」的行為，其實只是代表這個人已經很努力工作過了，此時讓他們呆坐著冷靜一下，只是剛好而已。人類從事的大部分工作，都需要在事情告一段落後進行反省、規劃與創意的回復。我們並非是電腦或機器人。一如我們需要進食與睡眠，耍廢與無所事事也是我們的基本需求。如果只是因為不想被當成「懶人」，就壓抑自己想放空、充電的需求，那麼後果也只能自行承擔。

李奧終究難以為繼，開始了崩潰的過程。二十五歲前後，他從研究所輟學，一部分的原因是他無法完成堆積如山的閱讀作業。為了消化那種極度的失落感，他全心投入工作與政治活動中，他從事的活動量甚至比以往更多。然而，他也愈來愈難以忽視自己長期處於高壓狀態的事實。他在兩份不同的工作之間跳來跳去，為各式各樣的競選與社會活動籌措經費。但不論在哪裡任職，李奧總是反覆陷入相同的惡性循環。到了三十出頭歲時，他的工作成癮與拖延習慣已嚴重影響他的人際關係與心理健康。「我已經兩年沒跟人約過會了，」他告訴我。「我也有幾百年沒度過假了。我沒辦法說服自己跟朋友出遊，我不是太忙，就是得適應新工作。別人都有自己的生活，只有我沒有。」

大約就在這個時候，李奧開始接受一位女性治療師的諮商。她很快就看出李奧身上種種明顯且失控的習慣動作——他的視線會焦慮地掃視房間四周、他易於分心的反應，以及他過度投入工作的習慣。治療師據此推測起他心理問

> 我們並非是電腦或機器人。一如我們需要進食與睡眠，耍廢與無所事事也是我們的基本需求。

題的根源。

「她在我們第二次會面時，就問我是不是有過動症，」李奧說。「然後一做完檢測，結果顯示我的過動程度簡直突破天際。」

在那一刻之前，李奧從未想過自己可能有過動症。談到英文縮寫為ADHD的「注意力不足過動症」，大眾普遍對此存有特定的刻板印象：患者大概是不聰明、缺乏上進心。但對李奧和許多過動症患者而言，實際情況正好相反。過動症患者往往會熱情地投入各式各樣的事情，卻又會迅速耗盡心力，只因為他們對時間的分配並不切實際。

在李奧開始針對過動症服藥，並與治療師一起處理他「輕諾寡信」的問題後，我和李奧見了面。那次的相處讓我印象深刻。他不再以一連串跳躍的觀察與問題打斷我，所以我完全跟得上他講話的邏輯。他展現出一種隨和的幽默感，也能坦率談論他的大學歲月有多麼辛苦。他不再來回走動，不再因焦慮而一邊整理東西，一邊用碎念式的噪音宣洩緊張。他能安靜地坐下來看完一部電影，中途既不會起身，也不會分心。此外，他還開始偶爾出於娛樂性地抽些大麻——這可是從前那個A型人格、凡事拚命的他會覺得羞恥難堪、不屑為之的行為。我那個緊繃又勤奮的朋友，終於找到放鬆的方法，也終於不再被「懶惰」這個詞嚇破膽了。

也大概在這段時間，李奧開始跟他現任的伴侶交往。他終於騰出了足夠的心理空間去優先照顧自己的感受與慾望，而這也讓他更有辦法用輕鬆的心情親近他人。在與伴侶交往的兩年間，他們去度了好幾次長假、歷經了許多冒險，走訪了不只一座國家公園與博物館，還體驗了登山與泛舟這類戶外活動。如果是從前，李奧才沒辦法這樣去享受、去奢侈一下，但如今他似乎品嚐出了箇中樂趣。在一而再、再而三地過度承諾、忽視自身需求，然後劇烈燃燒自我之後，李奧已經慢慢學會怎麼在生活中找到快樂。

如今當他與伴侶討論到政治話題時，李奧固然仍會關心，也依舊知之甚詳，但他已經能夠在自我形象與支持對象的表現之間，保持好情緒上的距離。比起從前，他已經能從中抽離出來。我從沒想過一個曾經那麼一本正經的政治魔人，竟然會變成如今這個自在輕鬆、熱愛大自然、大麻一點就嗨起來的傢伙。但我真心為他的自我突破感到高興。

那些經常被我們抨擊為懶惰的「不良行為」，其實往往是強而有力的訊號，提醒我們生活中有些事情必須改變。在組織的層級上，員工表現出的「懶惰」行為，其實是在向我們傳達：職場的管理出了問題。我曾有幸與職場生產力專家、工業與組織心理學家安奈特．陶勒博士（Annette Towler）交流。她

告訴我，當員工遭遇霸凌或管理不當時，他們常常會以一些細微的「懶惰」行為來因應，例如變得較容易缺勤。

「有毒的職場，往往就是從這些蛛絲馬跡開始顯現出來的，」她告訴我。「你會看到一堆員工無故缺勤，也沒有交代原因。主管看到這一幕的反應通常是：喔，看吧，他們就是這麼懶，這些人果然靠不住——但其實，這些員工只是試圖逃離一個壓迫或有毒的工作環境。」

一旦某人被拉伸到極限，他或她便會開始表現出些許怪異或放空的舉止。他們可能會上班遲到，或在最後一刻放朋友鴿子。他們會缺乏動力做家事或煮飯，還可能動不動就睡著，或反覆打電動來逃避現實。整體而言，他們會更難控制自己的衝動，精神狀況也會比以往差上許多。這些表現，並不代表某人一塌糊塗或是個失敗者，而是顯示他們已經被逼到極限。

雖說這些「懶惰」行為遭到妖魔化已有數百年之久，但其實這些行為並沒有什麼邪惡或破壞性的本質。只要是正常人，都會想懶一下；人類就是需要耍個廢來保持頭腦清醒與身心健康。懶惰的感覺也是一種強而有力的內在警報，一旦響起，就表示我們需要更多的協助，需要停下來休息，需要降低對自己的要求。當我們學會傾聽這些懶惰的訊號，就能更深入理解自身的需求，進而建立起一種真正值得去過的生活。

傾聽你內心深處的懶惰之聲

在麥克絲體內的壞死膽囊被發現、摘除之後，她終於得以享受久違的臥床休息，也得以暫時脫離資訊科技公司的血汗工作。她病得無法工作，這是無庸置疑的事——她手握醫師證明，身上還有未癒合的手術傷口可以證明。

「膽囊手術後的那幾個禮拜，是我人生中最美好的日子，」麥克絲斬釘截鐵地說。「我想睡就睡，想躺著看電影就看電影。那真是他媽的太爽了。我真希望這種好事可以再來一次。我願意為此再動一場手術——器官誠可貴，休息價更高。」

麥克絲對我說，在她工作壓力最大的時候，她會心力交瘁到連坐著看完一部電影都做不到。雖然她是恐怖片、真實犯罪紀錄片，乃至於各種令人毛骨悚然與黑暗題材的鐵粉，但工作壓力已經榨乾了她的精力，讓她根本無法集中注意力。換句話說，她累到連感到害怕的力氣都沒有了。

> 當我們學會傾聽這些懶惰的訊號，就能更深入理解自身的需求，進而建立起一種真正值得去過的生活。

「有一整年的時間，」她說，「我看來看去都是《開心漢堡店》（*Bob's Burgers*，一部美國成人動畫情境喜劇）。那部作品真的很棒，我超喜歡。這一點沒問題。但問題是，只要是劇情比它複雜一點或難過一點的電影，我的大腦就沒辦法消化。我就這樣撐了一整年。當時我每週的工時長達八、九十個小時，任何故事只要稍微苦澀一點、複雜一點，我都會消化不良。」

有了幾天時間可以好好睡覺與修養，麥克絲發現她終於又能坐下來，把一部長長的電影或紀錄片看完。臥床休息期間，她重新燃起了以往的興趣，又開始製作起那些奇特的手工藝品。沒過多久，她原本的無力感與憂鬱也大為緩解了。

雖然多數人都不會覺得緊急住院開刀是什麼好事，畢竟那通常是一段充滿創傷與折磨的經歷，但對麥克絲而言，這場膽囊手術卻成了她人生中一個重大的正向轉捩點。得以喘息之後，她開始重新審視自己的人生。她得以一窺某種更健康、更不勉強的生活是什麼模樣，也第一次體會到「睡到自然醒」有多美好。而一旦嚐過那樣的健康與自在，她就再也回不去了。

「懶散」打開了麥克絲的眼界，對她來說，那是一份珍貴的禮物。而我們每一個人，其實也都能獲得這份禮物——只要我們願意放手一試。

懶，足以推動創意

當我們能夠休息、甚至偷懶時，往往能在自己身上發掘出新的事物。事實上，許多奇思妙想，都是在我們滿腦子不再只有工作的時候才得以浮現。研究創意的心理學家特別關注那些重大的「啊哈」時刻，並投入大量心力探究人該怎麼做，才能催生出靈感。而事實證明，想迎來靈光乍現，其中一個最關鍵的訣竅，就是——懶。

剎那間的靈感與創意是勉強不來的——那需要一段心靈的靜止期。[29] 好的點子，往往會出現在我們不再強求它現身的時候。比方說在淋浴時，或是散步時，腦袋閒著的當下。表面上，這些靈感是憑空而來；但實際上，是我們的潛意識在我們渾然不覺時，早已默默培育出這些想法的雛形。心理學家稱這段富有生產力的放空時間為「靈感的育成期」（incubation period）。就像一顆蛋需要溫暖與安全的環境來孵化成健康的小雞，人類腦中的創造力，也需要安全感、休息與放鬆，才能孕育出獨特的構想與洞見。[30]

每當我向人解釋這項原則時，總會想起美劇《廣告狂人》（*Mad Men*）裡的一幕。劇中兼具魅力與才華的廣告人唐．德雷柏（Don Draper）正在替一位年輕有為、苦思創意標語的文案佩姬（Peggy）出主意。在短短幾句話裡，唐就精準闡述了什麼叫創意的育成期。「妳先好好地深思一番，」他對佩姬說，「然後通通把它們忘了。好點子自然會往妳的臉上跳去。」[31]

剎那間的靈感與創意是勉強不來的——那需要一段心靈的靜止期。

我就曾親身體驗過，什麼叫做「好點子跳到我臉上來」。2013年，我還是個灰頭土臉的研究生，拼了命想催生出博士論文的研究主題。我盯著一篇又一篇學術論文好幾個小時，硬是想靠意志力逼出一個靈感。結果不出所料，我什麼都沒逼出來。我非常沮喪，心想自己也太沒用了吧。在挫敗與自責之餘，我乾脆給自己放了幾天假慶祝生日，順便去拜訪幾個朋友。

在休假期間，我跟一位朋友悠哉地散步，走到了「邁可工藝品店」的停車場。因為我朋友想組裝一個花圈，因此我們打算來此選購一些噴漆與假花。

突然之間，一個完整的點子從我腦中蹦了出來，逼得我不由得停下腳步，趕緊用手機裡的Notes應用程式振筆疾書，深怕晚個幾秒就會將之忘光光。

雖然我整整一週都因為沒寫論文、跑去放假而感到內疚，但事後證明，其實我的大腦在潛意識裡早已默默運作。我只是退後了一步，就騰出大腦萌生創意所需要的空間。

有問題要解決嗎？懶就對了！

在麥克絲的例子裡，她是靠著一段臥床休養的時間（以及一部部的血腥恐怖片）才意識到自己的人生需要徹底改變。而為了釐清該如何做出這樣的轉變，麥克絲需要的是一段長時間的休息與「育成期」，以及那段育成期所能帶來的創意與洞見。

麥克絲知道，她必須為了自己努力打造並維繫一種可長可久的生活方式。這種生活不會憑空從天上掉下來。等病假休完，她還是得回到那個既沒效率又缺乏管理的工作環境中。她的主管依舊是那個無法冷靜、幾近於虐待狂、生怕員工請太多病假的女人。為了守護自己好不容易恢復的健康，麥克絲必須對抗這種由主管與辦公室共同構成的權力結構，並將自身的福祉擺在首位。要成功達成這一點，她不能魯莽行事，必須謀定而後動。

回到工作崗位後，麥克絲立刻開始記錄主管的一舉一動，特別是那些互相矛盾的指示。她也開始蒐集部門內實際工作流程的相關證據，好在申請文件的工作延誤時能夠自證清白。以此作為起點，麥克絲進一步安排與管理高層的會議，討論她所注意到的職責分配問題。這一連串的行動，成功說服了高層增派人手，分攤了她的部分工作量，讓她的負擔逐漸減輕。此後，只要她需要請病假，她便毫不猶豫地去做；至於女主管要有什麼意見，那就隨她去說吧。

「只要我主管質疑我是不是『真的』非請病假不可，我就會狠狠地回擊，」麥克絲說。「比方說，我會確保自己用電子郵件請假。她要是不置可否，我就會追問她，是不是要我拖著病體去上班？她很清楚，拒絕員工請病假是違法的，而我要做的，就是適時提醒她，我也懂法律。」

或許你會覺得麥克絲做得太絕，但考量到女主管的不良紀錄，她也只能出此下策。對某些人來說，學會劃清工作與生活的界限，是一種內在修練；然而在太多案例中，過勞的壓力其實是外力造成的。

身為被壓榨、遭到不當管理的員工，他們往往只能為自己發聲，並善用一切可行的法律保障。他們可能還得與其他同事聯合起來，推動公司制度的變革。麥克絲正是這樣做的。當同樣的問題在幾個月內不斷重演後，她與同事交叉比對紀錄，成功說服高層相信這位女主管的管理確實有問題。她也藉此爭取到更人性化的工作排程。

當然，麥克絲的工作並沒有從此一帆風順。她還是常常幻想著離職，工作本身依舊枯燥、勞累，但至少現在她每個月只需熬過一週的八十小時工時，而不是一年五十二週，週週都爆肝。她能夠撥出時間來畫畫、參加靈異導覽，還有擔任志工。此外，她也開始接受心理治療，努力修復長期過勞對她私人生活造成的傷害。而也許最重要的是——她現在終於有足夠的大腦空間，可以盡情欣賞她最愛的哥德式血腥恐怖片，想看幾部就看幾部。

這場病，給了麥克絲一個重新記住懶惰有多麼舒服的機會。她臥床的那幾週，讓她如獲新生，也翻轉了她的視角，使她重新聚焦在生命中真正重要的事物上。憑藉著一顆不再那麼被壓力擾亂與摧殘的心，她終於能夠勾勒出一套作戰計畫，去改善職場環境，並藉此解決那些一直讓她無法正常運作的問題根源。

只要我們有意識地為慵懶騰出時間，去擁抱我們自然想發懶的本能，而不再聞「懶」色變，我們就能釐清哪些需求才是真正重要的，哪些要求其實可以先緩一緩。憑藉著這顆重獲新生、鬆弛下來的心，我們將得以看見舊問題的新解法，並挖掘出原本不知道自己也擁有的力量儲備。

「懶」會提醒我們：哪些事才是真正要緊的事

在遇到事情很多的時候，我們多半會本能地埋頭苦幹，心想「解決一件是一件」。然而，許多研究都指出，比較好的做法是按下暫停鍵，留點時間給自己發懶，看看會有什麼想法或反應慢慢浮現。在我們放慢步調、試著減輕生活負擔的過程中，會更清楚生活中有哪些事是自己其實可以放手的。只要不把懶惰視為假想敵，我們就能慢慢體會到放手的快樂。

奧古斯特．史塔克維爾（August Stockwell）經營著一個名為「揚升倡議者」（Upswing Advocates）的機構，旨在訓練心理衛生專家去服務LGBTQ+族群，以及自閉症與過動症等障礙案主的需求。這是一份極其耗時且勞心勞力的工作，當中涉及繁複的行政任務、會議與電話磋商。此外，這也是一份情緒耗損很大的工作，因為在工作過程中，奧古斯特必須與治療師、諮商師討論他們面對案主時的各種掙扎。經年累月地累積下來，奧古斯特的心理健康也受到不小的耗損。

只要不把懶惰視為假想敵，我們就能慢慢體會到放手的快樂。

「我在某個時刻意識到，自己二十

四小時都處於一種高度警戒的狀態，」奧古斯特對我說。「我沒有設下明確的職業界限感。我會對每件事都點頭說好好好，因為有太多很棒的事等著我去做，結果就是我逐漸失去了跟自己的連結。」

奧古斯特說，他有很長一段時間都是根據工作的「急迫性」來安排優先順序。哪裡出現最大的一把「火」需要撲滅，他就會優先處理那裡的事務。也正是在這個節骨眼上，他把自己身為行為分析師所受的訓練派上用場，發展出一套更容易掌握的管理方式。

奧古斯特向我展示了一張他用來追蹤每週職責與目標的試算表。表格中設有不同欄位，涵蓋各式各樣的每週目標，而工作相關的事項只是其中一部分。例如，有些欄位追蹤的是他是否有花時間陪伴伴侶、是否有靜坐冥想、是否有去散步、是否有安排時間跟親友通電話。凡是對他而言重要的事，在試算表裡都有記載。

在試算表的右側，奧古斯特標示了他是否完成了該週的特定目標——我有沒有出席這場會議？我有沒有依計畫和這位朋友通上電話？此外，還有一欄是讓他記錄自己對這個目標是否達成的感受。

以下就是這份試算表的範例，你可以一窺奧古斯特的生活管理方式：

目標類型	本週目標	優先性	完成度	主觀感受
自我反思	靜坐冥想至少兩天	高	已完成	好
生體健康	運動至少一天	中	有待運動	普通
休憩	放假三天	高	休息了兩天	普通
工作	舉辦網路研討會、寄出感謝卡給捐款人	高	感謝卡尚未寄出	普通
交往關係	跟伴侶分享自己的狀況	高	已完成	普通
待辦事項及生活事務	打掃公寓、存支票	中	已完成，並已將密碼與代號更改需求寄出	好

這個試算表系統讓奧古斯特得以注意到，「自己經常未完成哪些目標」，以及「對這些未完成的目標有什麼感受」。相較於責怪自己沒能完成某個目標，奧古斯特會觀察自己的動力與惰性帶他前往何處，進而釐清「懶惰」背後可能想傳達的訊息。

比方說，如果他經常未完成跟家務有關的目標，但自覺並沒有太糟，他可能就會解讀為：維持一個完美整潔的家，對他來說其實不是那麼重要的事。很多時候，這樣的覺察反而能幫助他訂立更貼近自身價值的新目標，比起責備自己沒有把每件事做到盡善盡美，這樣會來得更有建設性。

「這所有的過程幫助我更專注於我自己和我的實際感受，而不是只在乎別人怎麼看我，」奧古斯特說。「它會讓我想問問自己：我還好嗎？我真正想要的是什麼？我快樂嗎？如果我不快樂，那麼這些目標還值得我花力氣去追求嗎？」

在這個被「懶惰的謊言」主宰的世界裡，放棄某些責任經常會令人感到痛苦。但我們愈能學會觀察自己的行為模式，從中學習而不加以評判，我們就愈有能力建立一種真正能讓自己振作、實實在在的生活。

———

林－曼努埃爾．米蘭達（Lin-Manuel Miranda）這位音樂劇《漢彌爾頓》（*Hamilton*）的作者兼主演，發想出這個劇本的契機——眾所周知——是因為他在跟妻子度假時讀了一本歷史書。[32] 但他去度假並不是為了要構思新劇；他只是單純想在連續七年不間斷演出《狂舞紐約》（*In the Heights*）之後，好好放鬆一下。而就在他終於有時間去充電後，一個改變他人生的創意便浮現在他的腦海中。

在《漢彌爾頓》獲得空前成功之後，米蘭達再次逼自己擠出時間去度假。該劇的粉絲們對他退出演出陣容感到如喪考妣，但在許多訪談中，米蘭達則再三強調「懶一下」的重要性。

「我這輩子想到的最棒點子，或許是我今後再也想不出來的，那就是我在度假時突然冒出來的點子，而那並不是個意外，」米蘭達在2018年受訪時說。「我的大腦一有片刻的休息時間，《漢彌爾頓》就探頭走了進來。」[33]

雖然「懶惰的謊言」會用相反的說法來糊弄我們，但慵懶確實有助於我們成為有洞見的創作者與解決問題的人。只不過，「懶惰」的價值有著遠超於此的深度——只要在生活中騰出讓我們可以放慢速度、放鬆與「無所事事」的空間，我們就能開始療癒那些最深的傷痕，也能開始為自己打造一種能滋養我們、不再令我們內耗的生活。

為什麼「少做一點」可以療癒我們？

當我的治療師傑森第一次建議我，試著「什麼也不做」，就只是坐著發半小時的呆，好讓我真正「感受自己的情緒」時，我直覺認為他就是滿口幹話。

「才沒有人會那樣咧，」我對他說。「哪個正常人會直挺挺又靜悄悄地坐在那兒，啥事都不幹，一坐就是半小時？」

在傑森給我這項建議時，我正苦於不知該如何處理自身的情緒。當時聯邦政府才剛取消了對跨性別人士的反歧視保護令，美墨邊境有許多人被關在牢籠裡，我的許多朋友也因為《平價醫療法案》(*Affordable Care Act*)可能翻盤、進而失去能救他們一命的「歐巴馬健保」而活在恐懼中。整個世界宛如天要塌下來一般。更糟糕的是，我那些偏保守派的親戚根本沒有意識到自己在這些事情上同樣有責任。絕望與憤怒已經遠超過我能承受的範圍，而我唯一能做的，就是盡力壓抑這些情緒，假裝自己沒事。

一整天下來，我會盡量隱藏自己的悲傷與焦慮，好專注於工作和社會運動上。我參加抗議與集會，打電話給我選區的民意代表來表達心聲，鼓勵著那些被嚇壞了的朋友，並試著保持堅強。但當我在夜裡準備入睡時，各種情緒便如潮水般湧來，我不是悲傷啜泣，就是怒火中燒。我的伴侶很討厭我動不動就憂鬱煩悶好幾個小時，卻始終不告訴他原因。我拒絕透露我面對什麼困擾，但幾天後我又會為了一些雞毛蒜皮的小事大發雷霆。我可能會花好幾天的時間在那兒咬牙切齒，怨恨某個朋友或親戚曾說了什麼話，卻從不告訴他們我為此受了傷。我心想，情緒是弱者與沒有生產力的人才擁有的東西，而我說什麼也要守住底線，不讓自己的情緒顯露出來。

傑森完全不認同我心裡這套「壓抑情緒，假裝自己是沒有感覺的機器人」計畫。很明顯這一招並不管用，也不是能持續應付壓力或創傷的辦法。因此，傑森要我每個星期至少排出一段時間，什麼也不做，就只是靜靜坐著，真切地去感受我心中各種浮現出來的情緒。

對此，我抗議了好幾個星期，因為這種方法聽起來簡直就是假惺惺到不行的荒謬主意。「只有瘋子才會做這種事，」我告訴他。「我實在無法想像，有人只是坐在那裡沒來由地哭，然後就會莫名其妙地感覺好一點了。我發誓，要是有案主這樣跟你說，那他們肯定是在騙你，目的只是想讓你別再管他們的事。」

聽完我各種抱怨與反抗後，傑森只是笑著翻了個白眼。他堅持說，確實有些人會單純坐著，任憑情緒自然湧現，而這麼做真的對他們有很大的幫助。他再次強調，我應該試一試，至少給這種方法一次機會。

事實證明，有大量的科學證據支持傑森的建議。幾十年來的研究顯示：騰出時間靜靜坐著、什麼正事也不做，讓自己真正與內在的情緒相連結，是一種具有療效的做法，有助於改善人的身心健康。

1985年，心理治療師詹姆斯・潘尼貝克（James Pennebaker）開始研究以書面表達痛苦情緒如何能產生療癒的效果。[34] 當時學界已經知道，跟治療師討論內心的痛苦有助於紓解壓力，擁有可傾訴的朋友也能幫助人們更好地面對困境。然而，潘尼貝克想進一步瞭解的是，人們在獨自坐下、提筆寫出自己的感受之後，是否也能獲得療癒的效果。

為了檢驗這一點，潘尼貝克集合了一群創傷倖存者及慢性疾病患者，要求他們每天坐下來持續書寫二十分鐘，寫下他們的感受。潘尼貝克給出的書寫指示可分為以下六個步驟[35]：

1. 找出一個不會受到干擾的時間與地點。
2. 持續寫作至少二十分鐘，不要中斷。
3. 無須在意拼字或文法上的錯誤。
4. 純粹為了自己而寫。
5. 聚焦在那些你認為非常私密且重要的事情上。
6. 只寫你目前已準備好面對的事件或處境。

潘尼貝克請參與研究的受試者連續書寫二十分鐘，主題是他們生命中「情緒動盪」的來源。他們寫的內容可以凌亂不堪，甚至前言不對後語也無妨。這個練習的重點，在於將內心的感受傾瀉於紙上，而非產出優美流暢的文字。即便受試者已無話可說，潘尼貝克仍指示他們務必繼續書寫，就算只是重複先前寫過的內容也行。時間一到，受試者就能將那張紙拋諸腦後。

潘尼貝克與同事發現，經過兩週這樣的寫作練習後，受試者普遍回報自己的壓力與憂鬱感均有所降低。[36] 他們的睡眠品質變好，活力也增加了。[37] 事實上，就連他們的生命徵象與免疫系統功也大幅提升。[38] 在後續研究中，潘尼貝克等人進一步發現，透過這種方式將感受書寫出來，有助於減少人們對痛苦回憶的反芻，並提升他們調節情緒的能力。隨著愈來愈多學者對這種方法進行驗證，研究對象的數量與範圍逐漸擴大，這項寫作練習所能帶來的益處也愈加明顯。

潘尼貝克找到了一種簡單、易於操作的方法，有效幫助人們觸及內心真實的情緒與需求，並且明顯地惠及許多不同身心疾病的患者。[39] 他以這項研究成果為基礎，撰寫了《書寫的療癒力：從創傷與情緒動盪中復原的引導式日誌》（暫譯，*Writing to Heal: A Guided Journal for Recovering from Trauma & Emotional Upheaval*）這本里程碑著作，並進一步完善了他所謂的「表達式寫作法」（expressive writing）。至今，「表達式寫作」已廣泛應用於各類群體，從罹患創傷後壓力症候群（PTSD）的退伍軍人，到面對未知未來的癌症病人，再到承受壓力、焦慮、悲傷與憂鬱的各類患者，都能從中受益。[40] 我至今仍覺得這點有些難以置信，但長期以來，無數研究都證實了「放慢腳步、暫停生產力並傾聽自身情緒」具有強大的療癒力量。

「表達式寫作」之所以效果顯著，是因為它迫使我們面對平日遭到我們壓抑的痛苦。我們活在一個以「靠自己重新振

作」為美德、崇拜刀槍不入般強者的世界裡。由於這種文化訊息及伴隨而來的各種壓力，我們逐漸學會忽視自身需求，甚至開始憎恨那個會感覺到脆弱、承受難解情緒的自己。而「表達式寫作」之所以有效，似乎是因為它提供了一個機會，讓我們專注傾聽內心脆弱的聲音，而不是整天只想著如何讓自己的脆弱閉嘴。

同樣重要的是，這種寫作過程不能以「創作出一個能被他人評價的東西」為目的。如果有這樣的企圖，我們就會在寫作時不斷進行自我審查，會一直擔心自己的「作文」品質夠不夠好。表達式寫作的設計初衷，就是刻意避免這種生產性的導向，鼓勵我們隨心所欲地書寫，寫得亂七八糟也好，完全不用顧及別人眼中的可讀性，彷彿你隨時可以將之棄如敝屣——這將有助於我們真正觸及內心那些難以解開的情緒，包括所有的不愉快。

我的同事貝拉．艾廷根（Bella Etingen）博士是一名任職於伊利諾州海恩斯榮民總醫院（Veterans Affairs Hospital）的學者，她經常使用「表達式寫作」來幫助退伍軍人緩解創傷後壓力症候群。這個做法之所以特別有效，部分原因就在於它讓這些老兵們得以展現出脆弱的一面，並以一種極為私密且完全不用顧及面子問題的方式，誠實地傾聽自己的內心。

「這些硬漢們大多很排斥在治療師面前談論自己的感受或創傷，」貝拉在與我討論表達式寫作的療效時這麼說。「但如果你只是請他們坐下來寫出自己的感受，並告訴他們可以在事後將之扔進垃圾桶，那麼他們就會放心許多。這樣一來，他們的『硬漢』形象就不會受到威脅。」

我可以體會貝拉口中那些「硬漢軍人」的心情。我自己雖然稱不上什麼硬漢，也不是超級男子漢，但我確實也很討厭坐下來跟別人聊自己的情緒。我總覺得那樣既尷尬又丟臉。

幾十年來，父權與「懶惰的謊言」聯手，讓我對任何柔軟、女性化的事物——包括流淚或掏心掏肺——都充滿排斥與不信任。我寧可默默忍受內心的壓抑感將我生吞活剝，也不願吐露脆弱。社會上許多主流的「自我照護法」因此背負了不公平的汙名，它們被視為是吃飽太閒、娘們專屬、強者不宜的行為。洗個泡泡浴、點根香氛蠟燭、享受按摩——都成了許多人眼中懶惰、奢侈且不必要的事。至少社會給我們的教育就是如此。但最終，我們許多人都會發現，這些溫柔又療癒的活動實在棒到無話可說，而對於這類向我們洗腦、要我們避開這些活動的文化，我們必須有所反擊。

———

經過幾週對傑森提議的抗拒後，我終於給了自己一次機會去「感受我的感受」。每週一次，我會撥出半小時，寫下一些生活筆記，看看有哪些事情正令我不開心。為了更容易進入狀況，我會播放一些音樂，幫助自己釐清困擾我的事究竟是什麼，以及這些事帶給我什麼樣的感受。我會邊寫邊掉淚，或感受到怒氣逐漸湧上來。這個過程的每一秒都令我難受至極。我討厭這種感覺——自己所背負的每一絲悲傷，以及那些被我壓抑並深藏在心中的難過和創傷，全都一一浮現，使我痛苦不堪。每一次書寫，我都感到無比地悲涼。完成之後，我會把筆記丟掉，然後出去走走，試著甩掉自己因擁有人性弱點而殘存的羞恥感。

在按照傑森所建議「感受自己的感受」的兩週之後，我注意到自己已經不再會哭著入睡。我開始跟伴侶、朋友溝通自身的感受，而且是在情緒一來時就這麼做，而不再像從前那樣把事情悶在心裡好幾週。突然間，承認自己的傷心或生氣不再令我那麼恐懼。當我不再持續逃避這些情緒，我也變得愈來愈能坦然、不帶羞恥地將之表達出來。

同時，我也開始注意到自己每週選擇寫下的內容裡，存在哪些模式。我發現有些特定的責任和義務，例如我每週都會參加一次的「性別酷兒」（非二元性別的其中之一）支持團體，總是會在書寫中以壓力源的姿態浮現。每個禮拜，光是想到要去參加那個活動就讓我焦慮不安。察覺到這種模式之後，我就知道不出席活動，心理壓力就不會那麼大了。

> 當我不再持續逃避這些情緒，我也變得愈來愈能坦然、不帶羞恥地將之表達出來。

在養成「為自己的感受騰出時間」這個習慣幾個月後，我終於能夠與伴侶坐下來，進行一場艱難但必要的對話——內容是關於我多年來存下來的那筆錢。這場對話從根本上改變了我們分配家庭責任的方式，也影響了我們如何思考與討論彼此的未來。我與一些保守派親戚的關係也沒有像從前那麼緊張了。大約在我實踐這種書寫過程六個月後的某一天，我媽媽在電話裡無意間說了一句傷人的話。若是過去的我，接下來大概會在整通電話裡都對她冷言以對，然後又再生幾天悶氣。但這一次，我冷靜地打斷對話，然後直接告訴她那句話讓我很受傷。在那一瞬間，我彷彿感覺到某個名為「憎恨」的惡魔被驅離了我的身體。

我變得更能與自己的情緒同步了！「感受我的感受」雖然聽來有點蠢，但這個做法真的奏效了！

「表達式寫作」的成效卓著，於是我開始將之推薦給其他深陷各種情緒困境的朋友，乃至於我苦於焦慮症的學生。我也會推薦給像我一樣，因為對世界的未來感到恐懼而迷惘的朋友。[41] 每當我對我的治療師提到這一點，他都會露出那種「我早就跟你說了」的宇宙級燦笑。但我能說什麼呢？那些聽起來會讓人顯得脆弱的「幹話」，原來根本不是幹話，完全不是。

「表達式寫作」比起許多方法，更能幫助我們連結情緒，進而享受到「懶惰」所帶來的療癒力。若要再舉出一種蔚為風潮且效果卓著的做法，那就非靜坐／冥想莫屬了。正如研究已經突顯了表達式寫作的好處，科學界的發現也指出，冥想有助於人們降低血壓[42]、提升免疫功能[43]，同時改善心理健康。[44]

奧古斯特．史塔克維爾會固定將靜坐冥想納入他每週的試算表中，而他發現，自己冥想得愈多，就愈能安撫緊張的情緒，也愈能看清生命中真正重要的事物。而這樣的覺察，又進一步幫助他建立起健康的界限。

「透過大量的冥想，」奧古斯特說，「我接觸到一種我希望自己能盡可能長時間活在其中的平靜心理狀態。它讓我更能察覺出，什麼時候該果斷地說『不』。」

在奧古斯特開始冥想之前，他並沒有意識到自己是如此長期地處在焦慮與過載的狀態中。他已經太習慣於過度忙碌的生活節奏，以至於忘了其實還有其他可能的活法。冥想提醒了他：他可以放慢腳步，可以細細品味寧靜，也可以專注於感受當下。

當我們根據真實的感受，而不是以社會灌輸給我們的種種「應該」，來設定生活的優先順序，那種發自內心的真實感也會隨之湧現。

「我不斷提醒自己，冥想本身並不能解決任何問題，」奧古斯特說，「但它同時也是解決問題最重要的起點。」

換個語序來說就是：靜坐冥

想之所以是一個至為重要的起點，正是因為它的用意並不是為了解決任何實際的問題。如同「表達式寫作」，也如同那些讓我們得以「無所事事」的各種做法，靜坐冥想的核心，就是讓我們暫時放下目標、鬆開壓力，並在這個過程中重新召回我們的能量與安穩。

擁抱懶惰，可以用革命性的方式提振我們的生活品質。只要不再以自己「劃掉多少待辦事項」來衡量自我價值，我們終究能找到那些對自己真正重要的事。

當我們根據真實的感受，而不是以社會灌輸給我們的種種「應該」，來設定生活的優先順序，那種發自內心的真實感也會隨之湧現。若我們能學會細細品味閒暇，讓自己以更緩慢、更慵懶、更順應內在節奏的步伐來工作，那麼多年來因過勞累積出來的傷痕，就會開始癒合。

第三章

工作不要太辛苦，天經地義

You Deserve to Work Less

安奈特・陶勒博士是一位工業與組織心理學家。她的研究聚焦於職場的變動會如何影響人的感受與行為。多年來，她針對多項主題進行研究，深入探索受雇者在美國受到何種管理，以及管理階層的決策會如何影響員工的生產力與福祉。她的研究涵蓋的問題包括：經理人是否能透過訓練變得更有魅力（能）[1]、教師的薪資是否與學生的在校表現有關（是）[2]、感情關係健康的人是否比關係不佳者更有可能成為理想的員工（是）[3]。

安奈特的專業領域極為廣泛。她的研究登上該領域一些最頂尖的學術期刊。多年來，她一直以終身職教授的身分任教於帝博大學（DePaul University），這間學校就位於我芝加哥住處的同一條街上。但某天，她決定拋下一切，去追求一種更真實、更充滿喜悅的生活。

安奈特在職涯高峰時選擇急流勇退，辭去了安穩的終身教職，轉而投入穩定性與安全性都較低的自由撰稿與顧問工作。看在許多人眼裡，這是風險極高的選擇，但對她來說，前路卻再清楚也不過了。經過數十年的研究，沒有人比安奈特更清楚健康的職場應該是什麼模樣，反之，有毒的職場又是什麼光景。而她看得出來，自己原先身處的學術部門正日益走向那個「有毒」的方向。

「拿到終身職後，我便感覺到有壓力要去霸凌底下的人，」安奈特說。「我們系上的教師會霸凌學生，資深教授會霸凌資淺教授。而身在其中的你，受到的期待就是要隨波逐流，甚至與他們同流合汙。」

安奈特注意到，她所屬的院所裡，師生都壓力沉重、身心俱疲。所有人都必須在高度壓力下工作，隨時都得維持高水準的表現，根本沒有時間休息或反思。大家都很習慣去監控並批評他人的行為與工作效率。那些精疲力盡、苦不堪言的教職員，則會把壓力往下傳遞給他人。整體氛圍充斥著敵意與冷漠，幾乎沒有人會替他人設想。

簡單來說，安奈特的辦公室就像美國許多辦公室的縮影——幾乎是為了製造創傷與耗竭而設計出來的完美溫床。由於她曾親身研究過這類職場對員工的傷害，她當然知道自己得趕緊開溜。

「基本上在那之後，我就默默放棄了教職，」她告訴我。

如今，安奈特過著她的研究所提倡的生活。她會騰出時間跑馬拉松、創作藝術。除了手上那本寫到一半的懸疑小說，她還固定擔任志工，協助家暴倖存者。再者，雖然有一大堆接案工作等著她去完成，但安奈特仍刻意將其他事情放在更優先的位置，包括空出時間接受我的訪問。

「我會依據事情的重要性來排定優先順序，把時間和心力投入到我在意的事物上，」安奈特說。「心理學文獻就是建議一個人要這樣過日子的。所以你知道，我可以選擇為了一個說到底沒什麼意義的截止日期拼命趕工，也可以遵循本心去做自己想做的事情，像是跟你對談。」

安奈特秉持著一種隨和、不設限的人生觀。她為自己劃出了一塊空間，讓自己的美好特質能夠閃耀光彩。但她之所以能建立這樣的生活，完全是因為她具備足夠的條件與知識，得以避開那些對她有害的東西——傳統、受限、以及過度操勞的職場環境。

許多組織的形塑，都源自於「懶惰的謊言」的歷史與價值觀，而這些歷史與價值觀往往會導致災難。典型工作日的架構，奠基於一種期待：人應該能一坐下就連續產出八小時的豐碩成果，儘管已有鋪天蓋地的證據顯示這根本不切實際。主管

常以為他們必須進行治絲益棼的微管理，才能毫無間隙地從員工身上榨出生產力，然而研究顯示，那樣反而只會惹人厭煩，讓人更缺乏動力。[4]

被操過頭的員工，往往會互相監督彼此的生產力，把苦悶散布到整個部門，讓不健康的界限像病毒一樣擴散開來。隨著數位職場工具的普及，員工面臨的壓力愈來愈大，他們得隨時隨地待命為雇主所用，我們共同的疲憊與過勞感也因此愈發失控。

儘管我們經常因為「不夠有效率」而產生罪惡感，但其實多數人的工作量早已超過健康負荷。我們不斷將身心逼到極限，忽視疲憊與懶惰所釋放的警訊，並不自覺地傳遞出一種訊息：這很正常、大家都該這麼做。

長期勉強自己如此運作，只會讓我們陷入嚴重的疲勞與崩潰風險。若我們想避開這種模式所帶來的傷害，就必須擁抱人性中的基本需求，讓所謂「懶惰」的訊號，引導我們自然而然地減少工作量，而不是愈做愈多。

我們的工作量正處於史上最高峰

在本書〈第一章〉，我提到人們對「懶惰」的集體恐懼與憎惡，是源自資本主義與奴隸制度的歷史。我也說明了「懶惰的謊言」是如何被用來合理化工業時代的勞工被推入火坑、一天得在風險與虐待中辛苦工作長達十六小時。而最糟糕的是，這種歷史遺毒直到今天依然存在。

雖然過去有一段時間，每週的平均工時曾逐漸縮短（主要得感謝工會與勞工運動的努力）[5]，但很遺憾的，這種趨勢近年來已不復見。[6] 如今的情況是：平均工時不減反增。放眼幾乎所有產業與職業領域，我們都能看到過勞的壓力湧現。智慧型手機、筆記型電腦、電子郵件與Slack通訊軟體等數位工具的出現，使我們愈來愈難在下班回家後真正放下工作。而隨著零工經濟的興起，用「加班」與「副業」塞滿零碎時間也成了常態，使得我們的工作量更加沉重。

每週工時愈來愈長

工業革命催生出製造業與倉庫型職場（以工廠與倉儲空間為主的產業工作環境）。[7] 工廠雇員會在危險且昏暗的環境中操勞一整天，幾乎無法騰出時間從事生活中除了睡眠以外的活動。法律對勞工的保障極為有限，許多人即便因公受傷也得不到任何補償。[8] 虐待勞工的情況比比皆是，許多人甚至連午休吃飯或上廁所的時間都沒有。

> 儘管我們經常因為「不夠有效率」而產生罪惡感，但其實多數人的工作量早已超過健康負荷。

於是，勞工開始團結起來發動遊行、示威、罷工，為的就是抗議他們所受到的不公待遇。這樣的情況延續了許多年，並遭到資方激烈且暴力的阻擋，甚至連美國警方與軍方也助紂為虐。[9] 但最終，勞工運動總算在法律戰線上逐步累積勝果，工會也開始受邀坐上談判桌。就這樣一步一腳印，勞工爭取到了更多的福利、更大的法律保障，每日工時也不再長得要命。[10]

在接下來的數十年間，美國整體的趨勢是工時逐漸縮短、薪資提高，以及福利愈加完善。到了二十世紀中葉，許多工薪階級的人們得以享有前所未有的舒適生活，甚至開始累積財富。像我這樣的千禧世代，從小就是聽著爸媽和祖父母談起那段光景長大的。對我而言，那段時期就見證了我出身阿帕拉契地區的祖父母，從田納西州貧困的坎伯蘭峽（Cumberland Gap）搬遷至中產階級聚居的克里夫蘭郊區，而那裡也成了我長大的地方。美國當時經歷了高度的經濟繁榮，而其中受惠最深的，莫過於白人與外表接近白人的有色人種，而後者就包含了我大部分的親戚。

然而，那個時代早已遠去。在過去二十年間，美國的平均每週工時變得愈來愈長[11]，而不再像更早之前那樣愈來愈短。[12] 時至2014年，美國人的平均每週工時已經攀升至四十七小時以上。[13] 在2018年的「蓋洛普民調」中，有44%的受訪者表示他們的每週工時超過四十五小時。[14] 而在這44%的人當中，又有12%的人表示他們每週工作超過六十小時——相當於一天工作十二小時！

對比全球有一百三十四個國家針對工時設定上限[15]，美國卻沒有這種法規，也就是說，每週工時的上限可以無止境地攀升。[16]

在某些組織裡，超時工作甚至不被視為是員工的額外付出；反之，週週加班成了理所當然的事。我朋友艾里去年應徵了一間矽谷科技巨擘的工作，結果發現部門裡的所有員工都被分配了每週十小時的加班時間。光是這一點就讓艾里遲疑了許久——若這十小時是硬性規定，那還能算是「加班」嗎？

在過去幾十年間，勞工還做了一件事，那就是有如八仙過海般，把更多生產力塞進每一個小時的工作裡。靠著數位工具、自動化、電腦運算速度的提升，以及其他不勝枚舉的因素，如今的勞工只需花費十一個小時，就能完成1950年代勞工得花四十小時才能完成的工作。[17] 但即便工時與工作量已有如此驚人的提升，勞工拿到的薪資卻不增反減。[18]

除了工時拉長，今日的勞工也面臨比過去幾代人更大的壓力，而這些壓力多半與工作職責及上層的不當管理有關。[19] 退休金與健保在許多產業裡也受到衝擊，不是被完全砍掉，就是比十年前甚至更早以前來得微薄許多。[20] 許多企業轉型後，已益發依賴兼職而非全職員工，目的就是為了省下福利支出。[21]

> 我們很多人都比從前工作得更久、產出更多，但卻領著完全比不上過去的報酬。

這絕非危言聳聽——我們很多人都比從前工作得更久、產出更多，但卻領著完全比不上過去的報酬。

下班下得乾淨，成了一種奢求

雖然安奈特長年居住在美國，也長期研究美國的職場，但她原本出身於英國。也因此，她觀察到：相較於歐洲人，美國人與工作的關係顯得格外失衡。「歐洲人去上班，就是把工作完成後走人，」她說，「他們了解放鬆的重要性，那是一種你在美國人身上常常看不到的平衡感。」

確實在美國，工作與生活的界限經常模糊不清。相比歐洲人動輒擁有二十天以上的帶薪休假，美國員工若有十到十四天就該偷笑了。[22]「懶惰的謊言」也讓許多美國勞工產生強烈的「假期罪惡感」，使他們難以心安理得地把特休用完。[23] 人資網站Glassdoor的調查顯示，在2018年，美國人平均只用了約一半的帶薪特休，剩餘的特休就這樣被浪費掉了。[24]

我們與病假的關係同樣十分扭曲。近半數的美國勞工都未享有生理或心理方面的帶薪病假[25]；即使有，他們也不敢輕易使用。就像麥克絲的主管會情勒她、讓她不敢請病假一樣，我們許多人也擔心自己會因此被公司視為懶惰又靠不住的員工。事實上，這樣的擔憂並非杞人憂天——2019年，美國航空（American Airlines）就曾遭「紐約市消費者暨勞工保護局」控告，原因是前者因員工請了病假而對其進行懲戒與威脅。[26]

當企業未能提供員工完善的病假政策，或當管理者強迫員工抱病上班時，其衍生出的公衛後果將十分巨大。在新冠疫情初期，許多染病的員工因無法請病假，進而將病毒傳染給同事與一路上的通勤者。[27] 在更貼近日常的層面上，身體不適的餐飲業員工常常不得不硬著頭皮上班，進而將疾病傳染給同事與顧客；有高達81%的餐飲業勞工未享有資方提供的病假。[28]

即便順利下了班，許多勞工仍需與「繼續工作」的誘惑交戰。電郵、Slack、推特等應用程式讓職場無孔不入，工作滲進了每個人的一天二十四小時。[29]

學者把這種現象稱為「工作－居家干擾」（work-home interference）——隨著智慧型手機等工具的普及，這種干擾已益發明顯。[30] 根據「蓋洛普民調」，有36%的受訪者表示，他們會在非上班時間頻繁地查看工作上的電郵[31]；而在某些講求「隨時在線」的高壓組織中，這類干擾更是普遍發生。

居住在奈及利亞的妮米希爾，是我曾訪談過的一位性衛生推廣與教育工作者。她告訴我，她必須堅守自己在數位活動上劃定的界限，否則她的健康與生活品質就會被犧牲掉。「我從事大量的線上教育與推廣工作，」她說，「那真的非常消耗體力。我必須在推特上過濾特定字眼——像是與性創傷或物化相關的用語。我有時甚至會直接把手機扔到一邊。教育他人是我的工作，但我必須確保我可以為這份工作劃出一條界線，同時不影響自己持續做出有意義的貢獻。」

電郵、Slack、推特等應用程式讓職場無孔不入，工作滲進了每個人的一天二十四小時。

許多人並不具備妮米希爾這種懂得「為自己踩煞車」的自律能力。我們很多人會被拉扯進一個迴圈，無止盡地回覆訊息、查看通知，即使早已下班回家，仍持續做著無償的工作。隨著零工經濟的興起，工作對生活的干擾已經成為一種迫切的危機。

零工經濟讓我們進退失據

艾力克斯在芝加哥的洛普區（Loop）擔任全職行政助理。一整天下來，他編輯文件、做會議紀錄、影印資料，還得四處跑腿。在難得能在辦公室裡靜一靜的那些時刻，他會試著趕他的創作進度——他同時也是一名演員及表演者，因此總是有背不完的臺詞及試不完的鏡。當原本已經很漫長又忙碌的一天終於結束時，他回到家，又會打開接案平台Upwork，試著尋找一些文案或錄音謄打的工作。

「最後我花在謄打工作的時間比寫文案還多，雖然前者賺的錢比較少，」艾力克斯說。「但謄寫比較不用動腦，我只要放空，聽到什麼就打什麼，整個人像喪屍一樣。」若把Upwork的抽成和尋找新客戶所花的時間成本算進去，他這份謄打工作的實際收入甚至遠低於最低工資。不過他說，這好歹聊勝於無，讓他一天中能多擠出幾個鐘頭來賺錢。

我們很多人都會上Upwork、TaskRabbit、Uber、Lyft、Fiverr或Grubhub等共享經濟平台來賺點外快，畢竟擁有完整福利的全職工作愈來愈難找。[32] 隨著朝九晚五的傳統工作型態逐漸消失，會利用週末、晚間等零碎時間來賺錢的人也愈來愈多。

這樣的人除了艾力克斯，我還認識很多。零工經濟發展得如火如荼，榨乾了我所認識的每一位千禧世代上進青年的空閒時間與心智能量。瑞奇如果沒有歌唱課要教，或沒有合唱團的演出，就會在早上或晚上去開Uber。迪奧則會使用Wag這個App（wag是「搖尾巴」的意思）來尋找遛狗的工作機會，好補貼他在冰淇淋店擔任經理的收入。我也有一段時間會幫人編修學術報告，這個工作在Upwork上的收費大約是每小時20美元，但後來因為實在忙不過來，我就沒有繼續做了。不過直到現在，我偶爾還是會心癢癢地想再登入看看，把自己的空閒時間變現。

我們有太多人早已被逼到極限。我們的經濟架構是建立在對「懶惰」的憎恨之上，由此年復一年，我們的工作時間愈來愈長。很多人都不知道該如何從工作中登出，不知道該怎麼去度假、休養，或在下班後安心躺平。像Foxtrot、Upwork、TaskRabbit和Uber這類應用程式，不斷在向我們招手，鼓勵我們在空閒時也別忘了工作，並且還用各種吃重、難以持續的目標對我們施加誘惑。這些過度的承諾與操勞，最終只會弄巧成拙，讓我們身心受創。事實是：一個人一天能工作的量，都是有限的。

工作，不能無限上綱

人類不是機器；沒有人可以一整天都不休息地持續產出。事實上，我們的「穩定輸出」往往無法持續超過兩個小時。很多人聽到這點可能會嚇一跳，但事實的確如此——人體的設計根本不適合一天工作八小時，儘管這個數字在全球多數地區都被視為是合理、甚至是「人道」的工時長度。

雖然龐大的社會壓力與文化制約一再洗腦我們，但工作上的高效並不能靠燃燒意志力與決心來達成。要把工作做好，我們必須有充足的休息，也必須有餘裕去享受生活的美好。工時的長短，並不能機械地換算成生產力的提升。須知人的專注力與意志力都有其極限，唯有透過休息，我們才能提煉出優質的工作表現。

工時愈長，不等於生產力愈高

亨利・福特是一位眾所皆知的人物，他曾有一項著名的發現：當每週工時從四十八小時縮減為四十小時，員工的生產力反而提升了。[33] 這項發現與當時主張縮短工時以改善勞工福祉的勞權運動不謀而合。接下來的二十年間，每週四十小時的工時制度在各行各業中逐漸普及，最終成為美國的主流標準。

那麼，如果一週工作超過四十個小時，會發生什麼事呢？我們的壓力會隨之爆表，但卻未必能完成更多工作。工時超過四十小時愈多，勞動者的效率與準確率往往會愈來愈低；當工時超過五十小時，效率就會斷崖式的下滑；一旦超過五十五小時，人的疲憊與低效將嚴重到不如乾脆什麼事也不要做。[34] 再者，員工的每週工時愈長，他們未來幾週曠職的可能性也愈高。「員工壓力太大的警訊永遠都是：曠職，」安奈特說。「該到班的人突然不見人影，通常這就是在向你預警，他哪裡不對勁了。」

所以說，每週的標準工時落在四十小時，並不是沒有道理。只要超過這個數字，勞工的精力就會衰退，雇主也會得不償失。只不過，這套標準是在工業革命時期建立的，當時的工作多半是具有高度重複性的體力活。但時至今日，大部分的重複性工作都已交由機器去完成，而人類做的普遍是複雜且耗神的事。既然如此，每週四十小時的工時標準，還有意義嗎？

安奈特等工業與組織心理學家觀察勞工的日常作息後發現，每天工作八小時其實在許多層面上都不切實際。許多人雖然在職場停留超過八小時，但仔細分析他們的行程便會發現，他們大部分的時間其實都未真正在工作。研究者長期發現，在辦公室的工作中，員工每天真正能產出的時間平均只有約三小時。[35] 而其餘時間都耗在別的事情上，例如準備茶水、與同事閒聊、瀏覽社群媒體、網購，甚至只是發呆放空。若管理者試圖用延長

如果一週工作超過四十個小時，會發生什麼事呢？我們的壓力會隨之爆表，但卻未必能完成更多工作。

工時來「補回」這些被視為偷懶的時間時，往往會出現反效果，導致工作的產出變得更少。[36]

雇主（甚至包括部分學者）在談論這類現象時，往往會套用一種語言框架，認為這些時間是被「喪失」或「浪費」掉的；要不就是他們會絞盡腦汁地思考，該怎麼激勵人們更賣力工作。但在你因為「懶惰的謊言」之誘惑而接受這種論述前，請先回想一下馬文針對「網路閒逛」所做的研究——把「閒逛」的時間視為浪費，意味著我們預設人是可以連續工作八小時不間斷的——如果做不到，就是意志力不足的問題。但事實上，在辛苦且專注的工作之後，人本來就需要休息。許多雇主會因為員工「偷懶」而跳腳，但所謂的「懶」，其實根本不存在。那些看似心不在焉、好像在偷懶的員工，其實已經在做他們能力所及的一切。而其中的關鍵，就出在人腦與專注力之間的關係。

人的專注力並非永無止盡

我在大學擔任教職至今已有十年，所以我很清楚，要抓住人的注意力，是多麼困難的一件事。我教的學生是成熟、見過世面的大人，他們是在體驗過社會之後，又「回來」念大學的。而作為有決心、有動力的成年人，他們具備了許多「懶惰的謊言」教導我們要去頌揚的那種韌性。但即便是對擁有這種背景的學生來說，維持注意力仍是一大挑戰。教育學者之間長年都已形成一項共識，那就是在不休息的狀況下，學生頂多只能專心一個小時。[37] 凡是常態性帶班的老師都會告訴你，他們得使出渾身解數，用盡各種工具、媒介與活動來維持學生的專注力。但即便一名教授已經傾盡全力讓課程生動活潑，學生的專注力還是會隨著時間緩慢流失。[38]

我自己在設計線上課程的過程中，也學到一件事，那就是針對一段影片，學生平均能維持注意力的長度只有六分鐘。[39] 只要超過六分鐘，分心便幾乎是不可避免的，即使學生主觀上不願意，也改變不了這個事實。

在職場上，我們也能觀察到類似的模式。勞動者一次專心處理同一件事的極限，往往不會超過二十分鐘；如果周圍還有電子郵件、環境噪音、即時通訊等干擾，這段時間還會更短。[40] 這無關乎人的意志力或「惰性」，卻百分之百是因為人腦的基本運作方式所致。

我第一份跟心理學有關的工作，是在俄亥俄州立大學的一間神經科學實驗室裡任職。當時我的老闆，一位名叫傑伊・凡・貝渥（Jay Van Bavel）的學者，向我展示了受試者的數據。這些受試者為了參與實驗，得在功能性磁振造影（fMRI）掃描儀裡坐上至少一個小時。傑伊向我描述，這些受試者的注意力水準如何在每分鐘內數度起伏，其間有大量的實驗時間因為分心、白日夢與心理疲勞而「流失」。雖然他們接到的指示是要在整場實驗中保持高度專注，但即便如此，他們的注意力仍會在各個瞬間自然地起伏波動。事實是，就算在我們自以為很專心的時候，注意力仍會持續跳動，而且變化的單位小至千分之一秒。傑伊告訴我，這些注意力的高低起伏幾乎是無可避免的，不論研究人員怎麼努力，都無法完全將之消除。不過，學者們並不會因此責怪受試者「懶惰」，因為他們很清楚，實驗數據本來就需要加以清理與過濾。

在整個實驗過程中，受試者既不是因為發懶才放空，甚至也沒有分心——他們坐在暗灰幽閉的磁振造影機器裡，沒什麼東西可看，也沒什麼事可做，所以連想分心都難。注意力會自然波動，是因為大腦隨時都在掃描環境來搜尋新資訊，或是觀察周遭的潛在威脅、可能的社交接觸機會等等。[41] 就算是我們在密切處理某件事的時候，大腦還是會撥出部分注意力來監控四周，預防突發的事端或威脅。[42] 與其說我們的注意力像一束可隨意聚焦的雷射光，不如說它像一道旋轉的燈塔光束，在掃描四周的同時，短暫地照亮眼前的某塊岩石表面。

由於我們的注意力會自然分散，因此想專注在某件事上，就必須額外付出努力。而這種額外的努力不可能長時間維持下去，也正因如此，在很大的程度上，多數勞動者都需要一些「懶散」的時間。換句話說，我們必須騰出時間在飲水機旁閒聊、磨蹭，甚至在工作崗位上做些白日夢，如此才能把工作做好——尤其是才能產出高品質的成果。把自己逼得太緊，只會讓我們的表現每況愈下。

休息夠，才能確保高品質的工作

工作太拼、工時太長，工作的品質就會開始崩壞。我們會變得更加焦躁，動不動就會被背景噪音或其他任何事物影響而分心。[43] 我們也會變得愈來愈草率、愈來愈容易犯錯，這些錯誤可大可小——運氣好可能只是打錯幾個字[44]，運氣不好就如同外科醫師動錯刀，釀成無可挽回的後果。[45] 疲憊甚至會讓我們變得麻木不仁，讓我們覺得工作有沒有做對都無所謂了。

《應用心理學期刊》（*Journal of Applied Psychology*）中的一項研究指出，當醫療人員（醫師與護理師）因長時間輪班而感到疲憊時，他們會喪失遵守基本衛生規範的動力，洗手的頻率也會隨之降低。[46] 另一項針對四百五十名電話客服人員的調查則發現，他們愈是遭到疲勞轟炸，就愈傾向在情緒上抽離工作，進而導致出勤率下降。[47]

工作疲勞也會扼殺創造力。在上一章中，我談過創意如何仰賴一段「孵化期」的育成，好讓創造性的思維能在潛意識中醞釀出新的點子與解決方案。[48] 而這個「孵化現象」的反面也同樣成立：當人無法獲得適當的休息或「發懶」的時間時，他們的思考方式就會變得更加僵化、缺乏創意，也更容易陷入卡關的泥淖中。

> 工作太拼、工時太長，工作的品質就會開始崩壞。

「氣氛若對了，」安奈特說，「人們就會主動出擊，提出一些前所未見的新點子。但是當微管理成為一種風氣……大家就只會照章行事，缺乏主動性，也不會有什麼創新。」

每當一個組織試圖迫使員工工作到足以損害健康的程度，往往會導致缺乏亮點與創意的工作成果。網路論壇Reddit上有一個名為r/MaliciousCompliance的討論板（意指「惡意服從」），上頭滿是各種員工投稿的「鬼故事」，描述他們如何一板一眼地按照老闆的指令行事，藉此惡意拖慢職場的運作。例如，低薪、過勞又心力交瘁的保全人員，會在活動入場時刻意拖延流程——要求顧客逐一清空衣服的每個口袋，即使是小朋友身上那種明顯只是裝飾用的口袋也不放過。

賽菈敏還在軍中服役時，曾被長官懲處，要求她寫一篇字數恰好一千字、題目不限的文章。結果不到一小時，她就交出一篇滿滿都是火星文、Word的字數統計正好是一千字的報告。當長官問她這篇「報告」的題目是什麼時，她只淡淡地回了一句「服從」。

很多時候，疲累員工的表現之所以不理想，並非單純在故意找碴。他們也會因疲憊而出現偏見、陷入負面思考[49]，進而做出有失公允的判斷。[50]連續工作九或十小時的員工，就像個鬼魂，那個剛上班時還神清氣爽、全神貫注的大活人，早就消失得無影無蹤了。

以上種種研究都清楚地指出一件事：工作量愈大，我們實際能完成的事情反而愈少——我們的工作成果也會變得更平凡、更缺乏意義。漫長且過量的工時會侵蝕一個人的心智能力，使我們難以清晰的思考、難以去在意自己到底在做什麼，更無法產出真正有價值的成果。這樣的員工，自然無法有理想的表現。若我們進一步觀察過勞對員工福祉與長期健康的影響，這個「鬼故事」還會變得更加可怕。

過勞的影響，比你想像的更嚴重

社會心理學家克莉絲緹娜·馬斯拉奇（Christina Maslach）是1970與1980年代過勞研究領域的先驅。為了更深入了解「過勞」這個現象，她最初鎖定的對象是我們稱之為「助人」的行業，像是心理師、社工與護理師。馬斯拉奇知道這些工作會隨著時間拉長而讓人倦怠，且離職率偏高，但她想知道背後的原因究竟是什麼。等到她開始觀察並與這些工作者深談後，她發現情況遠超乎自己的想像：這群人不只是單純的疲累而已，他們還苦於職業所帶來的心理壓力，甚至連他們的人生觀也因此受到衝擊。在比較極端的案例中，這樣的影響完全稱得上是創傷等級。[51]

過勞達到崩潰邊緣的照護者，經歷的不僅是一般人忙碌一天後的煩躁與疲憊。他們真正的困境，在於失去了與個案的連結、與同事的連結，甚至與自己的連結。這些本來可能是出於關懷他人而選擇投入這份工作的專業人士，如今卻再也無法對他們服務的對象產生真正的同理。他們表示自己已變得麻木、絕望，甚至是對一切都漠不關心。有些人則心生怨懟，覺得自己所照顧的個案變得十分討厭。

我自己也曾嚐過這種情緒麻木的滋味，那發生在我剛開始為這本書進行訪談的時候。我原本打算與許多過勞成癮者深入對談，了解他們對「懶惰」的恐懼，以及這種恐懼如何摧殘了他們的生活。但我沒想到，我竟然會聽到這麼多悲慘的故事。朋友與陌生人開始向我傾吐心聲，訴說他們把自己操到極限、被過勞壓垮的慘痛經歷。

剛開始，我確實為他們的經歷感到心有戚戚焉，彷彿自己也藉此宣洩了某種情緒。但不久之後，痛苦的感受開始取而代之。這些故事中談到的失落、病痛與壓力，都深深觸動了我。我在2014年曾有過一段過勞的經驗，無疑在我心裡留下了創傷。我常稱那一年是我「失落的一年」，因為它徹底改變了我的人生。一而再、再而三地被提醒那一年的痛苦經歷，讓我變得躁動不安，渾身都充滿焦慮。於是，我開始想逃離這個世界，開始放朋友鴿子、取消原定的訪談，只為了能留在家裡，好好充電。

後來有一小段時間，我的感受變得更加陰鬱。我開始害怕那些已經排定時程的訪談。看著受訪者坐在我面前，談起他們的掙扎，我發現自己竟然感到厭煩。我心想：天啊，拜託不要再講了好嗎？我真的聽不下去了。我覺得這些人像是情緒的吸血鬼，用他們的故事榨乾我的精力，把我變成一具刻薄又難搞的行屍走肉。同理心的運作非常耗神，而在無法抽身的情況下，一次次重溫他人的苦難更是讓人身心俱疲。我快撐不下去了，因此不得不調整策略來避免最壞的結果。我開始為每場訪談的時間設定上限，也試著一週只安排零星幾場訪談。

馬斯拉奇發現，過勞至極的人會覺得自己漂泊無依，陷入絕望。隨著他們對案主的同理心漸漸消失，他們深刻地感受到自我認同的流失，不再對自己的照護專業具有使命感。他們自陳在工作中逐漸喪失成就感，甚至對那些曾經充滿愛與熱情的事物——包括與工作無關的個人嗜好——也產生了疏離感。[52] 有些照護者甚至已忘了自己當初對護理、心理治療或社工工作產生熱忱的初衷。過勞奪走了他們原本的身分認同，而其中有些人或許永遠也回不來了。

在1980年代中期，馬斯拉奇將研究重心拓展到助人行業以外。她開始將過勞現象的觀察對象擴及三類人：服務業工作者、辦公室上班族，以及藍領勞工。她開始懷疑，崩潰並不只是（心理師或社工等）重度情緒勞動的副作用，而是工作過度

普遍會導致的後果。最終，她的研究證實了這個懷疑。

當馬斯拉奇開始與那些在辦公隔間、餐廳與倉庫裡工作的人對談之後，她發現，他們的症狀和助人行業者所回報的情況如出一轍。這些藍、白領勞動者同樣受失眠所苦、請病假的次數增加、陷入嚴重的自我懷疑，同時對工作感到愈來愈空虛。[53]就像那些疲憊的護理師和心理師一樣，他們也開始覺得自己的工作變得毫無意義。鋪天蓋地的沮喪與冷漠感籠罩著他們的生活，讓他們無論做什麼都提不起勁。

馬斯拉奇還想了解一件事，就是「過勞」會不會對勞動者的行為產生影響？乃至於具體會產生哪些影響？特別是，過勞是否會削弱勞動者的工作能力？結果她發現，那些已燃燒殆盡的員工，即便工時很長，生產力與工作投入程度卻不如那些尚未熔斷的同儕。這些過勞的員工也更可能為焦慮症與物質濫用所苦，因為比起能休假、找到喘息機會，取得藥物來得更容易多了。此外，他們還會用一些小伎倆來「惡整」雇主，像是偷偷拿走辦公室的文具、篡改工作時數等。就像詹姆斯與他那些愛拖延的朋友，或是r/MaliciousCompliance板上那些憤世嫉俗的員工一樣，這些過勞員工也會藉由一些小心眼的手段去發洩他們的不滿

當工作讓人感覺永無止盡、毫無意義，且員工得不到任何肯定時，過勞的機率就會大幅提高。

馬斯拉奇還發現，想要避免過勞，重點不只在於減少工作量，同樣重要的，還有員工對工作的看法，以及公司

是否回應並肯定員工的付出。完美主義者之所以是過勞的高風險族群，就是因為他們會為自己設下不切實際的目標。而在那些目標模糊、專案永遠無法完成的職場，往往也更容易出現過勞的員工。[54] 換句話說，當工作讓人感覺永無止盡、毫無意義，且員工得不到任何肯定時，過勞的機率就會大幅提高。

馬斯拉奇發現，對已經耗盡心力的人來說，職場往往是一個既疲累又缺乏感謝的地方。由於士氣低落、提不起勁的員工往往會聚集在一起，怨懟會因此迅速累積並不斷蔓延，最終就形成所謂的「倦怠傳染」（burnout contagion）效應。[55] 一旦這種群體性的倦怠如野火燎原，就很難再加以遏止。

基於這些觀察，馬斯拉奇與同事蘇珊・傑克森（Susan Jackson）開發了一套倦怠評估工具：馬斯拉奇倦怠量表（Maslach Burnout Inventory，簡稱MBI，也稱馬氏倦怠量表）。這是一個廣受好評的主流量表，至今仍被許多學者與心理治療師廣泛使用。[56] 根據馬氏量表，倦怠是由三樣東西構成：情緒耗竭、去個性化（即個人身分的疏離或喪失），以及個人成就感的喪失。以下是幾個馬氏量表的範例條目，你可以從中窺見倦怠者典型的絕望與疲憊：

- 我覺得自己已經黔驢技窮了。
- 我一大早就覺得很累，但還是得去面對一整天的工作。

- 我覺得這份工作掏空了我的情感。
- 我不覺得我的工作能對別人產生正面的影響。
- 我不曾在工作中做過什麼有意義的事。

我不禁想，如果我在2014年時對「倦怠」這件事有更多的理解，也許就能避開那場重大的健康危機。而這一次，當我感覺倦怠正悄悄逼近自己時，我成功應對它了。我主動設下界限，保護了自己——我減少了訪談的次數，並重新調整訪談架構，確保除了那些灰暗沉重的事，我也會問起一些正面、愉快的主題。此外，我還主動接觸那些我知道曾透過擁抱懶惰、遠離過勞而改變了人生的人。我減少攝取那些會讓我不舒服的資訊，並騰出時間進行能鼓舞人心、以成長為目標的對話。正因如此，我才能將倦怠擋在門外，讓它無法給我致命的一擊。

從雇主的角度來看，「熔斷」程度的倦怠是有害的，因為那會降低員工的工作品質。[57] 一旦工作上的情緒達到臨界點，我們就會開始翹班，甚至直接離職[58]。至少那也會讓我們忍不住想在上班時偷閒或神遊放空。倦怠會讓我們疏離自我，同時影響我們的判斷力與專注力。但這還不是倦怠最可怕的地方——還差得遠了。

倦怠最可怕的地方，是它會影響我們的生活品質。它會讓我們的世界失去色彩。一旦我們陷入倦怠，就會無法如常感受到自己的情緒，甚至連痛苦與飢餓感都會變得遲鈍，這讓我們更難記得要善待自己。再者，陷入倦怠的人也會變得難以察覺到他人的情緒，這會削弱我們與家人、朋友的連結，使得社交孤立的情況更加惡化。[59] 即便導致倦怠的處境已經消失，倦怠者仍可能持續陷在情緒麻木中好幾個月。在某些案例中，倦怠對人際關係的侵蝕甚至嚴重到無法修復的地步。

除此之外，倦怠至熔斷的程度也會全面削弱我們的思考與決策能力。這類人更容易酗酒[60]，普遍來說也更衝動、更不受控，因此更可能做出糟糕的決定，例如賭博或做出違法行徑。[61] 他們明顯更容易陷入憂鬱與焦慮，還可能加劇原本的心理舊疾。[62] 這類人通常難以獲得良好的睡眠，而睡不好又會讓他們變得更焦躁、更容易病倒。[63] 由於人生在他們眼中已失去意義，他們會更傾向做出高風險、不計後果的行為，進而導致災難性的後果——像是自絕後路或把車撞了——讓他們追悔莫及；而慢性過勞甚至可能導致腦部體積萎縮。[64]

這麼說吧，倦怠到熔斷不只是職場問題，同時也是一項公共衛生議題。過勞會剝奪人的健康、認知能力，甚至損害我們對生活的熱情。我們會因此失去生產力，讓自己的工作與私人生活一併遭到破壞。在最極端的情況下，它甚至可能會縮短人的壽命（有人會在辦公桌前猝死）。儘管如此，仍然有許多人被「懶惰的謊言」耍得團團轉，認為那些燃燒殆盡的人只是不夠努力、只是太過軟弱。

不可否認，我們偶爾都會勉強自己努力一下，但當我們是出於自願而這麼做的時候，其本質上就不是一件具有毀滅性的事。比方說，我們可能會在週末跟朋友去徹夜狂歡，或是出於熱情而熬夜畫圖，好爭取比稿的勝出等。但同樣都是拼命，偶爾追隨自己的熱情與日復一日強逼自己過勞好迎合「懶惰的謊言」，這是南轅北轍的兩件事。而很不幸的，太多職場的運行都秉持著「我們必須時時刻刻逼自己超越極限」的設定。

拚命工作對我們絕對是弊大於利，這不但無助於提升生產力，反而會對我們造成深遠的傷害——而我們對這些傷害的認知僅是皮毛而已。我們犯不著這樣活著。我們可以努力去建立更健康、更和諧的生活，讓「懶惰」的重要性得以與努力工作的價值平起平坐。

該如何「不那麼拼命」的工作？

一如安奈特・陶勒，學者出身的凱特琳・史密斯（Kaitlin Smith），同樣也曾跨出關鍵的一步，為自己打造出一種更可長可久、不易被倦怠擊倒的生活型態。

凱特琳創辦了「狂野心靈合作社」（Wild Mind Collective），這是一個專為壓力沉重、深陷倦怠的學者們提供數位對話空間的組織。在這裡，人們可以討論如何找到工作與生活的平衡、認清自己真正的熱情所在，或是如何對抗學術圈內部的歧視與偏見。她的網站收錄了來自多元作者與思想家的訪談，這些人都在尋求建立一種更健康、更平衡的生活方式。進入她的部落格，還能看到各種工具，幫助過勞者重新整理自己的狀態，使生活變得更可掌控、更為平和。

我對凱特琳會如同及時雨一般，把這項極其重要的工作攬在身上並不驚訝。我跟凱特琳在我們都還是十來歲時就認識了，而她一直都是個有想法，並敢於不按牌理出牌的人。她說起話來有其分寸，但也一絲不苟，讓人感覺格外舒坦。而她的用字遣辭又總是能激發我用新的角度去看待世事。

「你看看上班族都是怎麼聊咖啡的，」幾年前某次吃午餐時她這麼對我說。「每個人都不斷說自己多需要咖啡、多想再來一杯；有些職場甚至還提供員工無限暢飲的咖啡。咖啡是一種能讓我們不停工作下去的興奮劑，但它也是許多人焦慮症惡化的元凶。儘管如此，大多數人從來不曾質疑，為什麼我們需要靠喝這麼多咖啡才能支撐著。我們反倒還會把咖啡浪漫化、美化這個習慣。」

凱特琳的這段話讓我銘記至今，因為我從中看見了自己，也看見了很多我認識的人。從十五歲開始，我每天的起點就是一杯咖啡。當時我還很自豪，覺得開始喝咖啡就代表我已經是個「大人」了。但我從沒想過，仰賴咖啡過日子，反映的是我扛著多沉重的工作壓力，以及我對成功的渴望有多強烈。問題是：如果一個人需要天天靠一種會引發焦慮的興奮劑才能運作，這樣的生活還算健康嗎？我是否為自己設定了根本無法長久維持的期望？我是否只是因為懼怕「懶惰」的汙名，才遲遲不肯放自己的身體一馬？

談到如何擺脫「懶惰的謊言」所帶來的壓力，凱特琳絕對是專家。她勇敢地打造出一種生活方式，反映了她自己的價值觀，而非隨波逐流、迎合他人的期待。在「狂野心靈合作社」的網站上，她分享了一系列她用來判斷自己是否生活在正軌上的提問。[65]

1. 什麼時候的我最自在、最如魚得水？
2. 什麼事會讓我提不起勁？什麼事會讓我感到壓力重重？
3. 什麼事能讓我興致盎然、樂此不疲？
4. 什麼時候的我能感受到真正的快樂？
5. 我想和哪些人一起共事？
6. 我需要什麼，才能讓我的身體保持舒適與健康？

透過這些問題，凱特琳點出了一個關鍵——創造一種真正讓我們感到愉悅且充實的生活方式有多重要。藉由這些提問，她意識到自己必須遠離那些要求不切實際、充滿毒性的環境，包括她曾將之當成「家」的學術圈，乃至於芭蕾舞的世界。於是，她不再把時間投入在那些乏味的學術寫作上，而是把更多心力放在簡報與部落格上，好讓她的研究成果能以更貼近大眾的方式被傳遞出去。她也指出，包含學術界在內，有太多專業場域背負著荒謬的工作負荷。她希望藉此幫助人們看穿「懶惰的謊言」，讓更多人能走出屬於自己的嶄新道路。

在「懶惰的謊言」洗腦下，我們很容易對各種工作照單全收，並把身體的需求完全拋諸腦後。要想在必要時開口說「不」，我們需要有足夠的自信與自知之明。傳統職場在許多層面上早已失靈，為了好好活出自己，我們必須擺脫那些主流、訴諸道德的時間使用觀，重新思考該如何安排自己的生活。如此叛逆的做法，對許多人而言其實挺嚇人，在許多行業裡，這無異是在拿自己的前途開玩笑。想徹底重塑自己的生活結構，始終是少數「有條件的人」才能享有的奢侈品。

然而，若想多多少少去顧及我們的健康，慢慢地減少工作量，我們還是有幾個具體的步驟可循。這些步驟一部分是基於工業與組織心理學的研究，另一部分則來自我與專門處理過勞與倦怠個案的治療師、心理健康諮商人員所做的一系列訪談。概括來說，這些步驟（或建議）可以分為三大類：

1. 爭取你的自主性。

2. 工作要重質不重量。

3. 打破「工作－生活干擾」的迴圈。

這些建議是針對不同產業、不同位階，以及擁有不同程度自由的過勞者所設計的。像凱特琳與安奈特這樣的人，因為擁有高等教育所帶來的地位與資源，自然較有能力去調整與塑造自己理想中的日常。同樣的，我也能重新規劃我的職涯，畢竟我有博士學位，且身為自由工作者時能收取不低的鐘點費。但若你是在零售業或餐飲業服務，那就不太容易擁有這類優渥的條件。在這種情況下，你就得跟同事團結起來，集結資源與議價籌碼，集體去爭取你們所需要、也應得的待遇。

這些建議設計的重點，是讓你專注於那些作為勞動者、自由業者，或零工經濟從業者所能控制的選擇——它們與你如何安排每天的作息、如何設定目標，以及你對工作抱持何種心態，全都息息相關。

爭取你的自主性

工作滿意度與員工積極性的一個重要預測指標，就是看一個人能享有多少自由度。[66] 每個「微觀管理者」（micromanager）都很怕員工只要沒人盯、沒人管，就會不做事。但事實正好相反。[67] 多數人在擁有一些自主性、能自行調配優先順序並設定自己的工作步調時，反而會表現得更好。[68]

我曾和一位名叫馬可斯·尼尼（Markus Nini）的人談過這件事。馬可斯是德國的一名經理人兼機械工程師。在擬定管理策略時，他總會參考相關主題的最新研究。身為一位科學家，他會依數據來有效帶領部屬，就像他從事工程工作時也會倚賴數據一樣。幾年前，馬可斯創立了CQ Net這家管理訓練機構，旨在向其他領導者傳授「循證管理」（evidence-based management）的原則。[69] 他之所以創辦CQ Net，是因為他注意到許多經理人根本不懂該如何激勵與驅策下屬。

「大多數員工的心中，」馬可斯說，「都燃燒著一把火。他們有動力去好好把事情完成，出於熱愛而認真看待自己的工作。他們的動力來自內在，來自一種不假外求的動機——這一點與許多領導者對員工動機的想像，可謂大相徑庭。」

在馬可斯主導的公司裡，員工可以自行設定目標，也可以自行決定要推動哪些他們覺得有趣的專案。你可能會以為這會讓公司業務變得一團亂，或是導致進度延誤——但馬可斯長期以來觀察到的卻剛好相反。員工掌握的自由愈多，他們的工作滿意度就愈高，公司的整體表現也愈好。當員工真正投入所承擔的職責時，他們會更加努力地繳出穩定且高品質的成果。事實是，信任員工、放手讓他們完成工作，遠比嚴格查勤與強迫加班更有效。「領導者一味施壓要員工提高生產力，」他說，「基本上是違反人性的，最終只會打擊他們的工作動力。」

在心理學文獻中，這種現象被稱作「過度辯證效應」（overjustification effect）。[70] 基本上是指，如果某項工作原本就是某人發自內心喜歡的，但你卻將這項活動與獎懲（例如薪資高低、是否被責備）掛鉤，反而會讓原本愉快的活動變得無趣。[71] 結果就是，做這項工作的人，不再是因為喜歡，而是因為「不得不」去做，而這就會引發過勞、壓力與痛苦。

安奈特・陶勒也提到了「自主性」的重要性。她說：「當人們感受到自主，或覺得自己有所成就時，他們會覺得自己掌控著工作，這會帶來更高的工作滿意度。而且整體而言，凡是有助於員工福祉的因素，也都會有助於其產出的品質與效率。」

在較為個人的層面上，這項研究意味著，我們其實不需要對自己施壓以「克服惰性」。只要不讓自己跨過工作與生活間的健康界限，動機就會自然出現。我們可以傾聽自己內在的「懶惰」訊號，緩步而謹慎地工作，並允許自己在需要休息時休息。從長遠來看，這種做法會遠比微觀管理自己的行程，或在精力耗盡時硬逼自己上工，來得更為有效。

那麼，我們該如何爭取職場上的自主性呢？其實你能採取的步驟有不少，具體做法會視你的工作性質，以及你所在組織的高層對改變的接受度而異。在這些步驟中，有許多也關係到你如何進行自我管理。以下是幾項建議：

一、分享「自主性」與「工作動力」的科學依據

數十年來的研究早已指出，微觀管理的效果不彰，而擁有自主性的員工更快樂，也更能達成任務。但多數人對這個事實仍所知甚少。因此，請務必主動分享這類研究成果，好讓推動職場自主性有更堅實的正當性。

如果你的主管有可能接受新的做法，你可以跟他分享這本書的資料，或推薦他閱讀馬可斯在CQ Net上為管理者撰寫的文章，或其他以實證為基礎的職場生產力研究。你也可以指出自身工作環境中的實際例子——提醒主管那些員工表現亮眼、工作愉快的時刻，往往發生在沒有人過度干涉的情況下。

若你難以直接影響主管，那就從教育同事或朋友開始，讓他們也理解這些事實。你也可以考慮組織工會。了解這些知識的人愈多，大家就愈有可能一起推動職場邁向「以實證為基礎」的健康轉變。

二、要求彈性工時與遠距工作的選項

新冠肺炎疫情爆發後，讓許多人首次體驗到居家遠距工作的生活。對多數企業而言，線上出勤是一項劇烈且突如其來的變革，但這也清楚證明了：彈性工時與遠距工作，其效率並不亞於進辦公室工作。歷史走到了這個節骨眼，每間公司都應該要以開放的態度去面對非傳統的工作制度與班表。

數據顯示，彈性工時確實有效。當人們不再受限於固定時

段，就能擁有更多自由去安排工作的優先順序，使休息、家庭責任與工作各安其位。[72] 當員工可以自訂行程時，他們往往會更有生產力，也更能感到滿足。還是老話一句：請把這樣的研究結果分享出去——並向決策者強調，「這就是未來的趨勢，也是面對現代需求時，一種更人性、更務實的回應」。

三、承擔那些會讓你感到興奮的責任

接下來這個建議，乍聽之下或許會令你覺得莫名其妙——承擔更多責任怎麼會有助於減少你的工作量呢？別急，聽我慢慢道來。許多員工會低估自己，覺得自己沒有能力在組織中創造一個獨具特色的要角。對於主管指派的任務，我們往往照單全收，因為我們太害怕去質疑那些任務與職責是否真的適合自己。而對於從事自由業或零工經濟工作的人來說，不能對工作挑三揀四的壓力更是沉重，以至於無論喜不喜歡，我們都得硬著頭皮吞下。

要打破這種自我虐待的模式，我們必須專心去定義：我們想要什麼樣的職涯。長年的研究顯示，當員工能夠主動打造自己喜愛的工作內容時，他們就會更加投入，也能在自行開闢的職涯之路上走得更長遠。[73] 因此，只要有機會，請試著向雇主展現你的強項，並將你最得心應手的工作優先排序，說服主管，讓他相信你應該要去做那些你最擅長的任務，因為這樣對公司最有利。當然，並非每間公司都能允許這種事，但只要你

能逐步重塑自己的職位，讓它更貼近你的能力與熱情，你獲得滿足感與升遷機會的可能性就會大幅提升。

這確實需要一點真功夫——你得具備主動爭取的能力，勇於承擔新的責任，才能逐步將工作形塑成真正令你感到熱忱的模樣。但只要做得到，你會發現這樣的努力絕對值得。在這個過程中，你或許也會開始思考：是不是該離開那份讓你痛苦、壓抑、難以成長的工作。

當然，不是每個人都有條件離開一份又苦又累的工作。但在我為這本書進行的訪談中，我一次又一次發現，許多人甚至害怕到連想都不敢想去擺脫一份傷害人的工作——因為他們擔心這麼做就等同於「放棄」或「懶惰」。他們也可能已深受雇主的影響，內化了「自己無能、不適合做其他工作」的想法。若你發現自己也有類似的念頭，請務必去檢視、挑戰這些可能並不成立的信念。粗暴的主管之所以能肆意妄為，就是靠著讓員工誤以為自己別無選擇。若你所處的職場不願改變，而你也找不到其他選項，那麼可以試著和同事們聊聊，團結起來推動改變。只要團結起來，你們就更有力量去重塑職場，使其更為人性化。

工作要重質不重量

「懶惰的謊言」說：「具有美德與價值的人會花大量時間在工作上，再怎麼勞累都不會輕易喊停。」在由這個謊言主導的組織裡，人們會堅持做幾件事：他們非常注重表象，會早早打卡上班，下班時間到了則硬是不肯走，還會像老鷹一樣緊盯著別人的工作習慣——這些做法不僅對情緒健康有害，從生產力的角度來看也毫無助益。

與其將你的個人價值綁定在工作時數上，你更應該聚焦於自己的工作成果。如此一來，你才能從根本上改變你對自己的看法與感受，也才能幫助你向雇主爭取你想要的改變。你可以從以下這些問題來思考自己的工作：

1. 這個月我完成了哪些讓我真心感到自豪的工作？
2. 過去一年裡，我的技能有哪些成長？
3. 我是否找到了能更有效完成任務的方法？
4. 我是否優化了職場上的作業流程，讓事情運作得更順暢？
5. 我是否協助了他人去更有效率地完成他們的工作？

你應該看得出，這些問題三百六十度的全面檢視了你的工作表現，乃至你在自身角色與整個組織中的成長。同時，透過這些問題，你也能肯定自己完成了一些不一定會被視為「有生產力」的表現，例如把某項技能分享給其他部門的同事，或學會以新的方式處理固有的任務。而這些面向都關乎一名員工的發展過程，說明其如何在工作中變得更有效率、技術更嫻熟、思維更有智慧。而這一切的成長，跟你是否比別人早到公司或更晚離開，並無關聯。

上述的觀點，有助於讓你將精力投入在那些能充實自己、真正有意義的事情上，同時排除那些五花八門、壓力大、重複性高，讓你徒勞瞎忙的任務。此外，你也可以藉由這樣的方式，以具體、可衡量，且具有長期價值的成果，向雇主證明你的價值。當「自我成長」與「實際成果」成為工作的核心，你就更有機會掙脫過勞與空轉無效的惡性循環。不過，一旦踏上這條路，你難免會顯得「有點懶」，因為你會開始砍掉那些對你毫無助益的職責。

馬可斯不久前就把這項原則，應用在一名不知如何做出成果的員工身上。該名員工顯然處在高壓之下，且拿不出優質的工作成果。所有倦怠與崩潰的徵兆都在他身上出現了，包括曠職次數增加、情緒變得遲鈍麻木等。但馬可斯並未懲處或斥責他，而是跟他坐下來好好聊聊，想找出解方。「我把這名員工和他的主管找來談了一下，」馬可斯說，「在這個案例裡我發現，當他的工作一旦過量，他就會感到不知所措、心浮氣躁，接著在挫敗中開始陷入倦怠。於是我們和他一起擬定了新計畫，安排一個他能負荷的工作量。」

與其將你的個人價值綁定在工作時數上，你更應該聚焦於自己的工作成果。

隨著工作量減少，那名員工的狀況開始穩定下來。他的出勤率改善了，工作品質也有所提升。接著，他開始承擔起更多的責任——尤其是在那些他覺得有趣、能投入其中的領域。最終，他成為部門裡的核心幹部與創新主力；他找到那個自己能一展長才的立足之地。而這一切之所以得以實現，全都歸功於馬可斯這位有同理心、懂得實事求是的管理者。正是他願意放手，讓員工以自身的能力與熱情為核心，形塑出適合自己的工作內容。

我最近也遇到了需要調整工作優先順序的情況。以往我總是從讀取與回覆電郵開始一天的工作，因為我想把信箱保持在清空的狀態。唯有在回完所信後，我才會「容許自己」去做時間上沒那麼緊迫的事，例如寫書或備課。為此我經常覺得很挫折，因為我幾乎沒有時間可以做對我而言最重要的事。

我一跟治療師傑森提到這種心情，他馬上眉頭一皺，給了我一個「我搞砸了」的表情。「考慮到你長期的目標，以及你想在人生中完成的事，寫書不是比較要緊的事嗎？」他這麼問。「你希望把這本書寫得盡善盡美，還是你想被東一封、西一封的電郵搞得分身乏術？」

每天早上寄出幾十封電郵，確實會讓我覺得自己的效率很高，但那也耗費了我大量的時間，讓我沒力氣去進行那些需要思考、講求品質的寫作工作。於是，我一百八十度翻轉了自己每天的行程安排。我把寫作排在一日之初，因為那是我精力最充沛的時段。我依然會找時間回覆同事與學生的電郵，但與其費盡心思想把待辦清單上的每件事劃掉，我會更專注於完成最重要的任務——寫作——而且是高品質的去完成。有時候，為了把一件至關緊要的工作做好，你勢必得先放下其他責任，至少得暫時將其擱置。

打破「工作－生活干擾」的迴圈

過去，電子郵件不只搞砸了我的早晨，甚至也把我的週末和夜晚的時間吃得一乾二淨。就像許多過勞者一樣，我也有種「非回訊息不可」的強迫傾向，總覺得不能讓任何聯絡事項落空。因此，我把每封與工作相關的訊息，或學生傳來的簡訊，都當成緊急事件來處理，覺得非立刻回覆不可。我常常在床上回覆電郵到三更半夜，然後又納悶自己為什麼焦慮到睡不著。為了讓自己建立一種真正能藉由閒暇來恢復身心的生活方式，我不得不大幅減少數位工作時間。

路薏絲・迪米切利・米特蘭（Louise Dimiceli-Mitran）是一名專門協助過勞與壓力纏身者的諮商師。在她開設的私人執業診所「內在節奏」（Rhythms Within）裡，她會與案主一起設定更合宜的工作／生活界限——而這往往牽涉到減少與工作相關的手機使用時間。

「我曾經協助好幾位案主，幫他們和老闆劃清晚上不回郵件的界限。」她說，「有時候，他們需要我一起想辦法，或幫他們打打氣。但最後，他們都會這麼說：『嘿，我最近壓力真的很大，晚上八點以後我就不再收信了。』有時候這樣講很有用。有些老闆甚至會說，『那好吧，我八點以後也不會再傳訊息給你了。』」

很多時候，組織會陷入一種靠「燃燒壓力」來運轉的模式，而「深夜發送電郵」也成了一種沒有人會去質疑的常態。正如路薏絲所說，許多管理者自己也苦於工作與生活的界限模糊不清。有時候，就差一個人去開口質疑慣例，那些深夜也得收信的有毒預設就得以鬆動。

馬可斯・尼尼在他的職場裡也採取類似的哲學。只不過對他來說，設定恰當的工作／生活界限，重點只關乎一件事，那就是員工的個人偏好。「這得看每個人的個性，」他說。「我認為關鍵在於理解每個人應對壓力的方式。我遇過一位經理想把手機上所有的推播通知都關掉，否則他晚上會壓力過大。但也有些人就喜歡時時掛在線上，隨時都能讓自己被找到，如果這就是他們想要的，那麼我會說，有何不可呢？」

還是那句老話，重點在於給予人們自主性——信任他們會依照自己覺得自在、舒服、不勉強的步調，去把重要的工作完成。當然，想在組織中爭取到這樣的彈性，並不是每次都辦得到。有時你只是開口說想把手機關掉，換來的可能是一頓臭罵。遇到這種情況，以路薏絲長期觀察的案主為例，這些人最終會選擇另謀高就。「這很大一部分需要自我覺察，」她說，「你得清楚自己的界限與極限在哪裡，並勇於離開一份既無趣又不健康的工作。」

由於「懶惰的謊言」儼然已深度滲透了我們的職場，所以有時候，想打破這個如無敵風火輪般運轉不止的「工作－生活干擾」惡性循環，唯一的辦法就是徹底跳下這個轉輪。這確實是令人害怕、也很冒險的事；路薏絲對此就有親身的體會。「我以前也做過一份真的讓我壓力破表的工作，」她說，「我身邊的親友都對我說『妳真的不能再做下去了』，而我又多撐了兩年，然後我就被裁員了。也正是被開除之後，我才終於有了這個念頭——你知道嗎，我要去開一間自己的心理諮商診所。在那之後，我就過起了幸福快樂的日子。」

「懶惰的謊言」之所以能得逞，靠的就是讓我們相信自己別無選擇。它讓我們感到不安，彷彿我們怎麼做都不夠，進而說服我們相信「自己沒資格換工作，也沒有條件離開一間會剝削員工的公司」。它讓我們相信自己很懶，自己是薪水小偷，於是讓我們長期陷在一種愧疚、緊張不安的狀態中。而一旦陷入這種匱乏的心理狀態，要靠談判來改善自己的待遇，就幾乎就不可能成功了。我們往往需要一聲驚天巨響，才能驚醒自己：原來我們其實具備了在更人性化的職場中成功所需的技能與幹勁。

安奈特、凱特琳與路薏絲，她們都是先培養出強大的自我覺察，才能擺脫那些與她們理想生活背道而馳的職涯跑道。以

「懶惰的謊言」之所以能得逞，靠的就是讓我們相信自己別無選擇。

安奈特為例，是她身為工業與組織心理學者的專業幫助她找到出路；對凱特琳而言，是她深思了哪些工作內容能帶來喜悅、哪些則會讓她身心俱疲，才因此決定離開學術界；至於路薏絲，她的離開並非出於自願，而是「幸運地」被炒了魷魚——那份工作已讓她在倦怠中苦撐多年。儘管她是一位受過完整訓練的諮商師，也長年協助其他倦怠者，但最終，她仍是靠著那股外力推了自己一把，才真正脫離泥沼。

當然，路薏絲絕不是唯一一個困在過勞中而無法脫身的人。「懶惰的謊言」告訴我們：工作是一座聖壇，我們只能俯首膜拜。因此，我們常常緊張得滿頭大汗，不知道該不該離開那個不斷壓榨我們生產力的處境——畢竟我們被灌輸的信仰是：一個人的價值，取決於他做了多少、成就了什麼。

第四章

你的成就不等於你的價值

Your Achievements Are Not Your Worth

1973年，投資銀行家兼作家安德魯・托比亞斯（Andrew Tobias）出版了他的回憶錄《世界上最棒的小男孩》（*The Best Little Boy in the World*）。書中，托比亞斯描述了他身為一名未曾出櫃的同性戀者及專業人士，是如何在1960與1970年代，一邊努力著想出人頭地，一邊隱藏自己的身分過日子。[1]

托比亞斯在青少年階段之前，就已意識到自己是同性戀。如同那個時期的許多同性戀者一樣，他對此深感羞愧。他在書中提到自己是如何為了「彌補」同性戀傾向，而拼了命地想當個完美、討喜、又成功的青年。他的運動神經很發達，贏得的獎盃與彩帶不計其數。他會一整個週末都在念書，把原本可以拿去約會的精力用來追求優異的成績。他是個負責任、乾淨整齊、禮貌周到的好兒子，對父母親無比尊敬。

等到他成年、開始工作之後，托比亞斯將他身為「世界上最棒的小男孩」的能量投入到熬夜加班裡，好讓自己能提前好幾天交出工作成果，即便他完全沒必要這麼做。他說有一次，他的主管在週三晚上請他寫一份備忘錄，要他在下週二之前提交，「哈！」托比亞斯寫道：「結果我大半個晚上都待在辦公室裡寫備忘錄、打字、影印、裝訂，最終在隔天早上，主管一進辦公室就看到備忘錄已經放在他的桌上了。那種感覺簡直像達到了高潮一樣。」

托比亞斯（確實應該）害怕社會會排斥他的同性戀身分，於是他出於恐懼所做出的反應，就是努力想功成名就。但其實，不論我們的性傾向為何，也不管我們在社會中的地位高低，幾乎每個人都承受著壓力，覺得自己必須累積讚許才能贏得他人的尊敬。

「懶惰的謊言」想告訴我們的是：我們得靠拼命工作、揮汗如雨，才能贏得被愛的資格，甚至才能在社會中擁有立足之地。它還暗示我們，不能相信自己的直覺——渴望休息是錯的、嚮往快感、溫柔與愛都是軟弱的表現，必須壓抑與否定之。而托比亞斯相信了這套謊言，因此他試著將真實的自我隱藏在一面由獎盃築起的大牆之後。

我活在一個與托比亞斯成長時截然不同的世界，但我仍然能從那個拼了命想靠優異表現討好別人的托比亞斯身上，看見自己（以及我許多朋友）的影子。許多同性戀者至今仍承受巨大的壓力，努力想成為「世界上最棒的小傢伙」。我們拼命累積各式各樣的成就，只盼著這些表現能讓我們贏回因選擇坦然做自己而失去的愛與尊重。活在社會邊緣讓我們缺乏安全感，也深知那一點點得來不易的接納，隨時都可能被奪走。於是，我們竭盡所能地保護自己：兼差做第二份工作、熬夜加班、提早交報告、攬下超出負荷的責任，為的就是說服自己——只要我們有足夠的獎盃、足夠的存款，乃至於讓主管滿意的笑容，我們就能免於受到這個無知社會的傷害。

當然，不光是同性戀者會想透過拼命努力換來的成就來保護自己。凡是在社會上感覺到脆弱的人，都可能屈服於這樣的壓力。女性與有色人種經常被告知，他們的表現必須遠遠超越白人男性所需達到的標準，才有一點點希望出人頭地。在貧困中長大，或是在心理疾病中掙扎的許多人也往往覺得，自己別無選擇，只能拼命努力。那些老是被說自己不夠好的人，特別容易受到「懶惰的謊言」引誘，進而落入對成就與獎賞的無止盡追求之中。主流文化教導我們：唯有追逐偉大、達成卓越，我們才有資格高枕無憂。

這種現象有一個較為當代（且直白）的例子，就是國家廣播公司（NBC）喜劇影集《公園與遊憩》（*Parks and Recreation*）中的角色——萊絲莉．諾普（Leslie Knope）。

> 主流文化教導我們：唯有追逐偉大、達成卓越，我們才有資格高枕無憂。

許多千禧世代的成員都相當崇拜萊絲莉，而原因並不難理解——她活潑積極，對征戰政壇充滿無窮企圖心。她克服了政府的官僚習氣、政黨的內鬥，乃至同事們的偏狹與性別歧視，全靠她堅定的意志與樂觀的態度。劇集一開始，萊絲莉只是某個小城市的公園與休憩處副處長，但隨著劇情進展，她在州政府中步步高升，最終成為印第安納州州長。她對權力與成功的追求從未感到滿足，並一路過關斬將、取得一場又一場的政治勝利。

粉絲之所以熱愛這部劇，是因為劇中描繪了一位勤奮、思想進步的女性，在重重阻力中披荊斬棘、力爭上游。但我總覺得這部劇的勵志訊息未免有些空泛。萊絲莉雖是個討喜、充滿幹勁的角色，但她也往往顯得過於強勢且好勝。她對環境、正義與「正確的事」充滿熱情，卻經常對親近的朋友顯得粗暴而不近人情。她常常強迫他人協助自己完成目標，絲毫不顧對方的需求與優先順序。她從不接受「不」這個答案，還經常逼迫丈夫與最好的朋友配合她的計畫，也不管對方是否有時間或意願。她會為了工作犧牲健康，甚至在罹患流感住院期間還自行出院，只為了繼續工作。

雖說這部劇（及其粉絲）都推崇萊絲莉是女性主義的代表性人物，但有一部分的我始終覺得，她其實是「懶惰的謊言」的代言人。她確實累積了許多成就，但在過程中卻不尊重他人的需求，對朋友所設下的界限視而不見。遺憾的是，該劇持續在頌揚這種對「成功」的強迫症。萊絲莉從未在劇中被迫學著放慢腳步，也從未表現出想在工作之外培養其他興趣的意願。

劇中甚至還狠狠地嘲諷了班，也就是萊絲莉的丈夫——只因為他在短暫失業期間迷上了「停格動畫」（stop-motion animation）的製作。班的作品只是業餘水準，不可能得獎或幫他找到新工作，因此節目製作方與劇中角色都將這樣的興趣視為某種可悲的東西。班因為失業而出現的輕微憂鬱症，也成了劇情的笑柄。整部劇反覆傳遞這樣的訊息：努力工作與豐功偉業遠勝於一種步調緩慢的生活。不幸的是，現實中的我們，往往也對此深信不疑。

在某個層面上，對成就的執著其實完全無可厚非，特別是當你屬於某種社會邊緣群體時。拼了命地努力，確實可能在你遭遇逆境時為你爭取到一點緩衝。小時候，我父親總會在正職工作之外，再接一份兼差。如我在〈前言〉中提過的，他的身體有殘疾，並對此深感羞愧，所以他從未讓雇主知道這件事。他擔心一旦這件事洩漏出去，別人就會排斥他、認為他不適合工作——於是他咬緊牙關、努力彌補身體上的缺陷，成為比任何人都還忙碌的員工。除了在一間倉庫裡軋第三班（夜班）工作以外，他還會利用白天去幫人割草賺外快。他追隨了我祖父的腳步——我祖父白天在鹽礦裡工作，晚上則會幫鄰居修車來補貼家用。

「懶惰的謊言」美化了這類不畏艱辛、努力工作的故事。但我可是親眼看著我父親與祖父過的是什麼樣的生活：邊緣、孤單，而且充滿痛苦。努力並沒有為他們父子任何一人帶來夢想中的安穩生活。他們都在欠佳的健康裡度過了一生，五十多歲就撒手人寰。

身為教師的瑞秋是一名跨性別女性。在出櫃並開始在職場上進行性別轉換之前，她花了數年時間獲得教學獎項、累積榮譽，並承擔了學校裡大量的課後責任。她知道，自己遲早得倚賴這些努力所建立起來的好名聲，才有可能以女性的身分活下去。畢竟從她出櫃的那一刻起，就必須面對大量偽裝成關心的偏見。

「當我換穿女裝、回到工作崗位的那一刻，」她說，「大家立刻指控我不專業，說他們無法再跟我共事。他們對我的冷淡，和以往相比簡直天差地遠。」

隨著無法接受她的家長與同僚發出大量抗議，瑞秋只好拿出她閃閃發亮的獎章與無數好評來為自己辯護。她過往的紀錄證明她並不是那些人口中那個難搞又無禮的惡人。她長年從學生那裡得到的正面回饋，也幫她擋下了一部分無的放矢的批評。若不是瑞秋一直扮演著那個「世界上最棒的小女孩」，她早就因為「做自己」而被炒魷魚了。

我聽過不少有色人種的朋友針對「過勞」發表類似的觀點。許多黑人家長從小就教導孩子必須付出比白人多兩倍的努力，卻只能期待得到一半的肯定。[2] 只要你身處社會邊緣，你就沒資格「只是跟別人一樣好」——你得做到「最好」才行。但想做到最好，你就得付出沉重的情緒代價。你得不間斷地裝出一副勤奮、努力、乖巧的模樣，久了還會讓人覺得你的生活像是在演戲，彷彿你不是你，而是另外一個人。

所謂的「成就」，是一種稍縱即逝的東西。成就永遠無法帶給我們真正的滿足。只要你一衝過終點線，一領到獎盃，奔跑的喜悅就會告一段落。沒有哪種勝利強大到足以克服「懶惰的謊言」。事實上，「懶惰的謊言」會說：我們永遠都不可以覺得滿足；我們就是得不停追逐新的機會，周而復始，無論我們贏得了多少勝利，都毫無關聯。如此一來，為成就所癡迷反而會讓日子變得不那麼有成就感，也不那麼快樂，因為我們永遠沒有機會去品味自己成就了什麼、走過了哪些地方。

> 所謂的「成就」，是一種稍縱即逝的東西。成就永遠無法帶給我們真正的滿足。只要你一衝過終點線，一領到獎盃，奔跑的喜悅就會告一段落。

身為「成就獵人」，我們會變得過度好勝，他人在我們眼裡成了下一場勝利的障礙物。如同萊絲莉．諾普，我們會無比專注於「贏」，而忘了照顧好朋友與自己。我們甚至會把親人或伴侶的成功視為威脅，彷彿那代表他們比我更努力、更討人喜歡。一個不小心，害怕自己變懶的恐懼會吞噬我們生命裡所有自尊與喜悅的來源，直到我們屍骨無存。

愈是採取成就導向的心境，我們就愈會習於去分類、衡量、評判自己所做的每一件事。而更糟的是，在數位時代，我們輕而易舉就會讓分類、衡量與評判自己變成一種癡迷。身為現代人，我們不費吹灰之力就能監測自己做了多少運動、IG貼文有多少人按讚、一年來讀了多少本書，乃至於我們的「表現」是否比得上朋友。我們在空閒時間的任何一個決定，不論是煮飯、做手工藝品，還是去旅行，都可以被記錄、分享，甚至拿來與他人比較。

「懶惰的謊言」作為一種病菌，影響遠不止於我們的職涯。這個謊言會驅使我們在各種領域中追逐成就，就連原本應該讓人放鬆、不求成果的事物也難以倖免。在這過程中，再怎麼令人愉悅、能滋養心靈的活動都會變得索然無味，既無樂趣，也稱不上是休閒。

當你的生活變成一場賺取積分的遊戲

泰勒開始學習寫程式，是今年的事情。一方面他聽說，只要會寫Python與Java等程式語言，就能找到許多理想的工作；另一方面，他也想擺脫目前待遇不怎麼樣的辦公室工作。科技業的生活聽起來既爽又舒服，他不由得想去分一杯羹。

「我朋友海勒的腦袋裝滿糨糊，」泰勒說，「但她就是會寫程式，這讓她擁有一份待遇優渥、光鮮亮麗的工作，每天吃飯都不用錢。她公司還有專門的瑜伽室。天啊，我以前都在想什麼，怎麼會去主修什麼英文！」

於是，泰勒開始每天晚上都泡在一個叫「程式碼學院」（Code Academy）的網站上，上頭有各式各樣的程式語言可供人自學。那個網站看起來五彩繽紛、活潑吸睛，內容滿是以各種程式語言為主題、簡潔有力的課程；每堂課內含若干簡短的影片、互動訓練模組，以及線上測驗。由於程式碼學院的網站設計俐落、明亮又吸引人，泰勒每晚下班後總會上去複習幾堂課。

「以前我晚上都在網路上跟人筆戰，」泰勒半開玩笑地說，「現在我只會上程式碼學院的網站，當起用功的學生，在上面完成幾堂課。」

我們不難理解泰勒為什麼會把一種強迫性的行為（與陌生網友筆戰），換成另一種（在線上做程式碼練習題）。程式碼學院的網站設計本身就是會讓人覺得生動有趣、充滿成就感，進而深陷其中，就像被它鉤住一樣，使得體驗過的人幾乎欲罷不能、再三地去而復返。例如，該網站會把複雜的主題拆解成一系列「一口大小」的學習單元，每完成一個單元，你就能獲得一面小徽章。你完成的課程愈多，上站的次數愈頻繁，得到的獎勵也愈豐厚。

我偶爾也會使用一個類似的網站，叫做「數據營地」（Datacamp），作為我課堂上的程式設計及統計學相關的教材。我的學生覺得這個網站挺有趣，主要是因為它讓學習變得像是一場遊戲。學習者完成的迷你課程愈多，所累積的經驗值點數也會愈多，而且該網站還設計了日常練習活動，完成後能獲得更多練習機會。學生的學習進度會連結到他們的社群媒體帳號，他們的朋友、同事、同學都能看到他們累積了多少成就徽章與經驗點數，大家一眼就能看出某人是多麼勤奮又上進的小小工蜂！

「多鄰國」是一個外語學習App，其設計也採取類似的巧思。它每天會提供各式的小型練習，包含字彙與文法兩大類，並以變化多端的形式激發使用者的學習動力。在某些練習中，你可能需要拖曳單字來造句；在另一些練習中，你則需要對著手機麥克風說出正確答案，還得注意發音。每個練習的設計與操作體驗都宛如一場遊戲。每天登入都能獲得點數；如果你連續幾天沒有開啟它，多鄰國的吉祥物（一隻可愛的綠色小貓頭鷹）就會跳出通知，責怪你怎麼跑去偷懶了。

這些網站或應用程式都能提供立即性的滿足感。它們會獎勵習慣性、定期性的使用，讓人像在打電動般反覆操作。同時，它們還能幫忙搔一下「懶惰的謊言」帶給我們的癢處——那股想要感覺自己有所成就、有所價值的渴望。透過將學習遊戲化，這些平台驅使我們在每天的行程中塞進更多具生產力的時段，讓我們覺得：只要有一個小時沒在累積小獎盃，或沒學到某項能變現的技能，我們就是在虛度光陰。

在泰勒的例子裡，學習寫程式很快就吞噬掉他大量的空閒時間，這讓他投入繪畫與寫作等興趣的時間變得愈來愈少。「寫作現在只會讓我覺得壓力很大，」他告訴我。「你會覺得寫作的優先順序永遠排在寫程式之後。」

泰勒原本偶爾會在地方書店與咖啡店公開朗讀自己的作品，但近幾個月來，他早已騰不出那樣的時間與精力。他也不再像以前那樣，會固定撥出時間來畫畫。我曾經（而且不只一次）懷疑泰勒安排的學習進度，是否已經嚴苛到不健康的地步。泰勒對此似乎也有些遲疑。他總是說，這只是暫時性的。再過兩年，他就能累積足夠的技能，屆時他便可以辭去白天的工作。而在那之前，他只能繼續孜孜不倦地學習，在「程式碼學院」中持續精進。他正試著為自己打造一個未來——以「懶惰的謊言」教給他的方式：埋頭苦幹，把空閒時間獻祭給辛勤工作的成就神話。

我們生活裡的太多面向，都已經被遊戲化了。烹飪部落格與YouTube頻道已經把料理的準備過程變成了一種表演。推特

讓和朋友分享笑話變成了一堂會被打分數的喜劇課。而像Pinterest和IG這類網站，甚至把手工藝的製作變成了一場競賽。我真的很愛看那些把亮粉、顏料和食用色素混合進透明膠水基底黏土與史萊姆的影片。看著人們把鮮豔色彩和亮片揉進一團清澈的糊狀物，總是莫名讓我感到放鬆。然而，這些製作手工藝影片的網路社群（他們自稱為「史萊姆人」），卻充斥著各種在背後說人壞話、「人際小劇場」的糾紛與怒氣。熱門的人氣帳號之間經常會爭搶地位，為了誰先發明了某款史萊姆配方，或誰先拍出某種風格的影片而吵得不可開交。原本應該是令人放鬆、甚至有些傻氣的活動，不知怎地卻變成了一場熾烈的地盤與地位之爭。

這種遊戲化的現象，也改變了我們監控自身福祉的方式。我們的運動習慣透過手機與運動手錶進行追蹤，甚至還會分享給所有朋友。我們隨時隨地都可以打開Fitbit的App，看看我的生活圈中誰走的步數最多，位在體能運動的「領先榜」上。接著，我可能會用這項資訊鼓勵自己增加運動量，或是拿別人的健身成就來打擊自己。

即便你沒有那麼積極地使用社群媒體，你多少也會感受到這種遊戲化對生活產生的拉力。臉書與IG量身打造了他們的演算法，為的是獎勵那些頻繁登入平台、停不下來的用戶，同時將那些不懂如何去玩好數字遊戲的弱者孤立起來，令其失去聲音。例如有一個普遍現象是，如果你一天沒有多次開啟臉書，它似乎就會「懲罰」你，讓你的貼文消失在許多臉友的面前。[3] 有時這些App也不會在第一時間通知你有誰對你按讚或留言，而是等你成為足夠活躍的使用者後，才認定你有這些「知的權利」。想獲得大量的按讚數與追蹤者，唯一的方法就是花大量時間替別人的貼文按讚、留言，以提高「互動率」。[4] 你愈常使用這些平台，就愈會覺得自己更有人氣。

雖然臉書與IG已經開始嘗試隱藏按讚數，但個別用戶仍可以看到自己收到的按讚數與追蹤者人數，也還是能透過回應數衡量自己的受歡迎程度。[5] 透過這些手段，甚至連最基本的與人交流，也變成一種令人渴求、充滿成就焦慮的過程。人們無時無刻都在爭奪注意力、按讚數、追蹤者與影響力。而如此一來，網路交友的樂趣也就蕩然無存了。

「成就狩獵」如何毀掉你的人生體驗？

弗列德·布萊恩博士（Dr. Fred Bryant）是一位正向心理學的學者，研究的是樂觀、快樂，以及什麼能讓人發光發熱的科學。他花了四十多年探究「有意義的人生」究竟是什麼模樣，因此他對這個主題有非常直覺且切身的理解。弗列德的開朗與陽光，完全符合你對正向心理學家的想像。他總是笑口常開，每一句話都顯露著智慧與驚奇。

「心理學太常處理負面症狀，」弗列德說，「像是憂鬱或焦慮。我們表現得彷彿與憂鬱相反的就是不憂鬱，但事實根本不是這樣！我們能做的遠不只是不要憂鬱；我們可以研究人如何真正快樂、如何感受到生活的美好，甚至如何找到人生的意義。我們可以最大化生活中的好事，而不只是去壓抑壞事。」

在弗列德的研究中，獲得喜悅與意義的關鍵在於「細品」（savoring）。「細品」是一種深刻且全然地享受正面體驗的過程[6]，這會發生在三個不同的時間點：首先，是帶著興奮與樂觀期待未來的某件事；其次，是在某個正向的當下徹底浸淫於其中；最後，則是在某件事情結束後，以回味或感激的心情來回顧它。

在細品的過程中，人會為自己喜愛的事物感到歡愉，全神貫注地投入一種充滿覺察與欣賞的體驗中。你可以細品任何令你愉悅的事物，可以是在自然保護區裡風景如畫的一段健行、一杯冷冽清爽的調酒，也可以是一則格外燒腦的填字遊戲。你唯一需要做的，就是不要把它視為待辦清單上必須劃掉的一項任務，而是要帶著舒緩、覺察與感激的心去接近它。

「你不可能一邊分心又一邊細品某樣東西，」弗列德解釋說，「我可能正在享用世界上最好吃的比薩——就說芝加哥最有名的深盤比薩好了，但如果我同時在為學生的作業打分數，那麼我很可能根本無法感覺到它有多美味。我可能會突然抬起頭來說，『嘿，我的比薩去哪裡了？什

> 「細品」是一種深刻且全然地享受正面體驗的過程。

麼，沒了？好吧，我猜應該是不錯吃，因為我一下子就嗑光了！但我怎麼連它的味道都想不起來？』」

弗列德告訴我，一名熟練的細品者不會讓自己分心，而會專注在他正在品味的東西上，就像品味前述的比薩一樣。他說，細品者會從容地享用比薩，規劃好每一口要怎麼咬下、吞下肚，甚至會把最棒的一口留到最後，好讓自己直到最後都充滿期待。

弗列德與同事們的研究顯示，細品事物有許多好處。當我們投入細品的過程時，時間彷彿會放慢腳步；當下的細節會變得既豐富又鮮明。[7] 幸福的片刻會因細品而顯得更加幸福，且這種幸福的餘韻在體驗結束後還能持續很久。[8] 細品者懂得回顧那些正面的經驗，並反覆回味，藉此在生活低潮時重新振作。[9] 或許正因如此，經常細品的人會有更高的生活滿意度，也比不懂細品的人更常體驗到正向的情緒。[10]

經常細品的人較少會感到憂鬱。他們在面對老化和健康衰退等問題時，處理方式也比不懂細品的人更好。[11] 那些飽受慢性疼痛、心臟病、癌症之苦的人，若懂得細品生活中的美好事物，通常也能獲得較佳的保健成果，且疾病所帶來的憂鬱與壓力都能獲得緩解。[12] 由於幸福感普遍能提高人們維持健康的機率，因此細品生活也有助於延年益壽，降低生病的風險。[13]

細品生活最棒的地方在於，任何人都能學會這種技巧。弗列德與同事的長期研究已經發現，細品是一種可以透過練習來學會的技能。[14] 我們已知有一些心理策略可以用來增進細品能力，就像某些負面思考模式是我們可以學習去避免的。但不幸的是，在由「懶惰的謊言」掌控的世界裡，那些負面思考模式往往更普及。

細品的反面，是「冷掉」(dampening)。冷掉會發生在我們因為分心、擔憂未來，或專注於應該忽略的小缺陷，而讓原本正面的體驗失去滋味的時候。

想想黛比・唐納(Debbie Downer，downer有潑冷水之意)——即著名短劇節目《週六夜現場》(*Saturday Night Live*)的經典角色。她曾經毀掉一場生日派對，靠的是拿天災當話題，並長篇大論地告訴眾人「生日蛋糕有多麼不健康」。黛比是潑冷水的大師，因為她總能巧妙地轉移人們的注意力，讓他們無法專注地細品原本會讓人開心的事物。但她絕非唯一一個無法自制、滿嘴負能量的人。研究指出，有四種心理習慣會給快樂潑冷水，讓人變得愁雲慘霧。而這四種習慣都受到「懶惰的謊言」的強烈影響。[15]

會讓快樂「冷掉」的四種心理習慣	
壓抑	出於害羞、謙虛或恐懼而去隱藏或壓迫正面情緒。
分心	忽視當下的喜悅，把注意力放在其他事情上面。
雞蛋裡挑骨頭	無視於某個體驗的正面部分，只專注在它不足及可以更好的地方。
負面心理的時間旅行	預測未來可能發生的壞事，或回憶過去的痛苦經歷。

試想「懶惰的謊言」用過多少手段，讓我們去凍結自己的快樂？「懶惰的謊言」不讓我們展現脆弱的一面，它教我們要壓抑情緒，透過隱藏快樂來表現得嚴肅或成熟。「懶惰的謊言」也喜歡讓我們保持分心；作為過度努力的工作狂，我們總被期待要一整天多工運轉，別妄想好好享受一頓飯、欣賞金色的夕陽，或悠閒地散個步。「懶惰的謊言」所提倡的完美主義，也讓許多人變成在雞蛋裡挑骨頭的專家。我們總會為自己設定不切實際的生產力與品質標準，然後在做不到時把自己批評得一文不值。最後，「懶惰的謊言」還訓練我們成為負面心理的時間旅人，永遠在為未來擔心，永遠在為最壞的情況做打算，拒絕去細細品味我們當下擁有的美好，因為我們滿腦子都是未來的憂慮。

主流文化所癡迷的「成就狩獵」，就是如此影響著我們。即便是原本該令人愉快的事情，像是度假或得獎，都變成了一種我們有義務要去量化、記錄並分享到社群媒體上的東西。某個經驗一旦告一段落，「懶惰的謊言」便期望我們要將之拋諸腦後，立刻衝往下一個獎項、下一段值得發布在IG上的影片，下一個能更「有效利用」我們時間的計畫。因此，我們永遠無法活在當下，也永遠無法真心為自己完成的事情感到驕傲。

我的伴侶尼克，他曾有一位脫口秀演員的同事，這個老兄非常在意自己的笑話在社群媒體上的反應——他每天都會在臉書和推特上發布一則新笑話，然後像有強迫症一樣盯著通知長達一個小時，就為了查看這則笑話的效果如何。他衡量笑話好壞的唯一標準，就是看發文後一小時內的按讚數是否超過一百。如果沒破百，那則笑話就算失敗。他似乎從未問過自己是否真的喜歡自己發布的笑話，也不曾將寫笑話當作一種創作歷程。他無法從這過程中獲得驕傲或快樂，他擁有的只是一個讓自己無法自拔的目標，一個每天都必須達成的成就。

> 如果你的人生只是一連串味如嚼蠟、必須去完成的義務，那麼你就無法細品生活，甚至無法清晰地記住許多細節。

研究顯示，當我們在日常例行事務中充滿壓力時，就會覺得時間流逝得特別快。[16] 幾個星期、幾個月，甚至好幾年的時間，會在焦慮與義務中模糊地交錯在一起，最後我們很可能難以回憶起其中有哪些獨特、珍貴的記憶。如果你的人生只是一連串味如嚼蠟、必須去完成的義務，那麼你就無法細品生活，甚至無法清晰地記住許多細節。[17] 所幸，我們仍然有一些方法，可以讓自己擺脫這種過度努力的惡性循環。

該如何重新定義人生的價值？

人生本來就不該只是關於生產力，或是讓別人刮目相看的問題。無止盡地追逐目標、渴望社會認可，這些都不會為你帶來真正的滿足。事實上，這麼做只會漸漸耗損我們品味生活美好的能力。與其如此，我們不如停下腳步，重新思考自己的價值觀，學習看見——無論成就如何——我們本身就擁有獨特且不可取代的價值。

這種心態的轉變並不容易，尤其是長年受到「懶惰的謊言」影響之後。不過，還是有一些有科學根據的方法，可以幫助我們朝這個方向前進，包括學習細品生活、刻意去感受「驚奇」，以及定期去嘗試那些自己很不擅長的事。

學習「細品」生活

前面我們談過那些會讓幸福感「冷掉」的心理習慣。現在我們來看另一個面向——有哪些做法能幫助我們真正品味、放大生活中的喜悅。[18]

有助於讓我們「細品」幸福的四種心理習慣	
行為展現	讓快樂展現在微笑、歌唱、雀躍、興奮到拍手等行為中。
活在當下	掌握此時此刻，專注在屬於現在進行式的體驗中；把會讓人分心的事情推開，在正念中保持覺察。
分享好事	向他人傳達、分享正面的體驗；找事情來慶祝；把好消息傳遞出去；讓他人跟你一同興奮。
正向心理的時間旅行	回想快樂的過往，或與他人共同追憶共有過的愉悅；規劃或期待將至的好事。

你可以看出，這些正向心理習慣其實都是前面那些負向習慣的鏡像。其中第一種——行為展現——告訴我們：如果想讓自己快樂、想細細品味生活，就應該在感受到喜悅時，勇敢表現出來。對我來說，這是個天大的好消息，畢竟我就是那種在興奮時會瘋狂拍手、看到可愛小狗就會激動尖叫的人。

另一個可以提升幸福感的方法，是讓自己徹底沉浸在生活的美好時刻。這表示我們要放下讓人分心的事，不要總是想著多工，而是真正專注、細細體會每一個美好體驗的細節。我自己就有一個實踐方式——每天認真地休息吃午餐。我以前總想「善用」午休時間，像是一邊塞著墨西哥捲，一邊回電郵，但這麼做只會讓我壓力纏身，也會讓時間也過得飛快。所以現在，我會讓自己離開電腦，在外頭找一個舒適的地方，慢慢吃飯、細嚼慢嚥，品嚐各種滋味，看著路人從身邊走過，享受從密西根湖吹來的涼爽微風。

再者，研究顯示，只要善於分享生活中的美好經驗，我們就能讓自己更加快樂。具體來說，就是把好事說出來、與人分享，甚至特地撥時間來公開慶祝——所謂獨樂樂不如眾樂樂。我們許多人從小就被教導，做人不要得意忘形、就算有了成就也不能到處炫耀，應該低調行事、默默付出、不求回報。但研究發現，適度展現和分享自己的榮耀其實很有價值。幸運的話，這種分享甚至能讓別人跟著開心。研究也證實，人們確實樂於見證親朋好友的成功——身邊有快樂又成功的朋友，確實能讓自己感到與有榮焉。[19]

最後一項值得練習的健康心理習慣，是「正向心理的時間旅行」。顧名思義，也就是不要一直擔心未來或糾結於過去的悲傷。擅長細品的人懂得回味美好回憶，同時也會期待未來的美好時刻，讓生活裡充滿幸福、期盼和希望。

在研究心理學之餘，弗列德．布萊恩喜愛登山。他有兩位固定的登山搭檔，他們完美地展現了什麼叫做「正向心理的時間旅行」。

> 擅長細品的人懂得回味美好回憶，同時也會期待未來的美好時刻，讓生活裡充滿幸福、期盼和希望。

「其中一位山友總是不忘提醒我們，以前我們曾爬過哪些路線，」弗列德說。「他會打電話給我說，『你知道兩年前的今天，我們正好在（華盛頓州）瑞尼爾山的山頂嗎？』而且還會很有耐心地幫我回憶當天發生的各種精彩事蹟。另一位山友則是個規劃高手，他總是在展望我們的下一趟旅程，常常說，『喔，這次我們可以期待這個和那個，到時候我們有很多事可以做。』經他這樣一說，大家就開始對未來充滿期待。」

有些人從小學到的就是要專注於追求成就、凡事未雨綢繆。如果你習慣了這種思維，起初要接受這類正向心理習慣會有點困難。但就像弗列德再三強調的，天生善於正面思考的人其實很少。多數人都是靠著時間和練習，慢慢學會專注在正面的事物上。

「這有點像學音樂一樣，」他告訴我。「沒錯，有些人天生的音感就比較好，但樂器是誰都可以學會的。細品生活也是同樣的道理。你得練習，只要肯練習，你一定會愈來愈拿手。」

刻意去感受「驚奇」

想戒除對成就的執著，另一個方法就是刻意騰出時間去感受「驚奇」。驚奇往往來自於我們遇到全新或極具啟發性的事物，像是波光粼粼的蔚藍大海、繁茂翠綠的森林，或是一場演唱會上的動人美聲。[20] 驚奇會讓我們意識到宇宙的浩瀚與自身的渺小，但這種感受不是威脅，反而令人興奮又安心。當我們感到驚奇時，所有的個人煩惱和憂慮彷彿都會消失無蹤，因為遼闊的美好會讓所有煩憂的念頭都顯得微不足道。

> 當我們感到驚奇時，所有的個人煩惱和憂慮彷彿都會消失無蹤，因為遼闊的美好會讓所有煩憂的念頭都顯得微不足道。

「驚奇感」同時也是一種強效的抗倦怠劑。[21] 對於像護理師、社工等容易感到職業倦怠的助人工作者而言，特意留時間去感受驚奇，無疑是極珍貴的自我照顧方式。大多數人想到自我照顧，腦中浮現的都是按摩、買新衣服或洗泡泡浴這類事物——這些事物最容易商業化與行銷，因此最為人熟知。然而，所謂的自我照顧，絕不只是寵愛自己。去感受「驚奇」才是一種更深層、更有恢復力的自我照顧，因為它帶有精神層面的意義。[22] 即便你完全沒有宗教信仰，但只要主動追尋那些令人驚奇的片刻，也能體會到一種超越自我、與自然萬物或人類共同體深刻連結的感覺。[23]

那麼，要如何在生活裡創造驚奇感呢？關鍵在於「新奇」與「好奇」。你可以試著讓自己經常處於新鮮、有趣的情境中，主動去接觸各種新刺激。以下就是一些具體的做法：

- 造訪新城市，並以隨興的方式去自由行。
- 上班時走一條新路線，或是以步行的方式探訪你不熟悉的鄰里。
- 去學習某種你完全沒有概念的新事物。

- 仔細觀察某件物品，思考它從創造至今，曾有多少人參與其中。
- 參加一場慶典、聚會或工作坊——最好是那種參加者都很熱情、但你自己完全是門外漢的活動。
- 試著欣賞一種你從沒涉獵過的藝術形式，例如詩、短片、雕塑、舞蹈、混搭音樂等。
- 請朋友或同事分享一個他們非常著迷的主題。專心傾聽，並試著學到一些新東西。

生活一旦充滿驚奇，你會發現自己更容易去欣賞、品味每個當下。不熟悉的地點與全新的體驗，會讓大腦花更多時間來消化、吸收，這就會產生一種「時間變慢」的錯覺。這多少也說明了，為什麼開車去一個新地方總會覺得路途比較久，回程卻感覺快得許多。[24] 當我們投入五感去體驗驚奇的事物，就比較容易忘卻日常的責任與對未來的擔憂，重新感受到世界的廣闊，以及其中無限的可能性。體驗驚奇也會啟動許多和「細品」類似的心理機制，所以如果你想培養細品的習慣，多讓自己去感受驚奇感，會是很好的練習。

嘗試去做你不擅長的事

如果你習慣追求成就、喜歡蒐集獎盃，那麼你大概也會討厭做自己不擅長的事。這種狀況在所謂的「資優生」或那些從小就常被誇獎「很聰明」的孩子身上尤其常見。當你一輩子都沉浸在「天生很會〇〇」帶來的榮譽感裡，那麼自然就讓難接受「笨拙」的評價。

「某件事做得很差勁」其實有一個好處，就是能讓我們自然脫離「懶惰的謊言」。當我們接受失敗，就能明白自己活著的意義其實和我們擅不擅長某件事無關。從事一項自己明知永遠不會很厲害的活動，會產生一種效果——我們會被迫學習享受這個過程，而不是只看重結果。當你習慣在某些注定無法得到成就的事情上「浪費時間」，反而能獲得自由，真正選擇自己想要的目標與優先順序，而不是忙著勾選社會替你安排好的框框。

在《失敗的酷兒藝術》（暫譯，*The Queer Art of Failure*）一書中，傑克．哈爾伯斯坦姆（Jack Halberstam）提到，沒能完成社會要求我們去做的事情，有時可以是一種革命之舉。[25] 當我們失敗時，其實是在對壓力反擊、對為他人創造價值的期待說「不」——而這足以改變一切。

「（失敗會）默默地認輸，」哈爾伯斯坦姆寫道，「而認輸之後，失敗就會為生活、愛、藝術和存在，設想出其他的目標。」[26] 換句話說，一旦失敗，我們就能自由自在地去選擇自己真正想追求的目標和優先順序，而不必再去迎合他人的期待。「懶惰的謊言」要我們在自己最擅長的領域維持生產力——所以當我們堅持去做那些自己很不擅長的事情時，其實

> 一旦失敗，我們就能自由自在地去選擇自己真正想追求的目標和優先順序，而不必再去迎合他人的期待。

是主動做了一個選擇。重點在於，這個選擇的動力是來自真愛，而不是外在壓力強迫我們「只許成功，不許失敗」。

我一直擁有一些在旁人眼中很有價值的技能，像是數據分析、教學，甚至寫作。過去一年裡，我每週都會固定安排時間去做一件自己真的很不擅長，而且肯定永遠都做不好的事，那就是「舉重」。我一直是個弱不禁風的人，動作也不協調，所以多年來都把上健身房當成苦差事，能不去就不去，因為去了也只有丟臉的份。但這一年來，我反而開始想嘗試舉重。開始有了想養生的念頭後，我想到若能把自己練得壯一點，應該會挺有趣的。於是，我慢慢開始做起重量訓練，一個禮拜大概會練個三、四天。

說也奇怪，這竟然讓我獲得了許多樂趣。即使我在這方面永遠不會有什麼成就，也無法讓人刮目相看，但每當我坐在舉重機器上，發現自己今天能比上個月多舉一點點重量時，心裡還是會湧現一點小小的自豪。我永遠不可能練出什麼肌肉線條，或變成別人口中的壯漢，但我學會了在那些讓我感到害怕的事情上堅持下去，學會了用平常心去接受那個「不厲害」的自己。有時候，我甚至會對自己能把身體練到這種程度、這種強度，感到十分驚訝。

學習不要那麼愛記錄生活

喬安算是半個網紅。她一向博學且極富機智，這幾年在推特和 Tumblr 上發表了許多妙趣橫生的時事與流行文化觀察。有時候只要遇到天時、地利、人和，運氣站在她這邊時，她的貼文就會爆紅，吸引數十萬則回應。有人甚至會根據她分享在網路上的創意，繪製出同人圖。這些正向回饋令人欲罷不能。為了追求流量，喬安有時會忍不住做出一些不健康的事。

喬安最受歡迎的貼文，談的多半是她生命中最黑暗、最孤獨的經驗。她在加拿大的鄉下成長，年輕時長期受到憂鬱和社會孤立的折磨——那裡大多數人都是異性戀，也沒有人和她一樣熱衷於名人八卦或好萊塢的各種經典，因此她一直很難和身邊的人建立連結。每當她用黑色幽默寫出自己憂鬱的感覺，或是談論那些旁人覺得奇怪的迷戀時，貼文就常常爆紅。全世界孤單的網友們都能在喬安身上看到自己，但喬安卻無法從自己身上獲得共鳴。

「某種程度上，我覺得當時的網友是在消費我糟糕的心理健康，把它當成一種『內容』來看，」她說。「我當然可以拿自己的創傷來開玩笑，講得既風趣又尖酸，但這麼做的代價是什麼？」

對喬安來說，真正的轉捩點，是她終於能把自己的寫作變現。她有一則貼文不只是爆紅，還被發展成一部電影長片的概念。沒多久，一群製片人和一位知名導演就找上了她，想和她談這部電影的相關事宜。多年來，喬安只是把許多好點子丟到網路的虛空裡，換來幾千個幾乎沒有什麼意義的讚。如今她的努力終於獲得認可，也讓她對網路發文有了新的看法。

「一發現自己的想法和創意能變現之後，我就知道，不能再繼續讓大家免費看了，」喬安說。「幾千個分享和按讚，或是爆紅當下的多巴胺快感，根本比不上真正收到酬勞時得到的肯定。」

喬安很快就調整了自己的做法。她開始學習劇本寫作，並努力累積作品集，希望對自己的媒體事業有所幫助。她不再免費分享自己的創作，而是開始有償出售。流量和粉絲數的成長，也不再是她追求的目標。

「那些讓人會心一笑的金句，寫起來既輕鬆又很過癮，也很容易受到關注，但完成一個長篇作品帶來的滿足感，是短短一句話完全無法比擬的，」她說。「我不得不退一步，放棄追求貼文爆紅、萬人按讚的瞬間快感，以換取長篇正式作品帶來的持久成就感。」

時至今日，喬安已經很少在網路上分享自己的生活。她不再用貼文揭露自己的創傷，也不會把有趣的笑話隨便發在推特上，而是把這些創意保留下來，寫進那些需要花更多時間、但收穫更豐碩的劇本裡。喬安說，自己愈是遠離這個高度競爭、只追求短線成果的社群媒體世界，就愈能享受生活。她的心理健康明顯提升了，現實生活中的朋友也變多了。她還戒掉了酒癮。這並不是說只要不上網，生活就會神奇地變好，而是說當她不再執著於網路上的即時反饋和短線成就後，她才真正有時間去經營那些真正在乎她的人際關係，以及自己真正熱愛的藝術追尋。她不再把痛苦的回憶當成潛在的「內容」來源，而開始認真療癒自己的傷痕。

這幾年，喬安開始定期參加公誼會（基督教貴格派）的聚會。那裡非常適合她每週花一個早晨，和一群陌生人一起靜靜沉思。畢竟，她已學會切斷網路的過度刺激，不再依賴網友的回應。在公誼會的聚會裡，沒有所謂由某人提供的「內容」，甚至連由牧師佈道都沒有。大家只是安靜地坐在一起，偶爾才會有某人在特別有感時開口說話，沒有任何發言壓力，也沒有人需要競逐關注或認可。

數位工具確實讓我們的生活方便了許多，但也帶來了更多的帳號要管理，還得隨時處理各種通知。社群媒體App讓我們背負極大的壓力，因為我們得從各種日常經驗裡淘金，累積成就分數，也讓原本的生活樂趣轉變成網路上的影響力。幾乎生活中的每一項活動，都成了一種需要記錄、量化，甚至拿來展現成功的手段——儘管已有大量證據顯示，這種對記錄與分享

> 社群媒體App讓我們背負極大的壓力，因為我們得從各種日常經驗裡淘金，累積成就分數，也讓原本的生活樂趣轉變成網路上的影響力。

的沉迷，其實會損害我們的心理健康。

我們大多數人仍然無法徹底跟網路斷絕關係。即使偶爾想把手機扔出窗外，許多人還是需要靠數位工具來維持生活秩序，並與外界保持聯繫。但這並不代表我們就必須讓生活被徹底「遊戲化」。就像喬安一樣，我們可以試著為自己與數位世界的互動劃出合理且實際的界限。只要重新思考我們與這些工具的關係，就能重新定位自己的生活，不再讓生產力來定義我們的價值。

設定一段擺脫手機的時間

當手機唾手可得時，我們總會忍不住一再查看，這正是手機設計的目的。多數App都經過精心設計，吸引人使用、讓人上癮，因此你會不斷收到各種通知，也會因頻繁使用而獲得「獎勵」。演算法更設計得讓你每隔幾分鐘就想重刷一次頁面，只為尋找新的內容。[27] 除此之外，害怕錯過重要訊息、活動邀請等，也讓我們難以放下手機，無法真正當個「閒人」或「懶人」。

智慧型手機讓我們得以隨時接觸世界各地的資訊，讓人覺得一機在手，力量無窮。[28] 有研究顯示，若奪走一個人的手機，對方不僅會因此失去安全感，甚至連自尊心都會喪失。這種恐懼與無力感，使得我們想暫時擺脫手機的嘗試變得更加困難。

即便現代人對手機的依賴愈來愈深，「數位安息日」（Digital Sabbath）這個概念卻漸漸流行起來。[29] 所謂的「數位安息日」，就是每週至少有一天暫時不碰任何電子裝置與訊息通知。多數實踐者會選擇在週末徹底遠離網路，也有人選擇在平日某天短暫斷線。有些組織也開始鼓勵員工這樣做，因為數據顯示，頻繁查看電子郵件和Slack訊息只會讓員工分心、徒增壓力。[30]

然而對許多人來說，一整天不碰手機實在不太實際。但即便難以完全擺脫手機的吸引，你還是可以替自己設下一些界限，比如過了晚上的某個時間後就不再回覆電郵、不看訊息通知。正如馬可斯．尼尼在〈第三章〉提到，他們公司的員工可以自行決定晚上何時開始停止回信，也可以設定自己僅在特定時段使用某些網路功能。

莫妮卡有一支沒有裝SIM卡的手機，晚上會拿它來瀏覽網路——她熱愛健行與接觸大自然，常利用晚上搜尋某地的動植物資料，好規劃下一趟野外行程。以往，這段放鬆時光總被手機不斷跳出的通知和訊息打擾。有了這支不能通話的手機之後，她便能專心查資料，不會再被訊息干擾。還有些人會改用Kindle等電子紙裝置來瀏覽網路資訊，除了避免強光刺激感官，也能減少資訊過載。

關閉行動裝置的通知與活動追蹤

我們所收到的絕大多數提醒或通知，其實都沒有急迫性。親戚傳來的臉書訊息，並沒有立即回覆的必要。「多鄰國」App的吉祥物貓頭鷹，也不會因為你今天忘了練習西班牙文單字，就到夢裡找你算帳。只是人在緊張的時候，手機像個囉唆又刺眼的燈塔閃個不停，壓力和責任感讓你忘了這些通知本來就沒那麼重要。研究顯示，頻繁收到手機通知會讓人更容易分心、更躁動。[31] 對於原本就有心理疾病風險的人來說，無法克制地使用智慧型手機，還可能讓焦慮或憂鬱症狀更嚴重。[32]

最好的自保之道，就是擺脫誘惑，別老是想去查看通知。你可以直接把那些惱人的提醒功能關掉，也可以找出那些最容易帶給你罪惡感和壓力的App，設法減少對它們的依賴。有些功能性的App確實能讓生活更有條理，比如手機裡的行事曆，可以減輕（而不是增加）我們對行程安排的壓力。反過來說，像我幾個月前就決定刪掉Fitbit這個小程式，因為我發現記錄自己的睡眠時間、步行數和運動量只會讓我更焦慮。每天追蹤自己的身體活動，還要把結果分享到朋友圈，總覺得有義務達成Fitbit建議的一萬步目標。只要沒達成，心裡就會有罪惡感。解決辦法很簡單——直接把Fitbit刪了。

> 研究顯示，頻繁收到手機通知會讓人更容易分心、變得更躁動。

聚焦過程，而非結果

現代人的生活已經如此被遊戲化，以至於我們看什麼都覺得像是在比賽。「我今天的自拍照按讚數有比昨天多嗎」、「我今年在Goodreads書評網的發文數有比去年多嗎」、「我利用空閒時間的方式，有比朋友們更有效率嗎」——這類心態會滋生不安全感與不滿足感。為了從這種牢籠裡掙脫出來，我們必須把自我提升和成長當作是一種開心、漸進的過程，而不是非得完成不可的目標。

對喬安來說，這意味著她必須徹底改變自己面對創意與寫作的態度。過去她總是緊盯著自己的貼文在社群媒體上的反應，也常常拿自己和其他網紅做比較，一旦比不上別人就耿耿於懷。她就像一隻倉鼠，困在追逐成就的滾輪上。要想前進，就只能設法從這個輪子上跳下來。

如今，喬安幾乎所有的創意作品都在私底下完成。她都在晚上寫作，這樣的創作方式無法像發表推特笑話那樣獲得即時的滿足。寫作是一種緩慢且漸進的過程，但這也意味著她不再受到外部壓力，不必急於把還沒準備好的作品推出去。雖然因此少了推特帶來的短暫多巴胺刺激，但長期的收穫卻更為可觀。

心理學研究顯示，真正的健康來自於個人成長，而非與他人的競爭。[33] 老是想著要成為最優秀、產值最高、技術最強、按讚數最多的那個人，實在很辛苦。「懶惰的謊言」最愛看到我們有不安全感，因為此時的我們就是最容易收割的韭菜。只要想當第一名，你就永遠不能停下來喘息，因為外頭總有人等著要超越你。這是一種極具傷害性的世界觀。你會再也沒有機會癒合、嘗試，或者讓自己有靜下來、默默省思的片刻時光。一旦我們學會對自己好一點，不再強迫自己要站在金字塔頂端，我們就能發現喜悅其實存在於各種緩慢、不具生產力的活動之間。

弗列德·布萊恩或許是個成就斐然的心理學家，但他真正的熱情在於登山。你不難想像，對他來說，登頂並不是最棒的部分。他認為最棒的部分，是一步一腳印朝著山頂前進的過程，是和摯友們一同沉浸在群山的莊嚴之中。

「你為了爬一座山費盡千辛萬苦，卻只能在巔峰上待個幾分鐘，」弗列德微笑著說。「但所謂的攻頂不在快慢，而是一個過程——一個讓你細品並樂在其中的體驗。我喜歡前往山頂時的旅程，而不是單純為了登頂才爬山。細品對我來說就是這麼回事。打個比方，我爬山是為了中途停下來聞聞玫瑰花香，而不是沿路衝過去，拼命數自己聞了多少朵花。」

第五章

你不必凡事都是專家

You Don't Have to Be an Expert in Everything

「我又在網路上跟陌生人吵架了，」有一天晚上諾亞傳訊息給我說。「快點阻止我！」

「別浪費時間了，趕快停手吧。」我大概已經第五十次這麼勸他了。「對方根本聽不進去，你只會讓自己更難受而已。」

諾亞是一名工程師，也是一個什麼都想讀一點的知識狂，因此他累積了各式各樣的知識。他也很愛追蹤新聞。在網路世界，懂得多有時是一個優勢，但有時卻會變成壓力來源，因為你會發現自己有太多可以焦慮和沮喪的事，世上的無知和愚蠢永遠吵不完，而諾亞又總是想一一應戰。

「你說得對，」諾亞回我。「這傢伙根本聽不進去。可是他竟然說MMR三合一（麻疹／腮腺炎／德國麻疹）疫苗裡含汞！都什麼時代了還有人信這種鬼話！」

就這樣，諾亞又陷進兔子洞了，他開始數落起這兩個小時裡對方說過的每一句無知又荒謬的話。他還查了各式醫學研究，一條條丟給對方當佐證。他試過用問題引導對方思考，也試過用強硬的語氣直接挑釁，當然全都沒有效果。

「我應該要抽身了，」諾亞說。「畢竟我該說的都說了。」

「嗯嗯，」我一邊回他訊息，一邊準備睡覺。

一個小時後，諾亞又傳來：「我剛寫了一篇1,500字的長文，解釋整個反疫苗運動的由來，還分析為什麼有些人害怕孩子會因此變成殘疾……我這樣是不是完全在浪費時間？」

諾亞是不是在浪費他的時間我不知道，但他肯定是在浪費我的時間。但我還是跟他說：「說不定有人真的會看完整場爭論，從中學到一點東西。」

「希望如此。」他聽起來有點沮喪。我關掉手機，翻個身睡，心裡明白過不了幾個禮拜，諾亞又會傳訊息給我，說他（或其實是我）又一次被捲入某場網路論戰。

諾亞跟很多人一樣，控制不住自己的網路習慣。他會無端捲入那些既沒必要、也沒有「勝負」可言的網路爭端。也常常

為了自己無法改變的社會問題鑽牛角尖，好像只要夠焦慮就能改變現狀一樣。他還戒不掉看新聞的癮，總是把各種讓人煩悶的資訊往腦袋裡塞。

諾亞的閱讀清單又臭又長。每次我跟他提到一本我的愛書，他就會立刻掏出手機，打開Notes做筆記——像是在無底洞裡滑了好幾分鐘，然後把那本書加到最末端。我總是看得目瞪口呆，因為他的書單又長又雜，什麼人類學、海洋生物學、個人理財、女性主義通通都有。每次去朋友家，他都會掃視一遍對方的書架，藉此擴充自己的書單。不論他們當天聊的是什麼，他總能推薦一兩本相關的書給大家——有些書他真的讀過，有些則只是聽過名字而已。

像我認識的許多拼命三郎一樣，諾亞來自工薪階級家庭。出身貧困的他，在底特律一個破落的社區長大。上大學對他來說並非理所當然的事，更沒有人保證他未來會有好的出路。也因此，他似乎比一般人更拚命想要在生活的各個領域摒除「惰性」。不論工程師的日子多累，他總會逼自己做得更多。他學了好幾種語言，還特地出國練口說意第緒語和希伯來文。雖然沒上過神經科學的課，但他卻對這個領域知之甚詳；他在無數平台上追蹤新聞事件，總是不遺餘力地去追求新知、去自學，同時保持政治敏感度。

諾亞的電腦曾經會三不五時當機，因為他習慣讓瀏覽器的分頁標籤二十四小時開著。他囤積標籤頁面的程度，是我見過最誇張的。他經常一口氣開著幾十個分頁，包括新聞報導、社論、科學報告、各種分析文章、Reddit討論串、電子郵件串等，有些分頁甚至已經放了好幾個禮拜甚至好幾個月。他平日有全職工作，還得每天通勤兩個小時，所以根本沒時間好好消化這些內容。我想即使諾亞真的擠出時間，他也只會花一半的時間閱讀，另一半則又拿去蒐集更多新文章。「我一直想讀那篇文章」、「來，我把這篇文章傳給你」，這種話已成了他的口頭禪。

幾年前，我不得不退出一個由諾亞建立的臉書社團，因為他老是轉貼許多文章給社團中的所有人，一天往往會轟炸好幾次。這種行為真的讓人壓力很大。雖然我知道這麼做可能會傷了他的感情，或讓他以為我不如他關心世界，但已經快被資訊淹沒的我實在沒辦法，我不能再被一個資訊狂人往下拖。只不過，從諾亞的角度看，他大概覺得自己是在做公益，認為分享知識就是在幫助大家。

我不敢斷言閱讀在多大程度上豐富了諾亞的生活——抑或只是讓他分心。對於未來，他有許多焦慮，而閱讀新聞似乎只是偶爾讓這把焦慮之火燒得更旺。他受過教育、善於思考，廣博的知識也讓他能看清許多社會問題的盤根錯節。他的聰明才智和對生活的熱情都是難能可貴的特質，但也因此讓他覺得自己有義務去教育大眾、糾正眼前的種種無知。我很清楚那種責任感帶來的壓力，因為我自己也常常被同樣的感覺捲進去。作為一名老師，我總是在試著教育他人，問題是很多時候別人並不感興趣。

沒有人可以是萬事通。這個世界上有太多值得關心的議題，沒有人能以宗教般的熱忱追蹤每一則瞬息萬變的時事。如今我們可以接觸到的知識量，已達到人類歷史上的空前水準。因此，我們大多數人都陷在資訊泥淖中無法自拔。讓我們產生罪惡感的，是那些我們覺得自己應該知道、卻找不到時間去學習的事。

知識能帶來力量，而網路則豐富了無數人的生活。「懶惰的謊言」告訴我們，應該好好把握「網路」這項特權，不要浪費這種能隨時隨地學習的機會。但這種謊言忽視了人類能吸收的資訊其實有限，也不考慮將大量事實強行塞進我們腦中的情緒與心理成本。這個謊言的想法是：如果我們坐擁如寶藏般的資訊，卻不發揮生產力、不造福社會，那麼擁有這些東西又有什麼意義呢？

手握資訊是一種特權，但同時也是一項重擔。這一點在我們把大量閱讀視為一種無可逃避的責任時，尤其成立。長時間曝露於令人不安的新聞報導，會造成心理創傷。一波接一波的資訊，讓我們沒有機會停下來反思自己學到的每件事。到了一定程度，即便是最能吸收資訊的讀者，也需要拔掉插頭，停

沒有人可以是萬事通。這個世界上有太多值得關心的議題，沒有人能以宗教般的熱忱追蹤每一則瞬息萬變的時事。

止這些如點滴般持續流入的事實、數字，以及無止盡的網路論戰。我們活在資訊過載的時代——其解方並不是更努力去學習，而是退後一步，以更少但更有意義的方式來咀嚼這些資料。

資訊過載時代的生存之道

隨著人類在科學研究上的日新月異，以及關於世界本質的資訊不斷累積，我們愈來愈難將所有知識內容完整傳授給社會大眾。今時今日的生活有其極為複雜的一面，若想在其中游刃有餘，現代人必須對各種主題與領域有所掌握。隨著時間拉長，所謂「通曉世事」的標準也會如同物價一樣不斷攀升，使得我們要跟上時代變得愈來愈困難。

若想一窺這種知識普及的趨勢，我們可以看看高等教育的演變。以十九世紀初為界，在那之前並沒有所謂的「大學主修」。在當時，學生必須修讀所有學科。而取得大學學位代表你通曉了所有「博雅」的學門：寫作、哲學、音樂、數學、天文等。到了十九世紀中期，世上的知識儲備已經多到讓這種通才教育難以繼續維持。於是，「主修」的概念應運而生。學生不再什麼都學一點，而是選定某個科目深入研究，成為該領域的專家。[1]

但這時又出現了新的問題。隨著人類知識的廣度與深度不斷提升，許多科目的知識密度已經深到大學四年無法完全涵蓋。如果你想深入學習像心理學這樣的科目，光有學士學位還不夠，必須進一步攻讀碩士或博士學位。在許多領域，雇主已經把高階學位視為基本門檻，因為大學學歷已經不足以覆蓋足夠的知識基礎。[2] 在學術界，我們常說：「現在要念完碩士，才算是真正的大學生。」[3]

身為一名教授，我對這種「學位通膨」的持續加劇十分頭痛。理論上，人類能夠取得如此多的智慧，應該是好事一樁；但實際上，受過高等教育已經被當作取得理想職涯發展的入場券，而取得這項學歷的成本愈來愈高，所需時間也愈來愈長。大學教育曾經為許多人，特別是那些來自貧困或其他弱勢背景的人，開啟新的人生機會。但如今，獲得足夠教育的壓力早已讓許多人感到烏雲罩頂，更別說還牽涉到龐大的經濟負擔。雪上加霜的是，許多大學都把碩士學程當作最大的搖錢樹。[4]

說到「資訊過載」，大學只不過是冰山一角。資料與知識的分享已經滲透到我們清醒的每分每秒，和我們是否還在學校已經無關。現代人只要一解鎖手機，就會被事實、意見和無休止的網路論戰淹沒。這些知識不但沒有解放我們，反而分散了我們的注意力，讓我們無法專心，並徒感壓力。

受過高等教育已經被當作取得理想職涯發展的入場券，而取得這項學歷的成本愈來愈高，所需時間也愈來愈長。

瑞克明白他應該要戒掉推特。這些年他一直把這句話掛在嘴邊。

「那裡只有一片惡質、膚淺的爛哏，」他告訴我。「無論我追蹤誰，最後我的頁面還是會被一堆左膠喜劇演員占滿，他們總是在努力用世界上發生的各種爛事開玩笑，寫出他們自認最幽默的段子。沒有人想針對任何議題進行有意義的對話。一旦你試圖加入一些細膩或深度的觀點，只會被人冷嘲熱諷。」儘管如此，他還是難以擺脫這個社群媒體網站。「我整天都在滑推特，」他說，「而每滑一次，我就多一分沮喪。」

你很容易就會陷入推特的魔力裡——比如在超市排隊結帳時，或是看著無聊的電視節目時。每當你刷新推特，總會看到滿滿的新內容，而且都已經被包裝成方便入口、容易消化的小切片。可以閱讀、可以參與的東西實在太多了。但問題就在於推特的貼文很短，對話節奏又快，所以大多數互動都流於膚淺，難以帶來真正的滿足。這也難怪瑞克會對推特如此上癮；畢竟，這個平台本質上就是一台注意力拉霸機，怎麼玩都不會讓你感到滿足。

> 現今網路上的資訊有九成，都是在過去兩年內新增的。

網路徹底改變了我們分享與獲取資訊的方式。它賦予力量給全世界的人，讓我們能接觸到原本只會束之於大學和圖書館高閣的知識。網路提升了大眾對社會正義議題的關注，並幫助社會邊緣者找到社群與理解。我會意識到自己的跨性別身分，完全要歸功於網路社群裡跨性別者的經驗分享。說真的，如果不是網際網路和像WordPress、Medium這樣的線上寫作平台，我這輩子大概也不會成為作家。我要說的是，我完全明白網路可以帶來的助益。

但正因為網路讓資訊分享變得容易，資訊的洪流也如滔滔江水一發不可收拾，身陷其中的我們眼看就要被淹沒。網路上的知識量正以驚人的速度擴張。根據電腦巨擘IBM的估算，人類每天新增的資料量高達二點五百萬兆位元組（百萬兆相當於十後面有十八個零）[5]，而且每年的成長速度還在持續加快。現今網路上的資訊有九成，都是在過去兩年內新增的。[6] 普通人每天接觸到的獨特資訊量，大約是1986年的五倍。[7] 你很難想像一個普通人要怎麼消化這麼龐大的資訊量——更別提，所有預測都顯示這樣的狀況只會愈來愈嚴重。

更糟糕的是，每天湧向我們的資訊，大多都是無用，甚至是有害的冗餘內容。網路上充斥著各種留言區和回覆串，而這些討論裡經常有人不斷在打口水戰，重點是毫無建設性。除此之外，每天被張貼出來的內容中有大量屬於「垃圾資料」——

欠缺邏輯的囈語、只有圈內人才懂的笑話、牟利的廣告、各種自我推銷，以及針對其他人的貼文所做的複雜回應與嚴厲批評——如果你不曉得背後的脈絡，你根本就難以看懂。我想不到有什麼理由，值得我們把自己暴露在這麼多噪音之中——但現實是，幾乎沒有人能完全避免，每個人在生活中都得去接觸、去過濾這些垃圾資訊。

除了上述這些相對無害的垃圾資訊外，網路上當然還充斥著危險性更高的內容：充滿暴力的法西斯言論、仇恨言論、刻意製造的假訊息，甚至還有會帶給人創傷的死亡畫面與國家級的悲劇事件。雖然多數社群媒體網站都有專門團隊負責過濾和刪除這些令人不適的內容，但這類內容實在太多，根本防不勝防。總有些駭人的影像和充滿仇恨的文字成為漏網之魚，逼得我們不得不設法去面對和回應。[8]

資訊的冗餘也是網路上的一大問題。許多人在看到重大社會議題或緊急事件時，總覺得有責任「強化訊息」——主動分享文章、擴大觸及。不可否認，這種想教育他人的心態，時常能帶來正面效果，但有時也可能意外造成假訊息或恐慌的擴散。比如說，當我分享「病毒微粒能在廚房流理臺上存活多久」的警訊時，我到底是在幫朋友預防生病，還是只是讓早已知情者的社群媒體警鈴大作？我有沒有提供足夠的上下文，讓他人看完後知道該如何應對？還是我只是單純嚇得大家六神無主？多數時候，我們根本難以分辨哪些資訊值得分享，哪些其實有誤，或早已被瘋傳無數次了。

我們必須花費大量心力，才能過濾這些資料，剔除其中的錯誤資訊、廢話和仇恨言論，把空間留給有用的事實和有意義的反思。所謂「花費大量心力」，是因為我們很容易就會忙著糾正各種被扭曲的說法，或與滿地的偏見對抗。難怪像諾亞和瑞克這樣的人，會在網路上無法自拔，甚至不顧健康。

不少人為了隨時掌握網路上的最新消息，感受到巨大的內在壓力。當今新聞演變之快，史無前例。一則新聞從爆發、點燃話題、激起回應，到被徹底否定，往往只需要幾個小時。不掛在網路上追蹤更新，真的很難不錯過事件的真相演進。每天都有針對跨性別者、女性與移民權益的新攻擊，而這些新聞又常伴隨氣候變遷、體制性種族歧視、疫情擴散、槍枝暴力等令人震驚的消息。在這樣的環境下，關掉手機、拒看新聞，似乎不像一個負責任的社會成員應該做的事；但讓自己不停接收令人不安的新聞和令人作嘔的政治宣傳，似乎也沒有什麼好處。

美國心理學會（American Psychological Association）的一項調查顯示，有95%的美國人表示他們會追蹤新聞，但其中有56%的人說，追新聞讓他們壓力很大。[9] 很顯然，「懶惰的謊言」已經滲透到我們面對知識與資訊的態度。不論我們多麼努力想掌握最新的知識，也不論我們對時時在線有多強的責任感，事實很明顯：我們吸收了過多的資訊，而這正對我們造成嚴重的傷害。

「資訊過載」對健康的危害

在2016年的美國總統大選過後，諾亞和我開始互通篇幅冗長、充滿焦慮的電郵，主題當然跟政治有關。接踵而來的駭人新聞對我們每個人都帶來了實質且明顯的生理影響，而那幅景象一點也不美好。

「我緊張到都快拉褲子了，」我在貝琪·戴弗斯（Betsy DeVos）被任命為教育部長後寫信給他。「我不是在開玩笑，我真的因為緊張而一直跑廁所。」

「我也因為壓力而拉個不停，」諾亞在川普宣布旅行禁令（禁止穆斯林入境美國）後寫道。「我完全招架不住了。」

在我們的往來電郵中，諾亞和我都曾推測，也許我們不該再像以前一樣這麼頻繁地追看新聞了。但在當時的環境下，想要切斷網路談何容易，至少我做不到。我的神經系統幾乎被不間斷的警訊淹沒，讓我身心受損。然而，我又覺得這麼做是必要的，也是道德上的責任。在授課的空檔，我會打開新聞和社會運動網站、打電話給我選區的參議員表達意見，也會瘋狂地在社群媒體上發文示警，讓大家知道有多少壞事正在發生。

> 我們吸收了過多的資訊，而這正對我們造成嚴重的傷害。

當然，我絕不是孤軍奮戰。根據美國心理學會的資料，那段期間有三分之二的美國人表示，「國家未來」是他們生活中最大的壓力來源。[10] 這一比率創下了歷史新高，而這也意味著，大家擔心國運的程度，甚至超過了對自己財務或工作的焦慮。

到了2020年，因焦慮而無法不追看新聞的情況不但沒有緩解，反而更加嚴重，這主要肇因於新冠病毒的蔓延，導致全球許多人被迫留在家中。隨著確診案例直線成長，各國的地方與中央政府陸續祭出緊急對策，民眾不得不長時間掛在線上關注疫情的最新動態，否則就無法得知自身染病的風險，以及是否可以離家進行戶外活動——「隨時掌握疫情」成為一種公民責任，但這個過程也極為折磨人。

我曾訪談過「好奇諮詢」（Curiosity Counseling）的心理治療師莎朗．葛拉斯彭（Sharon Glassburn）。她告訴我，她的許多案主都在努力限制自己所接收的新聞量，但往往無法如願。對這些人來說，令人焦慮的政治新聞在威脅著他們，但他們又無法輕易逃脫。

「這種狀況我看多了，」她說。「目前的（政治）局勢極為緊繃，很多正在發生的事都讓人留下心理創傷。而身為心理治療師，我希望讓陷入這種處境、感到無助的案主能夠獲得一些肯定與支持。」

如果你是有色人種、性侵倖存者、LGBTQ+成員，或具有移民身分，那麼你可能已無法擺脫那些令人焦慮的新聞陰影。你很難置身事外，因為那些駭人的發展，對你的生活都有切身影響。你既無法控制別人要怎麼說，也不可能假裝沒看到。不過，莎朗提醒，過度聚焦在我們無法控制的事物上，會讓人覺得自己在生活中完全失去「能動性」。而這樣的心態，絕對稱不上健康。

「我必須在肯定案主面對無法掌控的處境與系統性問題，和協助他們找到自己能控制的因素之間，找到平衡，」莎朗說。「因為如果一直只盯著那些巨大且無法改變的不公不義，很容易讓人失去力量。」

事實上，「能動性」的喪失是資訊過載帶來的主要危險之一。數十年來，學者們發現，攝取過多令人不安的新聞，會損害心理健康，讓人感覺無力與脆弱。[11]

在1970與1980年代，大眾傳播學者葛蕾絲・勒文（Grace Levine）開始統計公共新聞播報中，有多少次把負面事件描述為「無法控制且不可避免」。經過多項研究，她發現超過七成的新聞報導都強調，在難以避免的犯罪、天災、非預期死亡等事件中，民眾有多「無助」。[12] 雖說許多這類事件的確難以由個人控制或預防，但將世界描繪得如此充滿威脅且難以掌控，確實會帶來心理和社會層面的危害。

進入1990與2000年代，二十四小時新聞頻道與新聞網站日漸盛行。看新聞從過去晚飯後一小時的例行公事，變成了隨時可看的行為，甚至成為主要消遣。在這段期間，社會大眾對犯罪與災難的恐懼大幅提升，而這和人們的新聞收視（閱聽）習慣密不可分。[13] 研究發現，整體而言，愈常看電視或閱讀新聞的人，感受到的恐懼感就愈強，且他們對周遭環境的危險感知也會隨之提高，無論他們實際所處的社區安全與否。在最極端的案例中，民眾對犯罪的主觀恐懼與真實犯罪率之間其實完全沒有關聯。[14] 即便全美兇殺率持續下降，仍有多數美國人堅信命案發生率正急劇攀升。

更糟的是，這種恐懼似乎會改變人們的行為。相比一般人，頻繁觀看新聞的人更常表現出「迴避性」行為——他們更常待在室內，不太跟人社交，也比較不願意嘗試新事物或前往新地方。整體而言，這種自我孤立對個人的持續成長與發展非常不利。有些研究甚至發現，頻繁接觸新聞會使人們的種族偏見加劇。[15]

有句老話說「知識就是力量」，但在令人恐懼、帶有威脅性的新聞面前，研究指出的事實可能正好相反。可怕的資訊會剝奪人們內在的主控感，讓人更難去照顧自己或他人。公共衛生研究指出，當新聞以悲觀的語氣呈現健康相關資訊時，受眾反而比較不會採取行動保護自己免於疾病。[16] 比方說，一則本意在提醒大眾癌症發生率上升的新聞，最終可能反而讓更多人不敢去做癌症篩檢，因為害怕真的檢查出問題。[17] 同樣的道理也適用於氣候變遷：如果新聞報導皆抱持世界末日將臨的論調，大家反而會對「保護環

愈常看電視或閱讀新聞的人，感受到的恐懼感就愈強，且他們對周遭環境的危險感知也會隨之提高，無論他們實際所處的社區安全與否。

境，從小處做起」失去興趣——反正地球都快毀滅了。[18]

「懶惰的謊言」所鼓勵的，是極端二元分立的思維——有一半的人會不顧環境如何都拼命努力，另一半的人則無可救藥地發懶。努力派的人相信人定勝天，也就是「天下無難事，只怕有心人」；而懶惰派的人則認為遇到困難就乾脆躺平，反正再嘗試也不會成功。這種二分法會讓我們對自己在乎的問題變得異常投入甚至執著；然而，當努力不懈去解決問題變得難以為繼時，「懶惰的謊言」又會讓我們索性放棄。為了某個問題而壓力纏身，其實並不是解決問題的好方法。壓力纏身會讓我們以為自己有在做些什麼，因為我們的大腦一直在轉個不停，好像很忙的樣子，但其實壓力只是在消耗我們的能量，使我們沒有力氣真正去對抗問題。

「資訊過載」甚至會損害我們的認知能力。研究顯示，在大量資訊疲勞轟炸之下，人會失去專注力，能被儲存進記憶裡的資訊將少之又少。[19] 只要你曾一邊滑手機、一邊看電視劇，結果發現有一整段劇情完全沒印象，你就知道我在說什麼了。這其實很弔詭——我們以為可以把知識一股腦地塞進腦袋，結果卻是親手摧毀了自己理解和保留知識的能力。[20]

同樣原因，「資訊過載」也會破壞我們的決策能力。[21] 為了讓資訊真正對我們有用，我們必須花時間反思、消化，並觀察這些資訊是否與我們既有的知識相符。但是當我們處於資訊過載狀態時，這種需要靜下心來的思考就難以發生，結果就是容易犯下各種烏龍或疏漏。

> 我們以為可以把知識一股腦地塞進腦袋，結果卻是親手摧毀了自己理解和保留知識的能力。

網路釣魚等線上詐騙案件之所以能見縫插針，正是利用人在網路上容易感到不知所措、心理脆弱的時刻見縫插針。網路釣魚的目標，就是讓一個分心的人在不經意間，把自己的登入資料傳送給假冒的上司或銀行代表。[22] 許多時候，詐騙者會刻意設計讓收件人驚慌失措的訊息，內容多半是「你的帳號被駭了」或「你的銀行密碼被破解了」，最後還加上一句「你得馬上把帳號密碼用電郵傳過來」。研究顯示，當人分心或資訊過載時，他們更不容易察覺對方其實是詐騙犯，也更難判斷收到的資訊品質與可信度。[23] 這其實很諷刺——我們最容易被「假新聞」欺騙的時候，正是我們習慣性攝取過多資訊的時候。

民調機構皮尤研究中心（Pew）的資料顯示，有兩成的美國人表示，過多的網路資訊讓他們感到焦慮，也有資訊過載的感覺。[24] 但同時，有七成七的受訪者則表示，他們其實很樂見

自己能夠取用這麼多資訊。這樣的數據組合是有道理的——研究顯示，智慧型手機（以及網路連線）會讓人感覺大權在握。多數人都難以抗拒求知慾的誘惑，忍不住想取用網路所帶來的各種刺激與力量。然而，為了讓我們與資訊的互動產生意義，我們仍然必須對資訊的攝取量加以限制。

如何為「資訊攝取量」設定界限？

接觸錯誤類型的資訊，確實有可能導致創傷反應。社工、心理治療師，以及受害者的親人，經常會面臨所謂的「繼發性創傷」（secondary trauma），也就是一種創傷後壓力反應，其來源是聽聞他人遭受虐待、攻擊或暴力的相同經歷。[25] 原來，即使你並未親身經歷暴力，也可能因此受到嚴重的心理創傷。而遺憾的是，網際網路上充斥著足以引發繼發性創傷的內容，包括：槍擊現場的影片、天災受害者的訪談，以及死於疾病者令人痛心的統計圖表，這些資訊無所不在。雖然「知的權利」也很要緊，但若我們不斷被這類影像與訊息圍繞，其負面效果恐將超乎我們想像。

妮米希爾——我在〈第三章〉介紹過的那位性健康倡議者告訴我，她會在自己的推特動態中將「強暴」、「性攻擊」等字眼設為消音，以避免不自覺接觸到相關內容。雖然她的工作重點之一就是推動性合意與反性侵文化的教育，但她也很清楚，她不可能、也沒必要老是跟網路上無知的網友糾纏不休。

「有時你就是得與那些讓人不舒服的訊息保持距離，」她說。「那些東西我不可能全部看完，也沒辦法一一回應，你懂的。我知道在我的性教育倡議工作上，自己已經功德無量了。」

妮米希爾已經有了一項關鍵的領悟。她明白自己沒有義務去讀完每一篇貼文，或者和網路上每一個性別歧視的豬玀辯論。甚至與每一位性侵受害者對話，也不是她的責任。這個世界很大，隨處都可能有駭人的不公不義等著我們。我們不可能事事介入，也不需要因為沒有去嘗試而感到內疚，或者覺得自己很懶惰。我們該做的，是給予確實付出努力的自己一個肯定。

以網路與社群媒體現行的生態而言，我們很容易被捲進持續性的焦躁與恐懼漩渦。為了克服大多數人身上沉重的資訊重擔，我們必須設定界限——剛開始嘗試時，可能會讓你感覺自己是在掩耳盜鈴，假裝看不見世界的殘酷；又或者，這會讓你覺得自己很冷漠、很偷懶。但請記住：「懶惰」本身就是一個假命題。實際上，認清自己的極限才能走得更長遠，也才能好好保護自己。

當我們把注意力集中在真正在乎的事情上，減少那些無謂傷害我們的事物干擾，就能成為更有效率、更健康的倡議者。

設下界限，有助於我們調整方向，專注於真正重要的目標。當我們把注意力集中在真正在乎的事情上，減少那些無謂傷害我們的事物干擾，就能成為更有效率、更健康的倡議者。如果你正為資訊過載所苦，不知道該如何減輕負擔的話，以下有一些你可以優先嘗試的做法。

善用工具去過濾資訊與消音

幾乎所有社群媒體App都有靜音功能。在推特上，你可以自訂敏感詞語與片語去隱藏相關貼文，也可以針對個別用戶進行消音。在臉書上，你可以封鎖特定單字或片語，也可以「解除追蹤」那些經常張貼惱人內容的朋友。在社群媒體上，我設定了過濾若干反LGBTQ+的歧視用語，也封鎖了幾個因違反跨性別言論、頻繁登上新聞的右翼頑固分子。我已經非常努力在打擊「恐跨性別」的風氣，也致力於教育那些溫和卻無知的人，但我沒有必要再和那些希望我消失的傢伙在網路上纏鬥。

針對那些沒有內建消音功能的網站，你也可以下載具備類似功能的App——Sadblock能過濾、屏蔽像性侵等會觸發情緒或令人不安的新聞內容。[26] 更泛用的應用程式像是Custom-Blocker，則可經由設定，幫你隱藏所有想要避開的內容——無論是羞辱肥胖的減重產品廣告，還是關於唐納・川普的文章。[27] 這些工具都可以隨時啟用或關閉，因此你可以選擇先了解必要的議題內容，隨後再恢復屬於自己的清淨。

該封鎖誰就封鎖誰（不用覺得心裡過不去）

有時候，「資訊過載」的來源並不是某個字詞，而是某個人。我曾不得不「退追」諾亞一段時間，因為他那陣子轉貼的新聞實在太多了。我也曾封鎖過一些和我在許多議題上立場相近的朋友，只因為他們太常在網路上參戰。即便有人是為了「正義」而戰，但那種四處爭辯、處處激化衝突的做法，還是會讓人感到厭煩。

我曾與心理治療師路薏絲聊過，她經常協助案主設定界限來控制資訊攝取量。她也建議封鎖那些經常在網路上吵架或大量分享負面內容的人。她自己也是這麼做的。

「我前陣子才盤點了自己的社群媒體，把一些內容刪除及退追，」她告訴我。「現在我的臉書上，只會看到其他音樂治療師分享的文章，就這樣，沒了。現在臉書對我來說，只有這個用途。有時候你真的得說，『這是我的私人空間，我希望它保持乾淨。』」

許多人擔心封鎖朋友或熟人會顯得「失禮」，就像現實生活中的冷戰。但事實上，在社群媒體上追蹤某人，意味著你會整天接收到他們的想法和貼文，甚至是在你私人或休息的時刻。你沒有義務讓同事在半夜跑進你家裡咆哮其政治主張，也沒有必要讓極端言論、網路口水戰，甚至戰爭、疾病或環境崩壞的影像，從早到晚充斥你的心靈。

掃過新聞標題就好，無須逗留

路蕾絲推薦的另一種做法，是只要瀏覽新聞的標題就好，不必鉅細靡遺地把所有內容照單全收。與其追蹤每則報導的所有細節，她主張我們只要每天大致掃過日常時事的摘要，有個概念就好。看完重點，你就可以專注於自己的生活。

「我會鼓勵大家，只要看大標題就好，」路蕾絲說，「除非是和你密切相關的議題，否則看標題就很夠了。你只要告訴自己，『OK，來龍去脈大致了解了，現在我要去忙自己的事。』」

當然，每個人都有自己特別關心的議題。雖然我在推特上封鎖了「恐跨性別」的極端分子，但對於跨性別權益與安全相關的新聞，我還是希望能全面掌握。針對這種情形，路蕾絲建議，最多挑一兩個議題「深挖」，而且最好選擇自己有時間和精力投入的主題。

「遇到真的觸動你的事情，不管是氣候變遷、家庭暴力，還是其他任何議題，我都建議你只要專注於一兩個議題去投入心力即可。」

按照這樣的方式，你就能減少對資訊的攝取量，同時也能緩解負面新聞帶來的無力感。當我們把能量與注意力集中在少數議題，並採取積極的行動去解決現實問題時，就會漸漸不再感到被資訊淹沒。專心處理那些自己有能力撲滅的小火，我們就不會再覺得這個世界處處都是燒不完的垃圾山。

對「評論區文化」說不

網路評論區總是充滿人氣，那兒是許多人關心、經常點閱的地方。根據「參與式新聞計畫」（Engaging News Project）的調查顯示，有53.3%的美國人會定期在網路新聞的頁面下方撰寫評論，或閱讀其他網友的留言。[28] 不過，雖然評論區如此熱門，不少人卻也表示，他們覺得那些評論內容往往充滿攻擊性，因此評論區也成了讓人備感壓力的空間。

評論區之所以存在，是因為它們能夠帶動網站流量，提升網站的品牌忠誠度。[29] 一篇新聞若沒有評論區，普通讀者多半只會點開、瀏覽一次就關掉；但如果有評論區，同一批讀者可能會為了看新評論、回覆他人，甚至參與數小時的筆戰而多次回訪。每次有人回到新聞頁面留言，網站就能多累積一次瀏覽數，而瀏覽數增加就意味著廣告收益提升。因此，大多數網站都樂於用聳動的標題製造爭議，吸引大量憤怒的評論，並讓網友們在底下吵個沒完，因為其背後能為網站帶來實質利益。

> 大多數網站都樂於用聳動的標題製造爭議，吸引大量憤怒的評論，並讓網友們在底下吵個沒完，因為其背後能為網站帶來實質利益。

多數人表示，他們留言主要是為了表達自己的意見，而不是為了向他人學習或被說服。[30] 像我和諾亞這樣的人，有時會被捲入毫無意義的網路口水戰，但這種爭論幾乎從未讓我們學到新東西，也很少真的教育到任何人。評論區本來就是為了操弄我們的情緒而設計的；它鼓勵的是衝動與憤怒。因此，別再沉迷評論區了，不如開始嘗試和意見不同的人進行一對一的私人對話。如果你真的想表達立場，不妨自己寫一篇文章或貼文；但別浪費時間理會那些只想把人惹毛的人。如果你發現自己很難做到這點，不妨試試一款名為Shut Up:Comment Blocker的應用程式，這個工具可以讓大多數網站的評論區徹底消失。[31]

睡前不要看新聞

研究顯示，看太多電視新聞（尤其是報導創傷性事件的那種），會導致焦慮症狀增加。[32] 閱讀網路新聞也有類似的效果：頻繁暴露在新聞報導中，會讓人恐懼感上升，並扭曲對周遭環境危險性的認知。[33] 這些發現使得一些醫學專家，例如臨床內科教授安德魯・韋爾（Andrew Weil），建議我們應該定期做「新聞齋戒」（news fast）。[34] 根據韋爾教授的說法，一次新聞齋戒應該持續幾天到一週，這段期間應該將注意力集中在當下的現實和周遭的環境上。路薏絲的建議則更溫和、也更容易實踐：只要別在睡前看新聞就好。畢竟躺在床上的你無論再怎麼焦慮，都不可能對解決社會問題有任何貢獻。

「我只是覺得，時時刻刻都對世上發生的壞事瞭若指掌，並不是一件健康的事，」路薏絲說。「而且，最近的新聞內容真的很駭人。其實這些醜陋的消息一直都存在，只是我們以前沒辦法像現在這樣，隨時接觸到這類資訊。」

就某方面來說，「新聞齋戒」這個概念讓我聯想到弗列德．布萊恩對「冷卻快樂」（dampening happiness）的研究——老是擔心那些不一定會發生的最糟狀況，只會讓我們無法專心享受當下的生活。相較之下，更健康的做法是活在當下，把注意力放在真正有用的資訊上，去面對我們身邊那些真正處理得了的問題。

資訊減量，意義至上！

每當我們接觸到新的事實或觀點時，大腦往往只會用非常表面的方式來評估。[35] 在我所處的社會心理學領域裡，有句老話說：「理解某件事的第一步，就是假定它是真的。」在剛接觸新觀念的時候，我們總是會顯得比較「好騙」，較少去批判它。只有在花時間反思新知後，我們才能對它進行更深入的解讀。

投入時間仔細思考資訊，可以讓我們做到：重新檢視原有的成見；發掘他人論述中的漏洞；以全新角度去看待熟悉的概念。有些學者把這個思考過程稱為「闡述」（elaboration）。[36] 對新資訊進行闡述，是很費心力的工作。人在分心、疲倦與苦於嚴重資訊過載的狀況時，要真正做到「闡述」就更困難了。[37]

真正重要的，是我們做一件事的品質和背後的意圖，而不是逼自己要多拼，或給自己多大的壓力。

以一種較為緩慢、用腦深思的態度來學習，能幫助我們變得更有思考力與批判性，同時也有助於減緩焦慮。作為一名教育工作者，我注意到，當我試圖讓學生一次記住過多資訊時，他們最後幾乎什麼都沒能學會。但如果我慢慢帶領課程，給同學充足的時間去消化、討論，甚至提出質疑，那麼他們對課程的理解就會更深刻，也更能內化為自身的收穫。真正重要的，是我們做一件事的品質和背後的意圖，而不是逼自己要多拼，或給自己多大的壓力。若想減少資訊的攝取量、讓吸收更有意義，我們可以嘗試以下幾個方法。

訓練主動式閱讀

主動式閱讀的對照組，是許多人在網路上那種瘋狂的「末日狂刷」（doomscrolling），也就是不停瀏覽各種負面新聞。和拼命把資訊塞進腦裡不同，主動式閱讀強調慢下來、有意識地將資訊拆解較小的段落。這麼做，能大幅提升你有意義消化所讀內容的機會。我會將主動式閱讀推薦給許多學生，尤其是那些闊別校園多年的同學，但其實這是一項極其寶貴的技巧，對所有人都大有助益。主動式閱讀的實踐，包含以下六項技巧[38]：

1. **視覺化文本所描述的內容**：讀完某個段落之後，你可以放慢腳步，試著在腦海中建構剛才讀到的情景。對於複雜或科學性的主題，則可以查找相關影片或圖表來幫助你將文本所述的現象視覺化——或者你也可以試著自己動手畫畫看。

2. **釐清令人困惑的段落或陌生的詞彙**：遇到不明白的內容時，你可以放慢速度，把不懂的字彙謄抄下來，每讀完一頁就花點功夫去翻查字典。

3. **質疑作者的假設與觀點**：思考作者為什麼要選用文本中的例子，檢視其資料來源是否可靠，判斷其可信度，並思考作者寫作的目的與用心。

4. **預測後續的發展**：每讀完一個段落，寫下你對接下來的內容發展有什麼預期與疑問，看看自己能否推測出作者的思路。

5. **將所讀內容連結到你已知的事物**：這篇文章是否跟你原有的認知相符？是否可以延伸到其他主題或議題？還有誰可能會對這篇文章的內容感興趣？

6. **評估書寫的品質**：這段文字有說服力嗎？閱讀起來順暢嗎？內容是否忠於事實？即便你不完全認同作者的結論，你是否能理解他的看法從何而來？

我們只要一不小心，就容易被網路上不斷湧現的資訊分散注意力，進而養成不良的閱讀習慣。和所有人一樣，我有時也會忍不住想拼命把所有文章讀完，把腦袋塞滿沒時間深思的各種表面知識。如果你和我一樣，時常苦於「資訊過載」，那麼就可以運用上述方法來放慢步調，更有意識地去消化自己所讀的內容。

進行（即時性的）對話

網際網路帶來無窮無盡，讓我們跟他人爭執與被誤解的機會。過多的口水戰其實會產生反效果——讓人更不願意對意見不同的人敞開心胸，畢竟一直在吵架，自然會對溝通的前景感到更加悲觀。[39] 而實驗性質的研究顯示，當兩人在私下針對分歧討論時，他們的主觀滿意度往往會高於在網路評論區等公開場合的對話；而且私下交談時，雙方會覺得彼此更親近，也更有意願跟對方分享個人的資訊。[40]「即時對話」所蘊含的溫度與情緒層次，有助於讓兩人找到共識，也有助於建立友誼與相互尊重。

山姆最近學到了這一點，因為他在一場文字訊息大戰後和他姊姊見了面。山姆和姊姊經常透過簡訊吵架。「我會對我姊說，我希望能在聖誕派對上見到她，」山姆說，「而她會覺得我是在反串或是在酸她。即便我在訊息中秀出笑臉，她還是會覺得我是在嘲弄她！但反過來說，我也覺得她很多時候是在酸我或笑我。任何一個小動作，都會讓我很玻璃心。」

儘管兩人之間積壓了這麼多令人受傷與含恨的芥蒂，山姆只要和姊姊面對面，心情就能瞬間放鬆下來。「實際上跟姊姊相處、面對面看著她時，我腦海裡那個可惡的她就消失了，」山姆說。「現實中的她，如果說了太過分的話會主動道歉，場面尷尬時還會露出靦腆可愛的笑容。比起遠距離對話時總有翻不完的舊帳可以吵，近在眼前的她根本很難讓人一直生氣下去。」

把網路上的衝突帶到現實生活中，確實有助於化解緊張和釐清誤會。但若無法真的面對面，也可以考慮將文字訊息等「冷」媒介，轉換成視訊會議這類「暖」媒介。我自己就曾靠著這種方式，幫助焦慮的學生與陷入口角的同事們冷靜下來。就像山姆和他姊姊，多數人在能夠看見和聽見交談對象時，要持續憤怒下去其實並不容易。

當然，這個建議並不適用於所有衝突。比如說，如果我是在跟新納粹分子或認為女性天生不如男性的人爭論，那麼跟對方見面與否對結果並不會有什麼幫助。有些分歧，在某些狀況下我們就是不可能（也不應該）追求和解。但只要不涉及生死攸關的爭議，且雙方都有心想理解彼此，當面（或即時）的溝通通常都能有效化解衝突。

學會接受「不知道也沒關係」

面對「想過度攝取資訊」的衝動，最根本的解方，就是學會接受——人不需要什麼都知道。身處在一個被「懶惰的謊言」荼毒的世界裡，我們總是能感受到隨時要自我提升的巨大壓力。許多人只要醒著，就想馬不停蹄地去追求工作、成就與新技能。其背後的邏輯是：我們愈努力提升生產力、愈精進自己，就愈能為社會帶來價值。但其實，我們的心靈也需要時間充電；我們的人生在那些不為生產力而活的時刻，反而會變得更有活力、更有樂趣。更何況，要求自己什麼都精通，本就既傲慢又不切實際。更健康的做法，是對自己的「有限」保持謙遜。

在網路世界裡，我們不斷被要求要分享意見。推特、臉書、IG都鼓勵我們隨時分享近況與想法，幾乎每個網站都設有評論區，彷彿唯恐我們沒有地方發聲。「評論文化」教會我們要多說少聽，只憑標題就急著下判斷，也鼓勵我們在缺乏相關專業時就搶著發言。[41] 其實，我們完全不用對世上每一件事都有意見。我們可以選擇當一個好整以瑕的閱聽者，認真思考後再適時參與討論。各種研究都顯示，面對議題時採取更有意圖的開放心態，能減輕我們壓力，同時也能讓我們成為更適任的公民及更負責任的資訊消費者。知識的確能賦予我們力量，但前提是我們要花時間，以負責任的態度來運用它。

專注在「你控制得了」的事情上

2020年1月，諾亞和我在電郵裡，為了「個人該採取哪些行動來減緩氣候變遷」這個問題爭論了一番。諾亞很沮喪，因為他看到朋友和同事，幾乎沒有人願意為了環境去改變自己的生活方式。

「我看到這種觀念在左派、進步派的圈子裡大行其道，真的讓我很挫敗，」他在信裡寫道。「那些人總是不斷強調，現在無論做哪些選擇，對環境而言都已於事無補。但我還是不懂，為什麼這可以成為大家什麼都不做、不去檢討自己的藉口？」

我回信給諾亞，說我能理解為什麼大家在對抗氣候變遷時會這麼挫折、這麼無力。畢竟，要真正做到「生態友善」，就得面對各種困難，耗費不少時間和金錢。甚至，就算我一輩子都過著「綠色」生活，也可能抵不過某個有錢人一天的破壞。更別說新聞裡一再強調氣候變遷的嚴重性，常常讓努力的人覺得希望渺茫。在這種情況下，很多人選擇放棄、什麼都不做，也就不難理解了。

「這個道理我懂；這確實不是一個可以單靠個人的選擇去解決的問題，」諾亞回信說。「但我想說的是：在這個議題上，我看到大家彼此勸說『個人行動已經沒有用了』，但我不覺得這能成為我們不盡一己之力的藉口。至少在其他社會議題上，很少見到這種消極的氛圍。」

我和諾亞為了這個問題一來一往的討論。他認為，社會應該更積極教育大眾，並鼓勵大家用更健康的方式去實踐對生態有益的生活。我則認為，要動員民眾去做出改變實在太難了，因為新聞裡關於氣候變遷的報導，經常把它呈現成一種龐大而抽象的恐懼，讓人覺得個體根本無能為力。最後我們結束了這串愈吵愈激烈的電郵討論，因為我們的情緒都上來了。堅信自己沒錯的我，退出了兩人的對話。

沒想到，緊接著COVID-19就襲擊了美國，這讓我大吃一驚。我完全沒預料到，身邊的人會在疫情來臨時反應得這麼迅速、這麼無私。甚至還沒等到法規頒布，我的朋友和鄰居就已經自發性的開始自我隔離；地方的劇院、酒吧主動取消現場演出，為的是減少群聚；餐飲業者則開始免費外送餐點給長者和剛失業的人。對於那些不願意保持社交距離的人，大家也都給予溫暖但堅定的勸說。這一連串又快又廣的集體反應，只花了幾天就展開，甚至比政府的正式隔離規定還要早一步落實。

一如氣候變遷，新冠肺炎最初也只是一種相當抽象的恐懼。它同樣讓人一想到就心生不安，而且我們也都明白，嚴重的破壞幾乎無法避免。關於名為COVID-19的災難會如何發展，新聞裡呈現的也是各種末日般的預測，這一點和氣候變遷如出一轍。但不同的是，這一次，美國人很快就動了起來，大家抱著責任感，展現出無私的一面，積極投入防疫行動。這和過去多年來對氣候變遷問題表現得相對冷淡的美國人，簡直天差地遠。

我認為其中最主要差別在於，面對新冠病毒時，美國人覺得自己有能力做出有意義的選擇。隨著疫情蔓延，恐懼不斷升溫，但與此同時，人們也愈來愈清楚自己能夠採取哪些積極的行動，來減少這場災難的衝擊。跟最壞狀況有關的新聞，像是新冠病毒如何重創義大利，的確讓許多人心生恐懼，但南韓、台灣等國的防疫表現則成了關鍵的勵志範例。在那些嚴肅面對疫情的國家裡，數以千計的生命因此得以保全。新聞固然不斷播報令人焦慮的末日訊息，但同時也為我們捎來了希望。

沒有人不會因COVID-19的壞消息而感到焦慮，但我們也都知道該去哪裡尋找建議、瞭解該怎麼做。我們需要採取的防疫步驟既明確又可行，而且我們很清楚，身邊的每個人都在做這些事——待在室內、戴上口罩、為長輩送生活用品、保持六英尺的社交距離。這些建議，和那些末日預言一樣，透過媒體廣為流傳。只不過，這次新聞沒有讓我們癱瘓在焦慮裡，反而成功動員了我們。大多數人都樂於響應這種集體行動，並在面對這樣巨大的問題時，因為終於有「可以掌控」的部分，而感受到一絲慰藉。

疫情爆發兩週後，我就寫信告訴諾亞，我收回我之前那些「對抗氣候變遷無望」的說法。

「個人確實有能力團結在一起，去造成改變，」我對他說。「只要相信自己的選擇有意義，而且知道自己並不孤單，這樣就行了。」

資訊可以讓人產生動機，獲得啟發。知識雖然有可能導致人的偏見和恐慌，但也能經由分享，去激發思辨與謹慎的決策。雖然網路讓我們習慣於不間斷地接收各種低品質資訊，但我們完全不需要因此變得被動。主動為自己設下資訊的數量與類型限制，絕不是「懶惰」；事實上，這麼做反而是在為社會大眾提供一項不可或缺的公共服務。

第六章

如何戒斷有毒的人際關係？

Your Relationships Should Not Leave You Exhausted

葛蕾絲對她的母親希薇雅頗有微詞，而且已經到了三不五時就在抱怨的程度——因為她的母親不但愛多管閒事，又喜歡搞破壞。希薇雅最擅長的，就是讓女兒感到自卑又沒有安全感。放眼葛蕾絲的人生，母親一直都在扮演一個「看什麼都不順眼」的角色。葛蕾絲曾為了當上社區管弦樂團的第二小提琴手而興奮不已，但母親卻問她「什麼時候才能成為首席」。母親還時常郵寄一堆不知所云的禮物給葛蕾絲，即便葛蕾絲對那些東西一點興趣也沒有，但只要葛蕾絲沒有第一時間打電話表達謝意，母親就會生氣。希薇雅希望身為母親，自己理應要不停獲得女兒的讚美和肯定，而葛蕾絲實在很難滿足她的期待。

「我媽只要一遇到什麼不順心的事，就會馬上打電話過來，」葛蕾絲說，「而且幾乎每次都是用那種命令的語氣，要我說她是一個好媽媽。她會把自己做過的那幾件好事全都搬出來——像是帶我們全家去迪士尼樂園——然後一一問我，那不是很開心嗎？我這個媽媽對你們兄弟姊妹不好嗎？只要我沒拼命說她的好話，她就會開始冷淡，或者說一些真的很傷人的話。」

雖然希薇雅有時真的很難搞，但她也不是一無是處。身為腫瘤科護理師的她，平時深受病患和家屬愛戴。每當葛蕾絲有小提琴的演出，希薇雅也總是會特地排開行程，飛到芝加哥為女兒加油。只要有外人在場，希薇雅看起來就是個溫暖、自豪的母親，對才華洋溢的女兒讚譽有加。表面上，希薇雅確實是一個懂得關心跟付出的人，但每當葛蕾絲和母親互動的時候，葛蕾絲都會覺得她是一個會把自己情緒吸乾的吸血鬼。

這種情況在去年夏天達到了谷底。那時葛蕾絲剛開始一份新工作，結果她母親和十三歲的妹妹竟然在她第一天上班的早晨，完全沒打過招呼就拖著行李出現在她家門口，還說這是要給她一個「驚喜」。

「我真的差點當場嘔吐在她們身上，」葛蕾絲說。「我媽就站在門口，臉上一副理所當然的樣子，彷彿她跟我妹就該直接住進來，完全沒問過我願不願意。她當然也看得出來，我根本沒有表現出她預期的——你懂的——那種被驚喜到的表情。當她發現我一點都不感激她時，馬上就開始不爽了。」

葛蕾絲還是讓母親和妹妹進了公寓，硬著頭皮擠出笑臉，但傷害已經造成。她內心滿是焦慮：我要怎麼準時去上班？室友會不會因為這兩個不速之客生氣？希薇雅看出了葛蕾絲的心思——她原本預計這趟「驚喜」之旅能收穫滿滿的感激和讚美，如今顯然是要落空了。於是她開始暴跳如雷。

「從頭到尾，我媽幾乎都在沙發上生著悶氣，」葛蕾絲說。「我試著約她一起吃晚餐，也主動說要帶妹妹去博物館，甚至午休時還特地趕回家陪她們，雖然那其實讓我壓力很大。但無論我怎麼做都沒有用。我媽早就認定我是個不懂感恩的人，所以她整趟旅程都在折磨我。接下來的三個月裡，我幾乎天天都在跟她道歉。」

在跟我說這件事的同時，葛蕾絲的手機響起，她收到了母親的訊息。她把手機螢幕秀給我看，然後嘆了口氣、翻了個白眼。她很清楚，她和母親之間這種一面倒的關係其實很不健康。但就算如此，她還是暫停和我的對話，轉身去回母親的電話。我看著葛蕾絲在人行道上踱步，一邊向母親保證自己會回家過感恩節，還一再強調自己真的很期待——雖然她臉上的神情，明顯充滿了痛苦。

我們許多人都陷在這種失衡的關係裡。面對那些對我們抱持過分期待的人，我們往往不知道該怎麼開口說「不」。為了不讓別人失望，我們拼命幫忙解決他們的問題；為了不麻煩伴侶或室友，我們默默承擔全部家務。明明付出了這麼多，卻連請對方幫忙分擔一點事，都會讓我們害怕到連想都不敢想。

「懶惰的謊言」已經深深侵蝕了我們對「健康界限」和「合宜付出」的認知。當我們相信，只有拼命工作才算是人生真正的「美德」；當我們以為，必須付出一切才能換來被愛的資格，那麼對我們來說，劃出界限就會變成一件極其困難的事——即使對象是我們最愛的人也一樣。就像我們不知道該如何爭取減少不合理的工作量一樣，我們也往往不知道該如何從那些讓自己不舒服的社會期待中抽身。許多時候，我們甚至會覺得，自己根本沒有資格去劃出任何界限。

大多數人都會在整個週間，選擇性忽略自身對休息和放鬆的渴望，只因為「懶惰的謊言」告訴我們：自己的感受是軟弱的象徵，不值得信任。這種對自身需求的忽視，往往也會滲透到我們的私人生活，讓我們難以對那些一再消耗我們能量的人說「不」——我們對「忽視自身需求」已太過熟練，甚至往往無法察覺某段關係其實正在傷害自己。結果就是，我們反覆地被剝削、被操弄，得不到應有的滋養與支持。

身為一個接受過幾年心理治療的成年人，葛蕾絲已經意識到母親的行為並不恰當。她也知道，每次和母親講完電話，自己都會陷入好幾個小時的低潮。但做了一輩子希薇雅的女兒，葛蕾絲早已習慣了把想說的話吞進肚子裡、拼命討好母親。對她來說，要直接質疑或反抗希薇雅的不當行為，至今仍是難以想像的

「懶惰的謊言」已經深深侵蝕了我們對「健康界限」和「合宜付出」的認知。

事。「我媽把我養大，還讓我順利念完大學，」葛蕾絲說。「我做不到把她丟在一邊，好像她是垃圾一樣。我真的很愛她。」

很顯然，在葛蕾絲的認知中，「推開母親」幾乎就等同於把至親當成垃圾看待。人一旦從小習慣優先考慮他人的需求，就很容易誤以為「擁有自己的需求」是一種自私的表現。

在《情感不成熟父母的成年子女：如何從冷漠、拒絕，或以自我為中心的父母中治癒自己》（*Adult Children of Emotionally Immature Parents: How to Heal from Distant, Rejecting, or Self-Involved Parents*）一書中，心理學家琳賽·C·吉布森（Lindsay C. Gibson）指出，「孩子如果無法從父母那裡得到充分的關愛，就會認為自己唯一配得上的關係，就是那些不平衡的關係。」她在書中寫道：

> 情緒上的孤獨是如此痛苦，以至於經歷過這種孤獨的孩子，會無所不用其極地去追求某種連結……這些孩子會學著優先滿足他人的需求，將之當作是進入關係的入場券。[1]

雖然吉布森的著作主要聚焦於親子關係，但她也指出，類似的動力同樣會出現在戀愛和友誼關係中。一旦我們相信「被愛的唯一方式」就是去取悅別人，最後就會陷入各種任人予取予求的關係裡——永遠付出的比得到的多，也永遠無法讓自己被真正看見。

葛蕾絲就是這樣的人。在她與人合租的四房公寓裡，只有她一個人會主動去打掃公共空間。她會定期讓朋友搭便車、載著大家到處跑，會在吃吃喝喝時幫朋友墊錢，還會花一整個晚上的時間聽親朋好友傾訴煩惱。當然，為了重要的朋友或家人付出，並不是什麼壞事，問題是葛蕾絲的付出幾乎都是單向的，從來得不到回饋。她只會像著了魔一樣持續付出，卻從來不懂得開口尋求對等的支持。她告訴我，這讓她感到非常孤單。正如吉布森所寫：「掩蓋住你最深層的需求，只會讓你無法與人建立真正的連結。」

人類本來就需要相互依賴，唯有藉由社會連結與社區關係，我們才能好好活下去。然而，許多人都深陷於「害怕讓別人失望」的恐懼，於是一路妥協自己的價值，過程中也犧牲了自己的幸福。「懶惰的謊言」則變本加厲地鼓吹這種痛苦的自我抹滅，它讓我們相信：一個人的價值，完全取決於你能為他人做些什麼。

要真正建立起真誠且安全的人際關係，我們必須學會「習慣讓人失望」——不要覺得這是一件很嚴重的事。我們必須能在一段關係中說「不」，就像我們必須學會調整那些令人喘不過氣的工作量與責任一樣。情緒上的過勞，其實和職場過勞一樣具有殺傷力。無論面對哪一種過勞，解決之道都在於接納自己的真實需求，並停止擔心：說「不」會讓自己顯得很懶惰。

面對「高情緒需求」家人的策略

和葛蕾絲一樣，布萊恩也經常感受到來自父母的巨大壓力——他的父母總是期待他付出大量時間和精力來陪伴他們。每當身為化學研究員的他好不容易從高壓的工作中休假，父母就會希望他立刻搭機返家探望二老。這麼多年下來，這樣的期待也讓布萊恩的婚姻關係承受了很大的壓力。他和妻子史黛芬妮，已經好多年沒能一起去度假了。甚至連他們的婚禮，布萊恩的爸媽都堅持要在離他們現在住的聖路易有好幾州遠的老家舉辦。這一切，讓史黛芬妮近期來到崩潰邊緣。

「她忍不住脫口而出：『你到底是和我結婚，還是和你爸媽結婚？』」布萊恩說。「她還翻出許多舊帳，抱怨我老是放下手邊的事去幫爸媽的忙，就算把她一個人晾在家也在所不惜。」

一開始，布萊恩其實很防備。史黛芬妮出身於美國中西部的白人家庭，而布萊恩則有韓裔背景，雙方家庭的觀念截然不同。起初，妻子抱怨他的家人要求太多，他只當那是妻子不了解雙方文化的差異。但時間一久，布萊恩也開始思考，或許有些抱怨其實並非全然沒有道理。

「或許我們之間，可以努力找出一個中間地帶，」布萊恩說。「我當然希望我爸媽需要我的時候，我可以在他們身邊。因為我想讓他們知道我愛他們，也絕不會在任何情況下拋下他們。但坦白說，我真的從來沒有對他們說過一聲『不』，也從來沒有為自己保留一點空間。也許，現在該試著稍微把連繫雙方的那條線鬆開一點了。」

凱西・拉布里歐拉（Kathy Labriola）是一位在舊金山灣區執業的心理諮商師。幾十年來，她治療過許多個案，這些人的問題往往在於，他們會為了滿足他人的需求，把自己累到精疲力竭。「很多人都對他人的認同上了癮，」她說。「我覺得多數女性都有這個傾向，但其實這並不是女性的專利。許多人都會主動尋找機會，去滿足自己那種『能為他人所用』的需求。」

從1980年代以來，凱西就一直在協助案主培養自信，並試著重塑他們失衡的人際關係。她給出的多數建議，通常都是相對細微且漸進的步驟，讓當事人能夠逐步減少對他人的過度承諾。這些步驟既不戲劇化，也不是要你去大肆宣洩情緒；案主並不需要和那些長年情勒他們的親友攤牌。實際上，凱西建議案主：要用新的、更有效的行為模式，一步步取代過去那些無效的人際互動習慣。

莎朗・葛拉斯彭（Sharon Glassburn）也採取了類似的觀點。她也建議案主以漸進的方式去調整人際關係的互動節奏。

「很多人都以為只要劃出界限，就會引發什麼驚天動地的衝突，」她說，「但其實多數時候，劃出和親友的界限，是一個需要時間、必須逐步落實於日常生活的過程。」

整體而言，莎朗與凱西給案主的建議大致可以分為三個面向：第一，挑戰對方賦予你的期待；第二，練習讓對方失望；第三，持續練習說「不」，就算自己像跳針的唱片一樣重複說「不」也沒關係。

把彼此的期待說清楚

那些很難伺候的傢伙，常常認為你會無條件滿足他們的需求，但他們很少會把這些期待明講出來。因此，當案主陷入這類關係時，莎朗會建議他們主動邀對方坐下來，把彼此的期待說清楚。「我們進入一段關係時，往往沒有把彼此的期待說清楚，」莎朗說。「有時候，光是把對方的期待攤開來討論，就可能帶來很大的改變。」

以布萊恩為例，這就需要他直接跟父母表明：你們的要求真的太多了。「我必須告訴他們，在我的同事裡，並不是每個人每逢連假都會回家陪爸媽，」他說。「雖然這並沒有改變爸媽對我的期待，但至少能讓他們理解為什麼我無法再那麼常回去看他們。這也讓我更覺得自己是個講理的人。」

在朋友關係中，我們不太會把「彼此的需求」和「能付出多少」說清楚，但莎朗指出，把這些話說開，往往能化解許多衝突，也能讓雙方更明白彼此的差異。「有時候，單純坐下來聊聊：『你對我有什麼期待？我又需要什麼？』，其實就有很大的幫助。」她這麼告訴我。

如果你發現對方的期待過高，或是彼此的需求根本不契合，那麼你就可以慢慢減少對這段關係的投入與承諾。

提醒對方：我不會再隨傳隨到

凱西・拉布里歐拉建議，對於重要的親友，你最好先提醒他們：未來你可能不會再像過去那樣隨時待命。這種「提醒」並不代表要和對方撕破臉，你甚至不需要把話說得太白——適當找一個溫和的理由，有時候反而能發揮更好的效果。

「我的建議是，你可以跟家人說你最近有些事情要處理，接下來可能比較沒有時間，」凱西說。「這等於是提前向他們預警，讓他們知道這不是在針對他們，而是你真的沒辦法像以前那樣隨傳隨到。」

對很多人來說，「忙」是一個非常實用的退路。有時候，只有用「工作很忙」這種理由，才能讓對方聽懂你為什麼沒空。因此，如果遇到不太尊重你情緒界限的人，其實也可以善用「忙」這個理由，幫自己爭取更多自主空間。

這種戰術對布萊恩來說特別管用。他爸媽其實並不太尊重他或媳婦的需求，但對布萊恩的高壓工作卻相當買單。所以他學會了把「工作」當作擋箭牌。「有時候我真的沒力氣跟我爸媽五四三，我就會跟他們說我今晚要加班，」他說。「有一次我還跟他們說我有個會要開，但其實我是要跟史黛芬妮去露營。只要拿工作當理由，他們就不會生氣，也比較不會覺得我是在針對他們。」

> 如果遇到不太尊重你情緒界限的人，其實也可以善用「忙」這個理由，幫自己爭取更多自主空間。

從小事開始說「不」

要重新訓練一個人調整他們對你的期望，這絕不是一蹴可幾的事。事實上，我們自己要學會不再對所有請求一律反射性的答應，這也需要時間去適應和練習。

凱西的經驗是，最有效的做法就是從小事開始拒絕，特別是那些就算拒絕也不會釀成嚴重衝突的事情。「你可以先從小事開始練習說『不』，」她說，「因為拒絕小小的要求不會有太大的壓力，後座力也較小。先留意對方（討厭鬼）的要求裡，有哪些是屬於無關緊要的小事——像是搭你的便車去機場——從這些事開始練習說『不』。」

從小事開始說「不」，可以作為前述建議的良好配套。如果你已經事先提醒對方，自己有很多事要忙，沒辦法再像過去那樣隨傳隨到，那麼萬一對方只是因為你對小事說「不」而生氣，你也不會因此啞口無言。隨著時間拉長，你會發現自己能拒絕的請求種類會愈來愈多。這是捍衛自我權利的一個很好的練習。

說到捍衛自我權利，葛蕾絲就是最需要這項練習的人，否則她遲早只能一輩子被母親操控。她的心理師建議她，「每週至少要讓親友失望一次」，而她也真的照做了。一開始，她拒絕的都是一些雞毛蒜皮的事，但這也讓她看清了自己身邊，究竟哪些人才是真正在意她、會為她著想的朋友。

「有些人會因為我不再免費載他們、不再隨傳隨到，就瞬間消失得無影無蹤，」她說。「但也有人不會因此放棄——我跟我朋友菲爾說，以後不能每次他想見面我就得專程去接他，結果他開始直接搭Lyft來找我，還一副沒事的樣子。這讓我明白，菲爾不是只是想占便宜，他是真心想維持跟我的關係。」

只不過，在某種人際關係中，這種轉變並不總是會如此順利。有時候事情進展會不如預期，像葛蕾絲就必須學著更強硬一點，適時表明自己的需求和界限。

別怕當「跳針的唱片」

當你開始設下新的界限，對方出現抗拒反應是很正常的。為了堅守自己的立場，你往往得一而再、再而三地說「不」，並重複用你編好的「標準理由」來回應。「我把這招稱為跳針唱片法，」凱西說。「你就是得不斷告訴他們同一件事。最終他們才會把你的話聽進去，但這需要時間。畢竟你的『人設』已根深蒂固，不可能要他們馬上適應你的改變。」

凱西自己就曾經歷這個過程，對象是她其中一個妹妹。過去，妹妹總覺得凱西會一直把她當小孩寵著，凡事照顧、處處包辦。但在幾十年的使命必達之後，凱西終於意識到事情必須有所收斂。

「大約二十年前，我開始嘗試改變我們的關係，」她說。「這個過程其實花了很多年。我被我妹牽著鼻子走，前前後後已差不多有四十年，所以我不可能期待只說了一次『不』，她就馬上接受。她一直覺得我應該幫她做任何事——她會這麼想也無可厚非，畢竟我一直都是這麼做的，不是嗎？」

二十年後的今天，凱西的妹妹已經不再操控她，也不會再像從前那樣對她提出過分的要求。相較之下，布萊恩還處在這個過程的早期階段——他今年才開始學著拒絕父母的要求，但也已經慢慢看見一些成效了。「我媽問我和史黛芬妮，今年的聖誕節有什麼計畫，」他笑著說，「而不是直接問我們預計何時會回去。或許這聽起來沒什麼大不了，但對我來說這真的很重要。他們這次並非預設我們一定會回老家。」

當然，這不代表布萊恩已經可以鬆懈了。他的父母仍時常想和他在電話裡聊上好幾個小時，或是希望他分享「超出他想分享範圍」的生活近況。每當遇到這些情況，布萊恩就會再次使出「跳針唱片法」。「我只能一遍又一遍地對他們說，抱歉，我現在很忙，但我真的很愛你們，」他說。

減輕「看不見」的生活重擔

芮莉和湯姆的婚姻，差點毀在了一堆紙箱上。

「他從來不會主動收拾東西，非得我開口提醒他才會動，」她抱怨起自己的另一半。「老實說，每次都要我提醒他，真的讓人心很累。我又不是他媽！」

芮莉和湯姆從大學時代就在一起了。這些年來，兩人已經養成了一種不太舒服、卻又再正常不過的相處模式。他們都有全職工作——芮莉是公立小學的老師，湯姆則在科學博物館上班。下班回家後，芮莉會抽空把家裡收拾乾淨，像是把吃完的外賣盒清掉、打掃玄關、把髒襪子丟進洗衣機。至於湯姆，通常是直接癱在沙發上玩「麥塊」（Minecraft）。

有一天晚上，較晚回家的芮莉發現，湯姆把一堆紙箱留在廚房流理臺上。原來那天有許多亞馬遜的包裹到貨，他把拆完的紙箱全都堆在那裡。

「我決定要測試他一下，」芮莉說。「我想看看如果我什麼都不說，他會讓那些紙箱放在那裡多久。」

就這樣幾個禮拜過去了，芮莉什麼都沒說，湯姆也什麼都沒做。等到又有新的包裹寄來時，湯姆就繼續把新的紙箱往上堆。灰塵開始在紙箱上堆積，但他一點都不在意。過了一個月，流理臺已經髒到無法使用，湯姆甚至開始在客廳的咖啡桌上準備食物。

等到這個實驗過了兩個半月，芮莉有天回家，看到湯姆坐在電視機前切菜，綠花椰滾到了地毯上，而廚房的紙箱還是好端端地堆著。她終於爆發了。

「我對著他大吼，還講了很難聽的話，」她說，「難聽到我現在還得為此跟他道歉。但是當我告訴他，就是那堆該死的箱子讓我那麼生氣時，他卻只是淡淡的說，『是嗎？那妳為什麼不早點告訴我？』」

有很多年的時間，芮莉都默默承受著社會學學者所說的「第二輪班」（second shift），也就是女性普遍在下班回家後，還得再投入數個小時處理家務和打掃。[2] 女性經常面臨一種無形卻強大的壓力——必須負責把家打理好、規劃家計、處理各種瑣事，而家中的男人則相對輕鬆。[3] 包含芮莉在內的許多女性，一整天都得繃緊神經，惦記著家裡有哪些待辦事項，但和她們同住的男人，卻可能連「家裡有一張會不斷變長且非處理不可的待辦清單」這件事都不知道。如果女性忍不住為了這種勞逸不均去找男人算帳，男人最常講的就是那句令人火大的話——那妳為什麼不早點告訴我？[4]

「第二輪班」的現象並不僅限於親密關係。葛蕾絲在她的出租公寓裡包辦了全部的清潔工作，因為她的三位直男室友完全不會主動動手。這種現象，其實也早就蔓延到家庭之外的場域。在職場上，女性往往得承擔大部分「社交」和「照顧性」的工作：像是清理辦公室冰箱、幫同事買生日蛋糕、確認公司行事曆上的會議都有更新。在學術界，籌辦和主持委員會、安排活動時程、輔導課業落後的學生等工作，幾乎總是由女性教職員負責。[5] 當男性沒有完成這些分配給自己的工作時，最後總是由女性來收拾這些爛攤子。在受到「懶惰的謊言」長期洗腦，以及數十年活在性別歧視的陰影底下，大多數女性早已不敢相信自己也有「和男人一樣自私、把責任擱著不管」的權利。

曼蒂是印第安納州的大學教授。最近她告訴我，她因為每週花太多時間在辦公室跟那些「表現並不突出」的學生談話，結果被系主任責罵。這些學生當中有許多人都面臨被當掉的風險，而曼蒂卻在為他們加油打氣，同時分享許多該如何順利度過大學生涯的祕訣。

「系主任說我在浪費時間，他說我應該把那些時間用在我的『本分工作』上，」曼蒂說。「我只能告訴他，那就是我的工作。」

理論上，協助學生本來就是教授的職責之一，但對曼蒂來說，這些付出往往換不到學術獎項或論文發表的機會。儘管如此，曼蒂仍然認為幫助學生是責無旁貸的事，一方面是她真的關心學生，另一方面則因為她的男性同事們始終沒有盡到該有的輔導責任。也因此，不論是第一代大學生（家族中第一個上大學的人）、有學習障礙的學生，乃至於任何一個遇到困難的學生，總是會去敲曼蒂的門，而不會去找其他老師。

如果再把種族歧視或恐跨性別等其他不平等因素納入考慮，這種權力和責任的失衡只會更嚴重。舉例來說，跨性別女性往往比順性別女性（cisgender，性傾向與出生時相同）承受更大的壓力，必須投入更多家務性勞動。LGBTQ+運動者芮貝卡．布拉瑟霍夫（Rebekah Bruesehoff）是這樣解釋的：

> 順性別女性如果決定對抗體制，開口說「嘿，我不要再包辦家務了」，大家會認為這是女性主義的展現。但如果我身為跨性別女性，拒絕做那些「女人該做的」事，大家就會說「妳以為妳是誰啊，妳也太懶了吧——妳這樣跟男人有什麼不同」。

種族因素也同樣交織在這個議題裡。比起白人女性，黑人與棕色皮膚的女性往往承擔了更多「看不見」的勞動。[6] 再者，黑棕女性還得花更多心力去注意自己的言行舉止，因為只要稍微表現出一點不滿，很容易就被貼上「脾氣不好」或「沒禮貌」的標籤。[7] 在學術界，有色人種男性通常也得比白人男性承擔更多委員會事務或「服務」工作，因為他們的時間經常被認為沒那麼有價值；他們也常常和女性一樣，被期待去做那些吃力不討好的事。[8] 有色人種還有一些難以推辭的責任，比如主導多元性計畫、管理融合委員會，還得花時間去教育白人同事什麼是種族偏見——重點是，這些工作通常都沒有額外報酬。

「懶惰的謊言」很擅長去檢討受到壓迫的人。它會告訴我們：如果你想在「偏見」的面前脫穎而出，你就得比誰都還要努力，也更要犧牲自己——這是一種有毒的心態，不只會侵蝕一個人的身心健康，也會削弱你的界限感。不過，我們還是可以採取一些方法，逐步減少那些我們反射性接下、沒有人看見也沒有人感激的隱形工作。

追蹤你使用時間的方式

凱西．拉布里歐拉建議她的案主，要檢視自己有多少時間花在那些不被感激、被視為理所當然的工作上。「我會請他們非常仔細地記錄自己怎麼分配時間，至少要連續幾週，」她說，「哪怕只是這裡三十秒、那裡一分鐘，都要記錄下來，這樣才能看出那些零碎的時間加起來有多少。」

> 「懶惰的謊言」很擅長去檢討受到壓迫的人。它會告訴我們：如果你想在「偏見」的面前脫穎而出，你就得比誰都還要努力，也更要犧牲自己。

凱西發現，她那些最疲憊、壓力最大的案主，每天都會花上數小時在做家務、回覆非緊急的訊息、更新群組行事曆，或是處理別人的各種需求。他們往往沒有察覺到，這些事耗掉了多少時間，只會覺得自己永遠沒辦法把該做的事做完。透過連續幾週的記錄，這些案主可以拉開距離，看清楚時間到底都花到哪裡去了。接下來，他們就能思考，這些每天的小選擇，究竟有沒有反映他們真正的優先順序。

釐清你需要的價值

凱西・拉布里歐拉與莎朗・葛拉斯彭都提到一件事：他們會請那些過度勞累的案主靜下心來，評估自己的日常習慣，看看這些習慣是否真的符合他們認為是重要的事情。「列一張清單，檢視你平常都在做些什麼，也看看有哪些事情可以刪掉，」凱西說。「那些事情真的有其必要嗎？把那些對你沒有幫助、無法為你的生活帶來正面影響的活動放下吧。」

莎朗・葛拉斯彭則會用一份「價值釐清」（values clarification）的工作清單，幫助案主逐步思考上述問題。[9]「價值釐清」是一個檢視個人選擇和行動的過程，目的是要問自己：這些選擇是否和自己最重視的理想一致。以下就是莎朗使用的清單，其中包含若干價值觀範例。

重新定義你的價值觀

你的價值觀是一套信念，定義了你認為最重要的事是什麼。這些價值會引導你在生命中的每一個選擇。例如，把家庭視為首要價值的人，會盡量花更多時間陪伴家人；而以事業成功為優先的人，則可能選擇投入較多時間在工作上。了解自己的價值觀，有助於分辨哪些生活領域最值得你投入關注，也能協助你釐清未來該如何排列人生優先順序。

請從下列清單中選出你最重視的十個項目，並以1到10標示其重要性。數字愈小，重要性愈高。

______愛	______誠實
______財富	______幽默
______家庭	______忠誠
______道德	______理性
______成功	______獨立
______知識	______成就
______權力	______美貌
______友誼	______靈性
______閒暇	______敬意
______冒險	______和平
______變化	______穩定
______冷靜	______智慧
______自由	______公平
______樂趣	______創意
______認可	______放鬆
______自然	______安全
______人望	__________
______責任	__________

資料來源：2012 Therapist Aid LLC／網址：TherapistAid.com

「我之所以特別喜歡這個練習，」莎朗說，「就在於它強迫我們退後一步，認真去判斷：即使你對每個項目都很在意，我們還是必須選出自己最優先的那個項目。你不可能什麼都要。你終究得決定，自己的時間該怎麼分配。」

與其拼命想把所有事都攬下來——把家裡打掃得一塵不染、參與各種志工活動、長時間工作，或成為朋友的後盾等，我們更需要為自己「清出空間」（不論是行程及心理），選擇少做一些事情。唯有學會對那些不是最重要的事說「不」，我們才有餘力投入那些自己覺得真正有意義的事情上。而這也代表，我們必須把一部分責任交給別人去承擔。

勇敢交給別人去做，搞砸了也沒關係

在「紙箱事件」之後，芮莉終於能和湯姆坐下來，認真討論家務分工的問題。這次談話讓芮莉發現了一件令她頗感意外的事——湯姆是怎麼看待家務的？「他告訴我，每次他做家事時，我都會抱怨他沒做好，」芮莉說。「比如他掃地掃得不夠乾淨，我就會再自己掃一遍。我想這讓他覺得，維持家裡整潔好像是我專屬的責任，他只要聽我的指揮就好。」

芮莉曾花了好幾年的時間，學習該怎麼把家務做好。對她來說，湯姆笨手笨腳的動作，實在讓她看不下去。於是她總會忍不住插手，把湯姆做過的事再重新做一遍。她希望湯姆能有樣學樣、有所進步。但結果卻反而讓湯姆覺得自己根本不被信任，覺得「這些家務他根本沒資格碰」。芮莉學到，她必須努力壓抑「救場」的衝動，不要動不動就想幫湯姆收拾爛攤子。

在婚姻諮商師的協助下，芮莉終於開始將部份家務分攤給伴侶。「現在洗碗、洗衣服、打掃浴室和客廳都歸他負責，」她說。「這些已經不是我的責任了。我現在要練習的，就是別不小心又跳下去代勞，或是忍不住去指點他該怎麼做。」

如今即便湯姆做得不夠好，芮莉也不會介入。她會坐在陽台上看雜誌，任由湯姆刷個老半天才把浴室搞定。她的無動於衷，看在旁人眼裡或許會被當成「懶惰」，但她卻為了能學會放手而感到驕傲。

「我有一位案主，她不但有全職工作，還得照顧孩子，幾乎把所有事情都一肩扛下。她告訴我，她的人生只能二選一，要麼過生活，要麼有一個乾淨的家，」凱西說。「而她選擇了過生活。」

如何當一個「不內傷」的爸媽？

如果我告訴你，選擇放棄「擁有一個乾淨的家」的那位案主，是一位家有小小孩的媽媽，你大概也不會太意外。說到這個世界上最容易被要求、壓力最大、最得為他人需求買單的角色，「家長」絕對名列前茅。當爸媽這件事，有太多細節會被社會指指點點，幾乎每一個決定，都可能會招致外界的批評和鄙視。[10] 原本已經非常疲憊、艱難的責任，也會因此變得更加令人焦慮和煎熬。而這一切，說到底，又都和我們的老朋友——「懶惰的謊言」脫不了關係。

每隔幾年，「怎麼當個合格的家長」就會出現一波新觀念，而且各種觀點往往彼此衝突。每一代的爸媽，總會有新的教養焦慮。

像是在1920年代到二十世紀中期，心理學家約翰・B・華森（John B. Watson）等人就提醒父母，別和孩子抱抱親親，他們說，父母與孩子的肢體接觸最好只限於握手或摸摸頭。[11] 華森主張，太多的愛會讓孩子變得軟弱、意志不堅。到了二十世紀下半，風向又完全反過來，流行起「親密育兒法」（attachment parenting）[12]，大家開始擔心孩子如果沒被好好抱抱、親親，長大後會自尊心低落、容易憂鬱，還可能出現一堆後遺症。進入1990年代，焦點又變成「直升機父母」，大家怕的是過度關心孩子會損害他們的自我意識。[13]

「不論怎麼做，孩子都可能被你教壞，」艾登說道。他是一位全職家庭主夫，育有三子。

艾登是一名跨性別男性，他說，從發現自己懷孕的那天起，他就開始煩惱要怎麼成為一個最好的爸爸。「有太多書告訴你這個不能做，那個也不能做，光是看那些建議就足以把人嚇壞。就連你還在孕期中，也可以看到一堆彼此矛盾的說法——有人說這個不能吃、不能運動，又有另一個人說，不對，你應該要多運動……誰知道哪個說法才真的有用？」

今日的家長每天都被各種相互矛盾的建議淹沒。「媽咪部落格」和各種親職粉絲團，對於哺乳、親子同床、零用錢、托嬰安排等話題都有一大堆意見。從挑選幼兒園到買非傳統性別的衣服和玩具，幾乎每一個選擇都被賦予某種政治色彩。很多家長都坦言，常常對自己的教養選擇感到愧疚和不確定，也擔心自己因為沒有把孩子教得「完美」而被社會排擠。[14] 這些焦慮的父母總覺得自己做得不夠、沒能讓孩子搶占先機——簡單說，他們會覺得是自己太「懶」了。

艾登說，過去他總是把這些互相衝突的觀點都放在心上，結果就是焦慮和自我懷疑幾乎要把他逼瘋。他的婆婆也加深了這種壓力，因為她會批評艾登身為家長的每一個做法或說過的每一句話。「她是出於好意，但她的想法真的太過時了，」艾登說。「她希望我把兒子養得像刻板印象裡那種很陽剛的男生——但身為跨性別者的我，真的做不到。不過，她就是無法理解。」

很多家長都坦言，常常對自己的教養選擇感到愧疚和不確定，也擔心自己因為沒有把孩子教得「完美」而被社會排擠。

臉書與IG讓他婆婆得以定期一窺艾登一家的生活，也能讓她從千里之外發表意見。每當艾登在網路上分享孩子的近況時，也不時會有陌生人在那裡指指點點。

「我會在一些非公開的親職社團裡

分享孩子的照片，」他說，「但即使是在這種半同溫層裡，還是會有人跳出來糾正我——像是說我應該要把餵奶的時間拉長，應該多讓孩子參加運動課——不需要多管閒事好嗎。育兒之路本來就是孤軍奮戰，但這些人讓我感覺更加孤立。」

有研究顯示，「親職焦慮」有日益嚴重的趨勢，其中部分原因正是社群媒體的普及。[15] 也正是在這個節骨眼上，數位工具讓「懶惰的謊言」更容易如影隨形地追趕上我們，不斷提醒我們「還可以做得更多」，而我們也總是覺得自己在用各種方式讓他人失望。然而，艾登並沒有屈服於這股壓力，他決定起身反抗。「當你有了第二個孩子後，你會發現自己其實已經搞砸上千次了，而且以後還會繼續搞砸，」他說。「而每犯一次錯，你都會少害怕一點。因為你知道世界並不會因此毀滅。」

比起追求當一個完美無瑕的父親，艾登選擇全心全意當一個「夠好」的爸爸。事實上，研究顯示，「夠好」是一個很值得父母追求的目標。

「足夠好」就好

自1980年代起，發展心理學家開始提倡「足夠好的父母」（good-enough parent）這個概念。[16] 在歷經代代相傳的規則——告訴我們父母（特別是媽媽）應該要怎麼當之後，學者們逐漸意識到，所謂「完美的父母」其實並不存在。每個爸媽都有自己的缺點，要消除所有缺點根本不切實際。事實上，為人父母者若能徹底放下「完美」的執念，反而會過得更好。

根據發展心理學的說法，「足夠好的父母」會給予孩子關愛、呵護與充足的食物；他們難免會犯錯，但不至於讓孩子留下重大創傷。[17] 他們不會一味糾結於社會對「好父母」的標準，而是會在自身需求與孩子的特質、興趣之間找到平衡點。

對艾登來說，當個「夠好」的爸爸意味著要學會適度放過自己、偶爾得抄些捷徑。「我們家經常吃微波雞柳，有時我會讓還沒洗澡的孩子直接上床睡覺，」他笑著說。「我婆婆聽了一定會很火大。但我的孩子們都很開心、健康又調皮，而我和老公也有時間偶爾親熱一下。」

向孩子坦承錯誤

「夠好的」爸媽有一項關鍵特質，就是他們不會因為犯錯而過度自責；相反的，他們會試著彌補、從錯誤中學習。研究顯示，正是「夠好的」爸媽身上那種自在、自我接納的不完美，能幫助孩子學會面對生命裡難以避免的挫折與失望。[18]

艾蜜莉——另一位我訪談過的家長，她會很坦誠地跟女兒討論自己犯的錯。其中一個她認為很大的錯，是她曾經體罰過女兒。「以前我真的覺得打屁股可以把小孩教好，」她告訴我，「畢竟我從小就是這樣被揍大的。但後來我看了各種研究，才知道體罰其實沒有任何好處，只會造成反效果。我女兒現在十二歲，我們曾討論過這件事。我跟她解釋說：「我當初會這麼做，是因為如何如何；而我現在不再這麼做，原因又是如何如何。」

當家長願意和孩子討論自己的錯誤，就能為親子關係打開一條暢通的溝通管道，讓這段關係變得更堅韌、也更具成長的空間。研究也顯示，家長愈能坦然面對自己的錯誤，就愈能接納孩子的缺點與失敗。[19]

「夠好的」爸媽有一項關鍵特質，就是他們不會因為犯錯而過度自責；相反的，他們會試著彌補、從錯誤中學習。

過好自己的人生

知名伴侶諮商師埃絲特·沛瑞爾（Esther Perel）經常在著作中強調，父母若想維持自己的心理健康和自我認同，就必須刻意保留一些與孩子無關的興趣和社交活動時間。[20] 這麼做對孩子其實也有直接的好處——當爸媽願意適度脫離親職角色，孩子也會有更多空間去探索自己的興趣與熱情。[21]

艾登在幾年前就實踐了這個原則，當時他的第二個孩子剛出生。雖然這讓他比以往更忙碌，但他還是刻意擠出時間去從事自己熱愛的攀岩運動。

「我跟我老公說，欸，我要回去玩攀岩了，以後大概每個月會有一個週末，我會去州立公園爬幾座山，」他說。「而我老公則回我說，OK，那我也要固定跟朋友約玩『龍與地下城』。」

幾年下來，艾登和他老公依然會定期安排時間從事各自的嗜好。如果遇到彼此的行程撞期，他們就會請保母來幫忙帶小孩，然後說服自己不要有罪惡感。

「有時候遇到孩子生病，我們其中一個會說，喔，不然我留下來照顧他們，這次我就不出門了，」艾登說。「此時，另一個人就會提醒對方，『別傻了，對你自己好，就是對這個家好』，通常這麼一說，還是想出門的人就會釋懷了。」

跟那些消耗你能量的人劃清界限

多年前，我有一個叫伊森的朋友。我們是在網路上的《廣告狂人》粉絲論壇認識的。我很喜歡每週當該劇有新集數時，伊森在評論裡展現的黑色幽默。我們在線上的對談慢慢發展成了友誼，幾年後，伊森搬來芝加哥，找了一份新工作。

但來到芝加哥之後，伊森就變了一個人。他很討厭自己的新工作，很快就陷入了憂鬱。他在芝加哥沒有其他朋友，所以完全依賴我來獲得社交接觸和情感支持。他開始對我傾訴兒時受虐的經歷，而且經常講到令人很難受的細節。他抱怨老闆，說他的人生看不到希望。最後甚至談起了自殺。

我並不希望伊森傷害自己。我覺得自己對他的幸福有一點責任。畢竟他來芝加哥時，唯一認識的人就是我！如果我不聽他傾訴，那就沒有其他人會聽了。所以我竭盡所能去幫助他。我會陪他聊到深夜，安慰他說「你的生命有其意義」，要他堅持下去。我還幫他查了鄰近的心理諮商師，列了一份推薦清單給他。我也幫他搜尋適合他的工作機會，甚至請我的社工朋友打電話給他，一起討論可能的解決辦法。

某天晚上，伊森又陷入了深深的憂鬱螺旋，開始拼命用簡訊轟炸我同一句話：「我沒希望了。我沒希望了。我沒希望了。」

「伊森，我很抱歉，」我回覆他，「我真的不知道該說什麼。我推薦給你的那些心理師，沒有一個適合你嗎？」

「那些心理師只會叫我往好處想、叫我做瑜伽什麼的，」他陰沉地說，「那根本幫不了我。」

我還是繼續鼓勵他，要他再去尋求其他管道的協助。我坦白告訴他，我能給的支持顯然已經不夠了。

「老實說，」伊森回我說，「你傳給我的那份清單我根本連看都沒看。」

就在那一刻，我才意識到自己完全是一頭熱。他根本沒有想好好振作。我覺得自己被利用、被不當一回事，於是當下就不再回覆他了。我對伊森感到無比憤怒，更對自己充滿失望。

「懶惰的謊言」已經從根本上扭曲了我們的邊界感，讓許多人以為別人的問題就應該由我們來解決。它告訴我們：如果

你真的關心一個人，就應該心甘情願地去幫助他們。但現實是，我們其實無法解決別人的問題——我們費盡心力，結果常常只換來挫折和精疲力竭，這才發現自己一廂情願地在幫助一個無法、或根本不願意回應我們的人。凱西・拉布里歐拉就曾協助過許多有這類困擾的案主。

「有股想幫助別人的衝動是好事一樁，」她說，「但有時這會演變成一種自我強迫，好像我們總是得跳出來幫忙，卻根本沒想清楚那是不是我們應該要介入的事，或者對方的問題究竟有沒有我們幫忙的空間。」

「懶惰的謊言」會利用罪惡感，讓我們扛下許多原本不屬於自己的責任。每當快要捲入一場戲劇化、注定沒結果的「救人」行動之前，我們真正該做的是先捫心自問：對方的問題，真的需要我介入嗎？如果需要，我又該怎麼介入最合適？

唯有這樣思考，我們才能避免陷入那種出於不安全感、一心渴望獲得認可的惡性循環，也才能不再把大量時間花在某些根本扶不起的阿斗身上。

決定該不該幫，該怎麼幫

每次遇到情感過度投入的案主，凱西都會拿出一系列精心設計過的問題，讓他們反思：自己是否真的有責任要一頭栽進去。以下就是凱西提出的問題，以及幾個我們不必親自解決，卻仍然能協助對方的方法：

在嘗試「拯救」某人之前，你應該先問自己的問題：

Q. 他們有辦法自救嗎？

Q. 他們想被拯救嗎？

Q. 他們想被「我」拯救嗎？

Q. 我是當下提供協助的恰當人選嗎？

Q. 我有辦法指點方向，讓他們去尋求專業人士或近親的協助嗎？

Q. 我想救人的動機是什麼？

Q. 我會為救人付出什麼代價？

這些問題反映出，許多人會反射性地想「拯救」他人，但其做法卻顯得過當、不切實際，甚至根本是過度介入了別人的生活。

「我發現有案主會主動承擔起這類照顧他人的責任，但對方不過是個萍水相逢的點頭之交，」凱西說，「然後突然之間，他們就成了那個人的生活支柱。那讓我不禁想說，欸，你跟人家很熟嗎！」

要是當初我有停下來問自己這些問題，我就會明白，伊森的憂鬱和創傷不是我能解決的，而且我把自己深深捲進他的生活，這其實非常不恰當。伊森應該在他準備好的時候，自己去尋求心理治療。我花了好幾個小時幫他查詢治療師的名單，只不過是浪費時間罷了，因為那根本不是他想要的。

他真正想要的，是我能二十四小時待命，隨時當他的情緒出口。如果我能及早拒絕這種不合理的期待，就能為自己和伊森省下很多挫折。只是那時的我，完全沒想到該劃出這樣的界限，相對的，當時的我只是一心想證明自己「對別人有用」。

捫心自問：你為什麼想幫助他人？

事隔數月，我聽著某一集諮商Podcast節目《親愛的普登斯》（*Dear Prudence*），結果令我當頭棒喝。

那集節目裡的一位求助者，正陷入一段非常不平衡關係中，對象是他的鄰居——他經常幫鄰居無償照顧小孩，沒事還會送生活用品過去，甚至在對方心情不好時還會給予情緒上的支持鼓勵。但那位鄰居卻連一句謝謝都不曾講過。這位求助者因此覺得自己被占了便宜，既疲憊又憤怒。他想知道節目主持人普登斯（本名丹尼・M・拉弗里，Danny M. Lavery）會給他什麼建議。

丹尼一開始給了他幾個實用的方法，幫助求助者適當地婉拒這位鄰居的予取予求。但接著他更進一步，提醒求助者思考：為什麼你會一再為了這個連朋友都稱不上的人，付出這麼多得不到感謝的努力？

「你該不會以為只要你照顧的人夠多，」丹尼打趣地說，「總有一天會有人注意到你的付出，然後反過來主動關心、照顧你嗎？」

丹尼的問題簡直是問到我的痛處。「懶惰的謊言」讓我學會把自己的脆弱與需求隱藏起來，一心只想證明自己對他人有用。我甚至無法想像自己去向別人尋求情感上的支持或照顧。每當我感到孤單或難過時，我總會試著去幫助他人，藉此轉移自己的情緒。我心裡一直默默期待，有一天會有人注意到我的努力，然後突然走過來對我說：「哎呀，你已經夠努力了，讓我來照顧你吧！」

我心裡一直默默期待，有一天會有人注意到我的努力，然後突然走過來對我說：「哎呀，你已經夠努力了，讓我來照顧你吧！」

凱西．拉布里歐拉建議大家，在幫助需要幫助的人之前，應該先問問自己：為什麼我想幫這個忙？我期待從幫助他的過程中得到什麼？

「我們做每件事時，動機裡多少都混合了健康和不健康的成分，」她說，「這沒什麼好大驚小怪的。但你必須知道，兩者之間的比例大概落在哪裡。」

換句話說，助人時有一點自私的動機是很正常的——沒有人是完全無私、徹底的利他主義者。但如果你發現自己幫忙，其實是為了拼命獲得他人的認可與肯定，那麼就應該適時踩剎車、收斂一點。尤其要設法從那些糾纏不清、不公平、讓你感覺被利用或被占便宜的關係裡抽身。

停止強化不恰當的行為

在《如何應付情緒爆炸者》（*How to Deal with Emotionally Explosive People*）一書中，心理學家阿爾伯特・J・伯恩斯坦（Albert J. Bernstein）探討了一件事：對高需求的朋友不斷提供大量心理支持，往往會引發一種適得其反的反饋循環。如果你總是主動安慰那些情緒低落的朋友，努力讓他們感覺好一點，其實很可能會不自覺地「訓練」他們，只要一遇到情緒低潮，就來找你求救。這些人不再試圖靠自己動腦、運用資源解決問題，而是漸漸覺得，只有你能替他們把事情搞定。「能最快讓人感覺好一點的事物，」伯恩斯坦寫道，「往往會讓他們的處境變得更糟。」[22]

我跟伊森之間，正是這種狀況。當伊森陷入尋短和絕望時，他真正應該做的，是撥打心理健康的危機熱線、是尋求專業心理師，或是找一個跟他真正親近的人傾訴。但因為我總是「在那裡」，隨時準備聽他一連數小時的訴苦，他便養成了無論什麼事都先找我吐苦水的習慣。無意間，我讓他學會了不必自己採取行動去改善生活，而是對我產生依賴性。

面對情緒低落的人，我們常常會忍不住想伸出援手。但事實上，很多時候我們的「用力幫忙」反而會適得其反，傷害到彼此。單純地提供協助，和成為對方的救生圈或「非正式心理師」，這中間有很大的差別。如果我們想真正幫助對方重新掌控自己的人生，就必須學會拒絕那些本不該由我們去承擔的責任。被我們拒絕的人，短時間內也許會很不高興，但從長遠來看，這才是真正能幫他們走出困境的做法。

在伯恩斯坦的書中，他描述了幾種合理又有益的助人方式，建議那些有「強迫助人傾向」的人，可以用這些方法去取代過去那種長期糾纏、讓自己筋疲力盡的援助模式。

與其這麼做……	**不如這麼做……**[23]
提供解決方案給遇到問題之人。	問他們可以怎麼解決問題，例如：「你打算怎麼做？」
想讓對方的心情變好。	讓對方表達情緒，而不要試圖去改變他們。
讓對方發洩、哭泣或抱怨個幾小時但毫無建樹。	以支持性的態度傾聽，但在對方卡在某個問題上時分散其注意力，或是建議休息一下。
以聆聽者的身分，看著對方如螺旋般陷入更深的焦慮、悲傷與憤怒之中。	打斷對方，不要讓對方繼續重複做同樣的事情、或情緒愈來愈高漲。「我們先專注在眼前的處境吧。」
試圖猜測對方想要什麼。	讓他們釐清自己的期望。「你希望我做點什麼？」
勉強自己提供過多的情感支持。	尋找其他情感支持來源。「這件事還有誰可以幫你？」
把對方的處境當成自己的責任。	釐清責任歸屬。「我很榮幸你參考我的意見，但你才是最清楚怎樣對自己最好的人。」

只有當我們不再苦苦追求滿足他人的期待，才有可能重新認識自己、看清自己的價值。

要是我在回應伊森的恐慌時，能夠採取表格右邊那一欄的做法，我們的友誼或許就不會轉變成一種有毒的寄生關係。當時的我，總覺得自己有責任把伊森尋短的念頭「處理掉」。每當我試圖掌控局面，叫他去找特定心理師，或去應徵新工作時，其實這都是在進一步剝奪他的自主權。

在我停止為伊森提供無止盡的情緒支持後，他別無選擇，只能開始思考該怎麼自己解決問題。在我們失聯幾個月後，一位共同朋友告訴我，伊森找到了一份喜歡的工作，也有了能跟他好好相處的室友。當我把自己從伊森那些不切實際的期待中解放出來，也是在無意中讓我們兩個人都獲得了自由。我選擇抽身，並不是因為我「懶惰」或不關心他，而是我們兩個都需要這樣做。

只有當我們不再苦苦追求滿足他人的期待，才有可能重新認識自己、看清自己的價值。當我們開始學會反抗他人個別加諸在我們身上的要求時，也才有能力甩開各種龐大、無所不在的社會要求。

第七章

學會對各種「應該」聳聳肩

Shrugging Off Society's "Shoulds"

我已經在本書中找了不少理由討論《廣告狂人》這部劇，但請容我再提一次，我保證這是最後一次。這部劇非常完美地展現出那種在美國職場上，陰魂不散的從眾壓力。

佩姬——劇中廣告代理商的首位女性文案，必須學會克服同事的性別歧視——不論是說話、寫作，還是穿著打扮，都得更像個男人。[1] 與其正面迎擊性別歧視，她學到的生存之道，就是遵守「遊戲規則」：不能太情緒化、太女性化，也不能太過性感嫵媚。同樣的，這間廣告公司的第一位黑人女員工多恩，也必須展現出一種謙遜、開朗的人設，免得讓人覺得她不好惹或具有威脅性。[2] 就連劇中的白人男主角——唐・德雷柏，也得極力掩飾自己來自窮苦鄉下家庭的背景。他的身世和他努力經營的「專業形象」完全不符，因此他必須把這段過去隱藏在一副中產階級白人男性的假面具之下。

身為阿帕拉契山區的鄉巴佬後裔，我對唐的經歷格外有共鳴。我的親戚從田納西鄉下搬到克里夫蘭郊區後，開始刻意隱藏自己老家的背景。每當我父親或祖母不小心流露出某些「土包子」的舉動，家族裡就會有人拿他們當笑柄，甚至用不是很客氣的口氣「糾正」他們。而這些所謂「丟臉」的行為，其實多半只是節儉、務實的做法——比如在車庫拍賣時殺價，或從別人丟棄的垃圾裡撿回還能用的傢具。

《廣告狂人》的製作人馬修・維納（Matthew Weiner）曾說，這部劇是在講一段「成為白人」的過程。[3] 當然，唐・德雷柏從故事的一開始就是白人；維納的意思是，隨著唐在企業階層中一路往上攀爬，他逐漸抹去了自己的過往，直到完全成為一位富裕、白種盎格魯・薩克遜新教徒的化身，進而平步青雲。

以我的家庭為例，「成為白人」甚至是更字面意義的事。我父親那邊的家族是默倫琴人（Melungeon），屬於田納西州坎伯蘭峽地區的黑人、白人、印第安人混血。[4] 我的一些鄉下親戚的確膚色較淺，看起來就是白人，但另一些膚色較深的親戚，則會被當成黑人或原住民。當我們家從田納西搬到俄亥俄州東北部，膚色淺的家族成員很快就能融入養尊處優的中產階級生活。他們只需要隱藏自己的口音和「鄉巴佬」習慣，從此不再承認自己非白人的血統。從小我就學會了要避開那些追問家庭背景或族裔的問題，因為複雜的真相只會引來外人的偏見。歷史紀錄也顯示，許多默倫琴人走的正是這條路：抹去非白人血統，採用白人身分，透過服從主流和自我抹消來融入社會。

「懶惰的謊言」會以在工作上的成功作為誘餌，鼓勵我們一味從眾。想要得到認可，就得依照它的遊戲規則，在自我呈現、專業形象和工作習慣上，努力「變成白人」。在我們還小的時候，我們就被教育要崇拜那些不得不以男性筆名才能出書的女性作家，歌頌那些必須比白人同儕努力兩倍、卻只能拿到一小部分報酬和名聲的黑人發明家與學者。至於那些反抗偏見的人，則會被貼上「懶惰」和「愛抱怨」的標籤，好像他們根本不具備成功所需的條件。

「懶惰的謊言」讓我們相信，任何社會問題只要「少抱怨、多做事」就能解決。它要我們拋開所有不滿，只管努力工作。一個人愈能磨去身上的稜角，變得愈平滑、愈毫無特徵、看起來愈「正常」，那麼他自己和身邊的人就愈能忽視體制性的問題，只專注於當個生產力工具。但就像「懶惰的謊言」對我們許下的每一個虛假承諾一樣，這終究只是一個自我毀滅的陷阱。

在創辦「狂野心靈合作社」之前，凱特琳曾在一個非營利

組織工作，幫助低收入的年輕黑人尋找待遇合理的工作。理論上，她認同這個組織的使命，但在實務上，他們的做法卻令她感到困惑和不安。

「這個機構的宗旨，是尋找那些有工作需求的低收入有色人種年輕人，然後，程度不一的將他們改造成乖乖牌的企業機器人，」她說。

凱特琳表示，該機構對年輕黑人的訓練，是要他們無時無刻都保持有禮貌且絕不抱怨的態度。機構的員工和志工會嚴格查核這些年輕人的言行舉止；只要有一點讓人覺得「不夠專業」，都會被嚴厲糾正。這個機構還教導年輕人要壓抑自己的憤怒與不滿，不管他們看到了多少不公不義或種族歧視。

「如果有哪個年輕人不好好服從，或是質疑該機構的運作方式，」凱特琳說，「機構裡的人就會像背臺詞一樣，不斷重複同樣的話，基本上就是要這些年輕人隱藏自己的情緒和想法，只管繼續工作。」

我曾經在教學生涯中待過一間公辦民營的特許學校（charter school），當時我們也對黑人學生灌輸過類似的「教育」。校內的小學生被要求要「正襟危坐」，雙手交疊，雙眼時時刻刻都要盯著老師。只要孩子們的坐姿稍有鬆懈、亂動、東張西望，或者用任何方式展現自我，他們就會受到處罰。

在我們這個深受「懶惰的謊言」所影響、習慣責怪受害者的文化裡，邊緣群體經常被告知，自己被壓迫的問題要靠自己去解決。黑人女性常常被要求把頭髮拉直，因為據說自然捲會讓白人看了覺得礙眼，而且感覺「不夠專業」。[5] 美洲原住民則經常被勸阻，不要佩戴傳統首飾上班，免得被別人嫌棄那些東西太大、太「閃」。[6] 而像我這樣的跨性別者，在職場上公開「做自己」也常常會遭到懲戒。就連使用「正確的」洗手間這種微不足道的小事，都可能遭到訓斥甚至攻擊。人們常說，我們的存在本身就是一種「干擾」，或「讓同事不自在」。

在我們這個深受「懶惰的謊言」所影響、習慣責怪受害者的文化裡，邊緣群體經常被告知，自己被壓迫的問題要靠自己去解決。

在由工作狂構成的主流職場中，最具威脅性的，莫過於那些不合群、不按規則行事的異類。所謂的「專業」行為，其核心概念根植於對社會控制的渴望。非二元性別作家、聲音演員兼社運人士雅各・托比亞（Jacob Tobia）曾以一篇精彩的文章〈為何我是性別酷兒、專業人士，而且無所畏懼〉（*Why I'm Genderqueer, Professional, and Unafraid*）[7] 對此做過精闢論述：

> 多年來，「專業」始終與我為敵，因為它要求我的性別認同必須隨時、毫不留情地被抹去。在職場裡，性別二元論是無從質疑、不可動搖、永遠正確的存在。只要你膽敢跨出一步，就得有被同事排擠、被跳過升遷，甚至丟掉飯碗的心理準備。

雅各的穿著風格包含大量明亮、合身的洋裝、份量感十足的珠寶，以及俐落但適合上班時穿的高跟鞋。假如這樣的裝扮出現在一名順性別女性身上，辦公室裡沒有人會說什麼。但因為雅各是一位臉上有鬍渣、身上有體毛的非二元性別者，他們這種可愛又花俏的職場穿著就會被認為是天理難容了。

在我們的文化裡，很多人都被告誡：誠實表達自我會讓人分心，也會顯得不夠專業。胖子要壓得遮掩自己的身形，要壓得讓自己餓肚子，只為了去適應一個為瘦子打造的世界。身心障礙者則被勸阻，不要去要求合理的協助，以免被看作「軟弱」或「懶惰」。「懶惰的謊言」要求我們必須完美，而且以極度僵硬、主觀的方式去定義何謂完美——擁有順應主流的身材、過著整潔體面的生活、一整天要排滿對社會有益且被視為有價值的「生產性」活動，而且生活中不能有任何反抗或抱怨的空間。只要有任何一項沒做到，我們就會被認定是失敗者。

當然，我們注定會「失敗」。這些理想化標準的存在，本來就是為了替我們設定人生的優先順序，讓我們一直忙碌、分心，還要為自己的需求感到抱歉。但我們並不需要用這些不合理的標準來衡量自己。只要退一步，去反思這些社會告訴我們「應該」做的事，就會發現其中許多事根本就與我們的真實自我格格不入。我們沒有必要勉強自己變得討喜、好懂或渺小。能夠對抗這些「應該」的人，其實是堅強的人，而不是懶惰的人。

我原本可以選擇去扮演一個完美符合性別規範、禮貌周到、年輕漂亮的女性，但多年前我就決定要做自己。前非營利機構的主管茱麗葉同樣也可以選擇繼續一邊全職工作、一邊照顧家庭，努力營造那種「事業家庭兩得意」的完美女性形象，但她選擇了把健全的家庭放在第一位。凱特琳也可以選擇繼續留在那間違背她道德信念的機構，但她選擇了開創一條新路，去提攜那些難以被馴服與控制的「狂野心靈」——我們每個人都有機會去反抗「懶惰的謊言」的種種規則，並認真問自己到底想要怎麼過生活。但要做到這一點，就必須直面社會上最惡質的某些「應該」，並勇敢地拒絕它們，因為我們終於能體認到，那些規則根本不值得我們遵從。

若想解放自己，我們就必須拒絕那些會傷害我們的社會期待。選擇不再順從這些不合理的限制，或許會讓我們被貼上「懶惰」的標籤，但事實上，這才是最艱難、也最值得敬佩的行動。

你的身體不是幫你「達成目的」的工具

在長期被灌輸「你的價值取決於你的生產力」這種觀念後，我們很容易就會跟自己的身體產生疏離——你不再把身體視為自己不可分割的一部分，而是把它當成達成某種目的的工具。我們的文化把「身體」看作是應該被利用的工具，或是必須被用來贏得他人認可的道具。

這種狀況在體態豐腴的胖女人身上尤其明顯，因為社會不斷告訴她們：她們的身體沒把「該做的工作」做好——而女人身體的「工作」，就是要盡可能纖細、盡可能符合主流的審美觀。

「一直被外表定義，真的令人疲憊不堪，」我的朋友潔西・奧立佛（Jessie Oliver）說。「這從來都不是我們自願的。」

潔西是一位聲音教練及傑出的歌劇歌手，也是一位正向看待肥胖的倡議者。在她主持的Podcast節目「地獄來的胖子」（Fat Outta Hell）中，她和另一名主持人會進行各種令人莞爾的討論，從尋找可愛大尺碼比基尼的樂趣，到為什麼要找到一間椅子適合胖子坐的餐廳這麼困難等，無所不聊。多年來，她一直是「肥胖解放」運動的積極發聲者，為那些在職場、醫療現場和表演藝術圈遭遇批判與排斥的胖子提供支持。由於潔西一輩子都在面對肥胖的汙名，因此她深知社會對胖子的厭惡，其實與「懶惰的謊言」密不可分。

「瘦身產業是我唯一想得到，不論你減肥成功或失敗都能受益的行業，」她說。「如果你沒瘦下來，你就得不斷嘗試；如果你真的瘦下來了，他們又能賣你一大堆幫助維持體重的產品——天曉得要是你又胖回去會發生什麼事。」

「仇胖」蘊藏著龐大的商機。2019年，僅美國的瘦身產業規模就超過720億美元。[8] 從2018到2019年，這個產業成長了4%，而多數分析師都預估這個數字還會持續成長數年。[9] 瘦身產業是一頭龐大的巨獸，其觸角無所不在，包括減肥藥、標榜能「燃脂」的健身課程，到醫美手術、束腹帶等各種商品無奇不有。只要你覺得自己的身體還有變美的空間，就不用怕沒地方花錢——千方百計想把你的不安全感變現的業者，一抓就是一大把。

社會對肥胖的憎恨，推動著我們許多人拼命追求一種極其主觀的「完美」標準。這讓我們不斷在健身房和體適能課堂裡耗盡力氣，努力把自己的身體塑造成苗條、有線條的樣子，哪怕那其實未必符合健康的定義。同樣的社會觀念告訴我們：所有人的身體都應該可以變成那種以「富有的歐洲白人」為標準的模樣。[10] 我們也因此被說服，相信身體自然發出的飢餓訊號不可信，應該靠藥丸或代餐奶昔去壓抑它。這讓我們每年花費數千美元，不斷嘗試「改變自己」，但從統計數據來看，這些方法幾乎都沒有成效。

「歷來跟肥胖有關的大量研究和科學實驗，背後的金主往往都來自於瘦身產業，」潔西說，「因此，其結果可以歸納成一句話：我們有某個東西能『改造』你——你總是被告知，你的身體需要被改造。」

即便社會不斷施加巨大壓力，要求人們必須靠減重來「改造」自己的身體，但幾乎所有減重的嘗試最後都是以失敗告終。[11] 無論你選擇哪一種方式——節食、運動、手術或保健食品——長期來看其實都無法有效改變身體。[12] 研究顯示，在嘗試減重的人當中，五年內完全復胖的比率是95%到97%。[13] 雖然我們從小被灌輸的觀念都是「肥胖不健康」，但有大量研究指出，比起肥胖，反覆減重、復胖對健康的傷害其實更大。[14]

「肥胖」和「懶惰」總是被綁在一起，它們被用來針對某人進行道德批判，表達對一個人及其生活方式的厭惡。

就算有這麼多證據擺在眼前，很多人還是會拼命與「肥胖」奮戰，因為我們早就被灌輸「肥胖＝不可原諒的懶惰」這個觀念。「肥胖」和「懶惰」總是被綁在一起，它們被用來針對某人進行道德批判，表達對一個人及其生活方式的厭惡。「懶惰的謊言」除了會責怪經濟弱勢者——「你只要更努力就能成功，貧窮是你自己的錯」，它也會把肥胖和身體負面評價的責任推給受害者，說他們只要少吃多動，一切就會沒事。

從十幾歲到快三十歲，我曾歷經相當嚴重的飲食失調。那時的我總是能不吃東西就不吃，每天還強迫自己至少要做一個小時的運動，無論再怎麼忙、再怎麼累都一樣。2014年我生了一場大病，營養不良絕對是原因之一，過勞也是。對我來說，

這兩者密不可分。我那種強迫性的過勞與飲食習慣，都源自於我對「懶惰」的恐懼——我必須持續證明自己「夠努力」。

為了讓自己恢復健康，我得放下「身體受苦就是一種美德」這種想法，也必須挑戰自己對變胖的恐懼。在那之前，我一直被灌輸「胖子就是無可救藥地懶惰，會被排斥和批評全是自作自受」這種想法。為了擺脫飲食失調，我必須先打破自己對肥胖者的偏見。

擁抱肥胖的光明面

在我開始努力從飲食失調中恢復時，有一件事幫了我很大的忙：我主動去接觸許多正面、美麗的肥胖形象。我在部落格和社群媒體上追蹤那些又酷、又有型、又充滿自信的胖子網紅，開始認真傾聽、欣賞生活中的胖子。我狼吞虎嚥地啃著喬伊・納許（Joy Nash）的喜劇影片——就是那位後來主演《節食王國》（*Dietland*）的女演員。我仔細端詳阿爾卡迪歐・戴爾・韋爾（Arcadio Del Valle）、凱莉・琳恩（Kelly Lynn）等大尺碼時尚模特兒的照片[15]，也閱讀了許多胖子作家談論他們遭遇偏見和排斥的作品。我傾聽胖子朋友分享他們的掙扎。久而久之，我發現自己的仇胖心態與對自己身體的不適感，開始慢慢消融。隨著我不再那麼愛批判他人的身體，我也愈來愈能同理自己的身體。

研究顯示，讓自己多接觸不同胖子的正面形象，能減緩我們對胖子的負面刻板印象。[16] 也有研究指出，瘦子如果和胖子有正面、真實的人際互動，其仇胖心態會明顯減弱。[17] 當我們累積各種身形的正面印象，也能更容易同理自己的體態。[18] 在慢慢學會欣賞胖子身體的美感之後，我就再也不會成為任瘦身產業擺布的棋子，也不再讓自己的不安全感成為商人牟利的工具。更重要的是，我對身邊的胖子不再像過去那樣苛刻或充滿批評。

記住：你的身體不是一樣東西，它就是你

在研究負面身體形象者時，心理學家發現問題的核心，在於一種稱為「自我物化」（self-objectification）的現象。[19] 當我們把身體視為一個獨立於心靈之外的物體或「東西」時，就是在自我物化。在特別嚴重的案例中，自我物化甚至會讓我們把身體看作是由一堆各自帶有「缺陷」的部位組成，而不是一個具有價值的整體。

研究顯示，那些經常把自己的身體當作物體來看待的人，自尊心往往比不會這麼做的人低得多，也更容易出現飲食失調的行為。[20] 有一項研究甚至發現，花大量時間思考自己身體的女性，因為自我物化帶來的分心與痛苦，在解數學題的能力上會有顯著下降。[21] 不幸的是，一個人愈是接觸那些吹捧纖瘦、理想體態的媒體影像，就愈容易出現這種有害的自我物化思維。[22]

那麼，該如何對抗這種自我物化的衝動呢？嗯，你可以把注意力放在自己的身體「能做些什麼」上，而不是它「看起來怎麼樣」。[23] 運動可以是一種慶祝身體能力、享受跑步或重量訓練樂趣的過程，而不只是懲罰自己的方式。[24] 溫柔對待身體也很重要。傾聽身體的疼痛、不適與飢餓訊號，有助於讓你更了解自己的需求，也較不會因過度勞累而責罵自己。最重要的是，你必須努力擺脫「閒著不做事或體重增加就是懶惰」的恐懼。

如同我們在〈第二章〉討論過的，療癒往往來自於傾聽自己身體的聲音，並尊重自己對休息與閒暇的需求。聆聽身體的痛苦或疲憊，選擇尊重而不是批判，這不僅具有革命性，也能帶來深刻的療癒。

擺脫一輩子的仇胖情結與身體羞辱，確實是一個漫長且複雜的過程，但只要你願意接受自己「不需要再為了改變身材而努力」，你就可以立刻開始這個去除舊觀念的過程。真正需要改變的其實是這個社會——僵化、仇胖，對人類身體的預期心理。

人生，亂七八糟也無妨

另一種由「懶惰的謊言」所散播、具破壞性的「應該」，就是我們的人生「應該」要看起來如何如何。

資本主義的競爭性，讓我們許多人覺得自己必須過上一種特定風格的生活，藉此讓旁人印象深刻，展現自己的財富和成功。但這其實也是一個陷阱，是另一種不必要的壓力來源。

英文有句俗語說「keeping up with the Joneses」（別輸給瓊斯一家人），這句話出自漫畫家亞瑟‧「老爹」‧莫曼德（Arthur "Pop" Momand）1913年在《紐約世界報》發表的漫畫標題。該漫畫描寫麥克吉尼斯（McGinis）一家如何拼命想趕上他們更體面、更時髦的鄰居——瓊斯一家。麥克吉尼斯家剛躋身於中產階級，但總覺得自己不如鄰居有禮儀、有條理、夠時尚。自從這部漫畫出現後，「keeping up with the Joneses」就用來形容人們為了讓身邊的人留下好印象，努力維持一種「有水準、夠體面」的生活所承受的壓力。

有趣的是，「瓊斯一家」從未真正出現在漫畫裡，而這部漫畫卻連載了二十五年以上。讀者從頭到尾都無法親眼見到麥克吉尼斯家心目中那個完美、令人敬畏的瓊斯一家。在我看來，瓊斯一家之所以不能現身，是因為只要一露面，讀者馬上會發現他們的缺點並加以挑剔。正因如此，他們始終保持著神祕的面紗，永遠比麥克吉尼斯家更高一等，沒有誰可以對其說三道四。

這種攀比並為之焦慮的心理，看起來很奇特，其實至今仍在社群媒體上如影隨形。我們會去比較的對象，往往是那些在廣告、IG、YouTube等各種平台上大量曝光的人物，但他們的真實生活如何，我們幾乎一無所知。這種無知反而讓我們得以把「完美」投射到他們身上——他們一塵不染的房子、時髦的穿搭、令人目瞪口呆的度假照片，讓我們的人生顯得黯淡無光，甚至因此覺得自己又可悲又邋遢。

其實，許多在社群媒體上看似「過得比我們好」的人，只是更懂得經營和修飾自己的生活。他們放大了生活的光鮮亮麗，刻意淡化其中的掙扎與痛苦。遺憾的是，這種做法只會引發一場名為「完美主義」的軍備競賽，讓人性被一點一滴磨去，最後唯一被接受的，只剩下不切實際的完美。

一直到幾年前，艾珊娜・歐尼爾（Essena O'Neill）都還是IG上的超人氣網紅。才十幾歲的她，就靠著在海灘和各種豪華度假勝地拍攝的華麗自拍照，累積了超過五十萬名粉絲。她時而穿著耀眼的禮服，時而展現平坦的小腹，或是穿上俐落的運動套裝，還會一邊喝著瘦身茶、一邊秀著超短熱褲和背心，手裡還會隨意地撥弄那頭精心打理的亂髮。

到了十八歲那年，艾珊娜已經被「網紅」這場遊戲徹底消耗殆盡，對一切都感到幻滅。她受夠了不停塑造虛假的自我形象，也對這種營造假象的工作感到筋疲力盡。於是，她在短短一天內刪除了數百則IG貼文，並把剩餘每一則貼文的說明文字全部改寫。每一個新標題都揭露了她過去為了營造那種輕鬆、完美的「人設」所用上的各種技巧。[25]

例如在一張她穿著亮粉色比基尼、躺在海灘上的舊照片裡，艾珊娜加上的新標題是，「這不是真實人生——我為了拍出好看的小腹，擺了超過一百個類似的姿勢。我還會對負責掌鏡的妹妹大吼大叫，要她不斷幫我重拍，直到拍到我勉強滿意的效果為止。沒錯，照片全部都是 **#效果**」[26]

另一張她身穿小可愛和跑步短褲的照片，標題被她改成，「一個節食過度、運動過度的十五歲女孩，並不值得你仿效！」

在其他重新編輯過的標題中，艾珊娜透露，許多看起來很自然的貼文其實都是精心策畫過的業配作品。她分享了無數擺拍和修圖的技巧，讓外界看到她是如何努力讓身形顯得纖細、氣色明亮。[27] 在艾珊娜掀起標題爆改旋風的數年後，又有幾位社群媒體紅人也坦承自己拍了很多「照騙」，並為自己造成的傷害道歉。[28]

心理學研究顯示，頻繁接觸這類網紅貼文，確實會損害人們的自我感受。有一項針對臉書用戶的研究發現，大量觀看這類光鮮亮麗或令人豔羨的影像，會導致人們的自尊心降低。[29] 另一項研究則發現，喜歡跟網紅比較的青少年更容易出現憂鬱症狀。[30] 還有研究顯示，會修圖或拍照時套用濾鏡的成年女性，其自我形象明顯比未修圖的女性來得負面，也更容易在意自己的外表；[31] 其他研究也觀察到青少女有同樣的現象。[32]

我們在社群媒體上所遇到的每一種不切實際的標準，都可能成為新的焦慮來源。不論是令人驚艷的穿搭，還是宛如豪宅等級的客廳，每一幅完美得不合常理的畫面，都會讓我們多一個理由，為自己的「懶惰」感到內疚。但我們永遠不可能追上「瓊斯一家」，因為瓊斯一家從來就不是真實存在的人物。他們只是幻象，是被設計出來讓我們瞎忙、分心、缺乏安全感的投影——而只要我們持續感到不安，就會不停追逐生產力與獲利。

所幸，現在有愈來愈多的研究指出，我們可以採取哪些步驟去對抗這些壓力。簡單來說，如果社群媒體讓你覺得自己永遠不夠好，那麼你的應對之道就是避免去跟別人比較，並多去接觸那些會啟發你而不會讓你自慚形穢的名人。

避免「向上比較」

在幾乎每一份探討社群媒體負面影響的心理學研究中，「向上的社會比較」（upward social comparison）都是一個關鍵變項。[33] 每當我們看到某些人在成就或地位上似乎高於自己，並拿他們的「完美」來苛責自己時，就是在進行向上的社會比較。如果你每次看某個名人或網紅的貼文時，總會覺得受威脅或被評判，那麼你大概已經身陷於這種比較之中了。

本質上，「向上比較」就是拿別人的成就來決定自己應該

> 世界上總有人在某些方面比我們強；如果我們的焦點老是放在那些可以把我們比下去的人身上，那麼我們永遠都會覺得自己「還不夠好」。

追求什麼目標。它會扼殺滿足與自我接納——世界上總有人在某些方面比我們強；如果我們的焦點老是放在那些可以把我們比下去的人身上，那麼我們永遠都會覺得自己「還不夠好」。

研究顯示，愈是習慣進行向上比較的人，愈容易把自己逼到過勞，甚至倦怠的地步。[34] 從很多方面來看，這種渴望往上看、無止境與「人上人」比較的衝動，正是「懶惰的謊言」的核心所在。然而很多時候，那個被理想化的人上人根本就不存在。我們不妨提醒自己這一點；有些研究也指出，意識到社群媒體上的多數影像其實都是刻意被修飾、編輯過的，這對心理健康是有好處的。[35] 不過，更好的做法，是根本不要讓自己暴露在那些會讓人感到羞愧的影像裡。

你不需要因為比不上那些看起來更有生產力、外表更光鮮亮麗的人而自責。你不會因為拋下這些罪惡感就突然變得「懶惰」。你可以相信自己，設定屬於自己的目標，並用最適合自己的步調去實現它們。

尋求啟發，而非羞愧

想「往上看」的方式有很多，並不是每一種都會帶來傷害。有一個可以崇拜、作為動力與鼓勵來源的人，是一件很有價值的事，但這與看著光鮮亮麗的名人而感到羞愧，是兩碼子事。針對這點，心理學研究者皮特諾・迪杰斯特拉（Pieternel Dijkstra）寫道：

個體可能會與比較的目標進行「對比」（即專注在自身跟目標之間的差異上），或者他們也可能會「認同」比較的目標（即專注在自身跟比較目標之間的相似處上）。[36]

迪杰斯特拉與同事們觀察到，當我們認同那些我們認為「比自己優秀」的人時，會產生希望和欽佩的感覺。而這種情緒，並不會讓我們感到自卑，反而會帶來啟發。

我們來回顧本書先前提到的一個例子：IG網紅、模特兒兼喜劇演員瑞奇・湯普森。我和瑞奇其實沒什麼共通點。我是個白人學者，不是黑人社群媒體的明星。我沒有瑞奇的俊俏外表、充沛能量，或是絕佳的喜劇節奏感。但每當看到瑞奇的模特兒合約與他在媒體上的表現，我就會湧現一股驕傲和認同感。我認同的是瑞奇的創意動能與不羈態度，還有他的酷兒身分及特立獨行的個性。當他表現出色時，我會覺得所有具備強烈風格的怪咖——包括我在內——都充滿了希望。

我並沒有拿自己去跟瑞奇做比較；更精確地說，我是把他當作一盞指引的明燈。我和他並不在同一行業，我也無意模仿他的職涯路線，但他的種種勝利提醒了我：我可以用自己的方對抗「懶惰的謊言」並不是要我們放棄所有目標，而是要我們和那些真正能點燃我們內心熱情的目標產生連結，並以健康的方式去追尋它們。

式，成為最獨特的自己，也可以在這個世界上找到屬於我的一席之地。畢竟，對抗「懶惰的謊言」並不是要我們放棄所有目標，而是要我們和那些真正能點燃我們內心熱情的目標產生連結，並以健康的方式去追尋它們。我想這就是為什麼我會覺得瑞奇如此啟發人心——他顯然正在用自己的方式活出自我，而且活得非常精彩。

拯救世界並不是你一個人的責任

我為這本書所採訪過的每一個人，幾乎都曾提到自己對世界、對未來的深切焦慮。很多人都表示，他們有一種愧疚感，覺得自己沒有為解決世界的問題盡到更多心力。就連像茱麗葉和李奧這樣——採取具體行動、開始擁抱休息與簡化生活的人，也坦言他們會因為沒能更積極地對抗氣候變遷、反對種族不公、援助受迫害的移民（及其他無數議題）而感到遺憾。

曾在〈第一章〉登場的金姆，是我一位曾經歷過無家可歸的朋友，他對這種愧疚感再熟悉不過。脫離無家狀態後的這幾年，金姆為自己打造了一個全新的人生。他訂了婚，和伴侶及女兒一起搬進堪薩斯州威奇塔的新家，並且成為一位相當活躍的社運分子。在臉書上，他經營著好幾個社運社團，總會員數超過十五萬人。這些社團為追蹤者提供像無家可歸、經濟不平等、氣候變遷等議題的資訊——這些都是金姆最關心的議題。他每週都會花好幾個小時，投入社團的經營。在現實生活中，他也會主動關懷無家者，不僅提供金錢和食物，也會引導他們取得相關資源。

比較可惜的是，過去這幾年金姆的生活又有了另一個轉變，讓他難以再兼顧那麼多責任。在搬到威奇塔之後，金姆罹患了一種名為「夏柯－馬利－杜斯氏症」（Charcot-Marie-Tooth disease）的罕見神經性肌肉疾病。這個病讓金姆的身體變得愈來愈虛弱，體力也大不如前。「家裡大部分的家務都是我先生在做，因為我只要動一下就會覺得很累，」金姆說。「有時候我會洗一籃衣服或洗四個盤子，但做完之後就得躺下來休息。」

金姆的病大幅限制了他的行動力，無論是作為家長還是社運分子，他能完成的事都少了許多。外出辦事、看醫生、去學校接女兒——每一件事都極度消耗他的體力，有時他根本無法應付。金姆和他先生時常感到精疲力盡，當事情特別多的時候，社運的事只能暫時被他擱到一旁。

「去年九月，我整理了一份大約有二十多篇與氣候相關的報告及文章的清單，主要內容是在討論氣候變遷如何不成比例地傷害地球南方（以開發中國家為主）的居民、原住民族和身心障礙者，」金姆說。「我本來打算為每一篇報告各自製作一篇大型的社群媒體貼文，並在九月底（聯合國氣候高峰會）的抗議活動期間發布。」

但很可惜，金姆最終沒能及時製作出那些貼文。現實擋住了他的腳步。

「我有婚禮的請帖得寄，每當我沒有在處理婚禮相關的事，我就會感到很內疚，」金姆說。「凱勒和我是一年多前結婚的，直到現在才真正開始規劃婚禮。我怎麼能再讓事情拖延下去呢？於是，氣候抗議活動就在我一篇貼文都還沒發的情況下結束了。其實，要讓議題發酵，都有所謂的黃金期，所以我真的很懊悔錯過了那個最佳時機。」

我問過金姆，他是怎麼因應自己的倦怠或減少工作量的，但他也說不上來是用什麼方法。「我不確定自己有做什麼事去防止倦怠，」他說。「倦怠從來沒有真正離開過我的生活。某種程度上，神經肌肉疾病讓我不得不休息。有時候，我乾脆把什麼都沒完成的內疚放到一邊，直接睡上一整個下午。」

雖然金姆明明有一堆正當理由可以放下社運活動、好好休息，但他還是會因為自己沒能投入更多時間和精力而感到愧疚。氣候變遷是一個迫在眉睫的危機——就像一場亟需撲滅的烈火。面對這麼重大的議題，我們很難在工作和生活之間設下合理的界限。特別是當你真的在乎各種社會議題時，很容易會覺得必須犧牲自己的生活去拯救世界。

當我向凱西・拉布里歐拉提起這件事時，她表示，這種慌張的急迫感其實並不是什麼新鮮事。「真正讓我印象深刻的，是在過去五十年裡，幾乎每個時期都有人說：天啊，這是有史以來最重要的議題，我們必須為這個理念犧牲一切！」她說。「一模一樣的話，大家十年前、二十年前、三十年前，針對不同的議題都曾大聲疾呼過。然後大家很快就被燃燒殆盡，沒過多久就完全放棄，不再做任何事。」

不管我們有多想傾盡全力去解決那些讓我們徹夜難眠的政治問題，由恐慌和焦慮推動的激烈行動，很難持續下去。沒有人能真的單靠自己的力量去拯救世界。對自己提出這麼高的要求不僅不切實際，還會帶來傷害。如果我們真的想對抗不公、改變世界，那就更應該採取協作的方式，並且認清每個人都有自己獨特的專長與需求。

我跟好幾位專門協助治療社運倦怠者心理健康的專家聊過，他們一致的建議是：優先投入那些真正讓你有感的議題，為自己訂出實際可行的行動目標，並且要學會接受這個世界上有些問題，不管你多努力，都未必能解決它們。

基於同理心（而非內疚或恐懼）去設定目標

當你真心想對抗某個社會問題時，很容易一不小心就陷入慌亂和內疚的情緒。而當你試圖喘口氣、照顧自己，甚至只是在享受假期時，那個問題不但不會暫時消失，反而還會在你腦海深處愈變愈大。在許多社運團體聚集的場域——無論是實體還是網路——經常都存在著一種無形的壓力，要求大家時時刻刻聚焦在那些迫切、令人不安的議題上，有人甚至常常因此犧牲了健康。

「在社運場域裡，有太多人都處於創傷狀態，」莎朗·葛拉斯彭說。「他們經歷過大量的不公與傷害，卻沒辦法徹底抽離。結果就是他們的情緒很容易失控，也會對身邊的人造成二次創傷。」

莎朗的意思我完全明白。在我自己的社運經驗裡，也親眼見過那樣的情況。幾年前，我參與了一場運動，訴求是要求關閉伊利諾州南部一座名為「譚姆斯矯正中心」（Tamms Correctional Center）的單獨監禁監獄。跟我一起參與行動的，還有萊絲莉這位熱衷於政治運動的社運者。她為了讓譚姆斯中心關門大吉，已經奮鬥了十多年。

無論去到哪裡，萊絲莉總是拖著一個巨大的行李箱，裡頭裝滿了遭到單獨監禁的受刑人所寄來的信。萊絲莉白天有全職工作，晚上則會花四到六個小時回覆這些信件。每逢週末，她跟政治人物或社運團體總有開不完的會議，為的都是要促成譚姆斯中心的關閉。我很佩服她的衝勁，但也看得出來，這種高強度的投入方式正在損害她的健康。最終，她這種拼命的方式也對我產生了影響。

> 沒有人能真的單靠自己的力量去拯救世界。對自己提出這麼高的要求不僅不切實際，還會帶來傷害。

三月裡的一個寒冷星期六，我感冒

了。原本我計畫和萊絲莉一起出門——我們要挨家挨戶為一位在譚姆斯中心議題上支持我們的候選人拉票。那天真的是冷到不行，人行道覆蓋著厚厚一層雪，而我還在發燒。照理說，我應該告假不去，但我知道要是這麼做，萊絲莉一定會覺得我沒把譚姆斯的問題當一回事。於是我們忙了一整天，幾乎沒什麼休息。到了下午，我的感冒已嚴重到讓我幾乎無法走路。即便如此，我還是能感受到萊絲莉希望我能堅持下去，也明顯對我撐不住的樣子感到失望。

萊絲莉的社運團體會議動輒開到深夜，而且她經常列出長得讓我和其他志工都頭昏腦脹的待辦事項清單。在那個寒冷的三月天之後沒多久，我就退出了那場拉票運動，因為我真的再也受不了了。我很後悔讓自己耗盡力氣，也後悔被萊絲莉的期望牽著走——其實我早該為自己劃出界限，不該被消耗到過勞。現在，每當我決定要投入一場運動時，我都會先問自己幾個簡單的問題，讓自己釐清內心真正的想法：

1. 在想起這項運動時，我會感到興奮，還是內疚？
2. 如果我對某個活動說「不」，或錯過了某場活動，我會不會擔心在社群裡被批評？
3. 每週或每個月，我可以安心投入多少時間在這場運動上？
4. 我怎麼知道自己什麼時候該減少參與，或休息一下？

5. 我還採取了哪些其他行動，讓這個世界變得更好？

透過思考這些問題，我能更清楚判斷自己有多少餘力能投入，而不會勉強過頭。與其把每一個社會議題都當成大火、覺得非得親自去撲滅它不可，不如把參與社會運動當作一種能規律進行的健康習慣，就像運動一樣。我做不到無役不與，但我可以盡一己之力，日積月累，讓大問題一點一滴地被化解。

對你改變不了的事情心存哀悼

針對上述狀況，我曾訪談過一位心理衛生專家——索奇特・山多瓦（Xochitl Sandoval）。他是一位以中性代名詞「ze」稱呼自己的諮商師，在芝加哥一個名為「務實的勇氣」（Practical Audacity）的心理治療團體工作。身為酷兒及跨性別原住民，索奇特非常清楚，日復一日受到不公對待是什麼感覺。面對這些狀況，索奇特的其中一個方法，就是給自己足夠的心靈空間去哀悼和悲傷。

「我覺得我們這個社會，其實並不懂得如何去哀悼，」索奇特說。「我覺得許多關於社運倦怠的討論，其實談的就是哀悼——真正有能力也願意靜靜地待在『這真的糟透了，而且我也許真的無能為力』這個情緒空間裡。」

索奇特也和我分享，他常常會為了工業化與氣候變遷對地球造成的傷害而哀悼。雖然社會可以透過一些措施來降低碳排放、減緩正在發生的破壞，但有些傷害是再怎麼努力也無法挽回的。

「亞馬遜雨林正陷於水深火熱。太多動物因氣候變遷而滅絕，」索奇特說。「而我認為，人總會有一種本能，想弄明白這一切到底怎麼回事。比如說，你可以怎麼採取行動？要不要簽一些請願書？能不能認真做到不用塑膠？我們可以討論這些步驟。但讓我們先從『哀悼』開始，先去直面這個現實：即使我徹底戒掉所有塑膠，海洋裡的塑膠也無法完全消失。」

2017年，美國心理學會首次大規模發表了一份報告，專門討論這種所謂的「氣候悲痛」（climate grief）。報告中的各個章節，詳細剖析了人們對地球未來的恐懼，如何引發成人與兒童的憂鬱與焦慮。[37] 耶魯大學2018年的一項調查發現，有62%的人表示擔心氣候變遷——這比2015年時的約30%大幅增加。[38] 所以，索奇特和他的案主絕不是唯一感到絕望的人。與其無視這些痛苦，或試圖用社運行動來消化這些情緒，索奇特建議我們應該去正視、尊重這些感受。

坐下來哀悼我們失去的一切，這聽起來或許有點讓人洩氣，但悲傷的感受本來就不是能被輕易掃到一旁、假裝它不存在的。當我們把社會問題當成必須馬上解決的緊急事件時，其實是在自欺欺人，好像只要我們夠努力，就能完全掌控這些問題。但實際上，事情並非如此。我可以一次又一次努力讓世界更符合公平正義，但如果我的目標是「徹底解決」某些延續了數十年的沉痾，或是要讓它們完全消失，那麼我終究只會失望、只會筋疲力盡。

有時候，面對那種慌亂和內疚，最好的做法就是讓這些情緒稍微沖刷過自己，並且誠實地承認：我們無法控制全局，也不用為其負上全部責任。這樣的體驗也許會極為悲傷，但也有可能帶來一種解放。當我們哀悼那些永遠無法挽回的消逝，也會因此更能接受我們當下所處的現實。如此一來，我們就能以更實際、更持久的方式來面對和處理這些問題。

讓你的社會運動「變小一點」

想讓參與社會運動不再充滿壓力、不再占據你整個人生，另一個辦法就是別把它想成龐大又抽象的責任，而是專注於每天可以實際做到的那些小步驟。美國心理學會的研究顯示，當我們盯著一個龐大又可怕的問題、滿腦子只想著它有多巨大、多複雜時，就特別容易感受到無力感與悲傷。[39] 相反的，當我們把注意力放在那些小小的、在地的行動，以及這些行動能實際帶來的改變時，會覺得自己對局勢更有掌控力，也就不會那麼容易焦慮，甚至會更有動力去持續投入。

舉例來說，我可以利用空閒時間去研究生態系變化會如何影響芝加哥的在地與原生植物，也可以去植物園聽一場關於如何種植、保護本土物種的講座。[40] 我可用行動反對地方上的工業開發，避免氣候變遷惡化。我可以用選票支持重視這個議題的政治人物，也可以捐錢給在地由原住民主導的組織，協助他們以傳統方式培育原生植物、守護土地。[41] 我阻止不了氣候變遷，但那並不代表我就得放棄。我仍然可以在「自己為這個世界注入了一點生機」這件事裡找到慰藉。

———

金姆和他的伴侶凱勒耗費了許多年的光陰，才計畫出兩人的婚禮。金姆總是忙個不停，一會兒得照顧自己的病體，一會兒要照顧女兒，還要持續投入日常的社運工作。凱勒也因為有全職工作，還得維持家裡的整潔與秩序。這讓他們兩個都很難擠出時間和精力，去邁向人生的下一個階段。

直到最近，我打開IG，眼前出現的赫然是金姆身穿婚禮禮服的照片。他坐在飯店的床上，面帶微笑，身旁是他的女兒蘇菲。平常我和金姆聯絡時，聽到的多半是他有多疲憊、生活有多不容易，所以突然看到他幸福放鬆的模樣，真的令我很欣慰。我忍不住熱淚盈眶，然後迫不及待點進金姆的個人檔案，一張張欣賞那些美麗又充滿喜悅的婚禮照片。我知道，為了籌備婚禮而暫時放下社運工作，或許會讓金姆感到有些內疚——但身為他的朋友，我真的很替他高興。

結語

用同理心終結「懶惰的謊言」

Compassion Kills the Laziness Lie

本書一開始的案例，是一名家長告訴孩子：「無家者是懶惰鬼，所以不值得同情或幫助。」選擇從這個案例破題，是我刻意為之。許多人從小受到的教育，就是把無家者當成「懶惰」的代表，也理所當然地相信，「懶惰才是無家者受苦的根本原因」。這種習慣性檢討受害者的心態，帶來的其實是一種扭曲的安慰感——它讓我們可以關上自己的心，無視別人的苦難。而正是這種心態，讓我們陷在名為「超級生產力」的倉鼠滾輪上，永無止盡地奔跑。

一旦我們把無家者、失業者或貧困者都視為「懶惰」的受害者，反而會讓我們產生更強烈的動機去拚命工作。那種害怕成為「懶人」的恐懼，會轉化成「我是不是還不夠努力」的焦慮，最終讓我們把自己逼到極限，並對那些沒那麼拼命的人充滿批判和不耐。其實，缺乏對他人困境的同理，也會讓我們失去溫柔對待自己的能力。

對「懶惰的謊言」的反抗，不能只停留在鼓勵有全職工作的人偶爾放鬆一下、多休息一點。因為過度工作、永無止盡地自我逼迫，才是這個謊言的核心，而我們的確需要與之抗衡，但光做到這點還遠遠不夠。我們所處的「仇懶」文化早已無所不在，它滲透到我們對人際關係、教養、體態、投票障礙（阻礙或限制人們參與投票的困難或障礙）等各種事物的看法。「懶惰的謊言」教導我們「做得愈多，人才會愈有價值」，而一旦我們認同了這種價值觀，人生就會被不安全感和自我批判緊緊束縛。

要根除這種謊言和錯誤的價值觀，其實有一帖解藥，那就是不設限的「同理心」。若我們真的想破解「懶惰的謊言」，讓自己得到真正的自由，就必須去質疑這個社會對「懶惰」的各種指控——包括那些早已深植我們心中、難以擺脫的觀念。如果你有權利去休息、去不夠完美、去懶散、去發呆，那麼無家者、憂鬱者、成癮者也同樣有這個權利。如果你的生命價值不取決於你的生產力，那麼每一個人的生命價值也都不該被生產力所衡量。

要徹底擺脫這些根深蒂固的想法，真的很不容易。就拿我自己來說，我想這大概會是一輩子的修行。雖然我總是鼓勵身邊的朋友、同儕和學生，要多一點同理心與包容力，但我自己其實也常常在這方面掙扎。每當有人在我前面走得很慢、擋住我的去路時，我總是會忍不住火氣上升。同事回覆電郵或行事曆上邀請的速度慢了一點，我也容易變得不耐煩。有時朋友抱怨說他們需要改變現狀，卻始終沒有行動，我也會對他們的停滯不前感到困惑——明知道自己不該這樣，但這些反應還是會在我心中冒出來。我真的很不喜歡自己的這一面。

會對他人產生這樣的不諒解，其實是人之常情——「懶惰的謊言」早就把這種想法灌輸給我們。這些下意識的反應，其實是我們從小到大所受的社會教育，以及內化的偏見倒影。[1]產生這些念頭，並不代表我是個混蛋；如果你也有同樣的反應，也不代表你是個壞人。真正重要的是，我們要如何去看待和處理這些感受。我們永遠可以選擇反思自己的負面想法來自何處，也可以試著挑戰它們，甚至在它們不再對我們有益時，將這些想法釋放出去。

我做了很多努力，想把「懶惰的謊言」擋在心門之外，也讓內心那股無止盡的羞愧和批判逐漸沉澱下來。這些方法或步驟，其實都是根植於社會心理學的研究——也正是這門學科，塑造了我作為思想者和寫作者的樣貌。如果你也還在努力理解「懶惰的謊言」，以及它是如何影響你的生活（我想大多數人都是如此），那麼這些方法會是一個很好的起點。至少對我來說，它們真的幫助我學會更溫柔地對待他人，也對自己多了幾分同理。

練習培養基於「同理」的好奇心

我們常常在不明就裡的情況下，看到別人不積極或沒作為，就直接給他貼上「懶惰」的標籤。坦白說，當一個人的行為讓我們難以理解時，產生批判的念頭是很自然的反應。他不去找工作、一整天窩在沙發上、好幾個星期沒洗過一個碗——這還不夠懶嗎？只要用「懶惰」這個標籤把人歸類，原本複雜又難解的情境就被簡化成非黑即白，彷彿一切都理所當然。

與其急著下定論，不如試著保有好奇心。每個人都有自己行為背後的理由。即便某人的不作為，看起來像是在自找麻煩、讓人一頭霧水，但在他的人生脈絡裡，或許那是有道理的選擇。所以，當你發現自己快要開始批評別人時，不妨停下來想想：對方做出這樣的決定，背後可能有什麼原因？

你可以具體問問自己以下這些問題：

- 他們想要滿足什麼需求，才會這麼做？
- 他們是不是遇到什麼挑戰或障礙，才無法做出改變？
- 是不是有什麼隱性的困境（像是肢體障礙、心理疾病、過去的創傷、外在壓迫）讓他們難以採取行動？
- 會不會是有人告訴他們「該這樣做」？
- 他們有其他選擇嗎？那些選項對他們來說，真的可行嗎？

■ 他們可能需要什麼樣的協助？

研究顯示，培養好奇心確實能有效減少我們的歧視與偏見。[2] 而我們對別人的處境理解得愈多，就愈能同理他們及他們表面的「缺點」。

在我的教學生涯中，我就無數次實踐過這個原則。當有學生沒交作業、上課遲到，或是一直不回我的電郵時，我第一個反應可能會是：這位同學真懶，沒什麼上進心。我大可以直接放棄他們——但每當我願意先用好奇心去了解實際情況，事情的結果幾乎都會更好。通常只要我主動關心學生是不是遇到什麼問題，就會發現他們表現出來的「懶惰」，其實背後有著生活上的難處。而當學生信任我、願意坦白分享時，我就有機會真的幫到他們。這些建立連結、共同解決問題的時刻，往往成為我身為教育者最有意義的經驗——如果我始終抱持批判和成見、死守「懶惰的謊言」，這些事根本就不可能發生。

我有一個很要好的朋友深受成癮問題所苦，而我發現自己在看待他的處境時，也會用同樣的思維方式。他晚上常常失眠，成年後一直飽受自殺念頭的困擾。有時候，他唯一能做的選擇，就是讓自己喝醉——因為醉了就能入睡，也比較不會傷害自己。這當然不是什麼理想的解決方式，但我完全可以理解他為什麼這麼做。我會勸他少喝點酒，也會在他願意接受成癮諮詢時為他加油打氣，但對於他選擇用喝酒來暫時抵擋尋短的衝動，我實在無法責怪他。我很慶幸他還能繼續努力下去，也尊重他所做的決定。

我也發現，這些自我提問對於理解自己的行為非常有幫助。以前我習慣用電子菸攝取尼古丁，這個壞習慣曾讓我多年來一直覺得很丟臉、很不堪。後來我開始自問：是什麼情況會讓我更想抽電子菸？我究竟從中獲得了什麼？結果我很快就發現，自己其實是把電子菸當成抑制食慾的工具，也想藉此提振精神，就像人們喝咖啡一樣。領悟到這一點之後，我很快就用小點心和咖啡取代了電子菸。事實證明，單靠羞愧是無法改變我的行為的，我真正需要的是同理心和好奇心。

用更寬廣的脈絡去看待一件事

有時候，我們並沒有機會去直接詢問一個人的處境，或了解他為什麼會有某種行為。不過，即使在缺乏這些資訊的情況下，我們還是可以練習同理心，只是這時要做的，是試著觀察有哪些大格局的因素在限制他們、讓他們的生活變得艱難。

要真正接受一個人的作為（或不作為），我們就需要意識到：他們的行為往往會受到外部因素的影響。有時候，這些外部因素可能只是他今天心情不好、過得不太順利。也有時候，外部因素則是龐大且系統性的問題，例如階級歧視或種族歧視。

正如我在本書所說的，對抗「懶惰的謊言」之所以特別困難，是因為許多人早已被社會推到邊緣。有色人種與女性常常被期待要不斷展現生產力、毫無怨言地承擔責任，他們身上的負荷遠遠高過於多數白人男性。身心障礙者或心理疾病患者，則會因為自身的需求與限制而被羞辱；照顧自己的健康，在別人眼裡往往被當作一種寵溺，甚至是嬌慣。就連我在阿帕拉契地區的親戚也都曾在這種情境下掙扎——別忘了，在電影和電視劇裡，懶惰又無知的鄉巴佬形象，總是被拿來當成刻板印象及笑料。

在「懶惰的謊言」推波助瀾下，我們總是習慣給人貼標籤、隨意批判，而對他們所處的大環境與結構脈絡卻視若無睹。如果我們願意拉長鏡頭，檢視一個人所身處的社會背景，就能更清楚看到他們作為一個個體的複雜性和能動性，而不再把他們當成千篇一律、空洞的刻板印象。這樣一來，我們便能不再苛求別人展現出無懈可擊的行為與百分之百的生產力，而是開始學會看見：不論一個人能貢獻多少，他們本身就有其價值。

另一個值得嘗試的做法，是把這種放大格局的思考方式應用在自己的困境上。如果有哪一天沒能如願完成所有計畫，我或許會本能地自責自己懶惰、沒用，但我也可以換個角度想想：是不是今天有什麼外在因素拖慢了我？可能是昨晚沒睡好，也可能是自己快要感冒，只是還沒察覺。又或者，也許我剛得知公司健保不給付任何變性相關的醫療費用，於是有種被排斥、被貶低的感受。這些事情都會影響到我，同樣也可能影響到你。

我們都不是完美的生產力機器人——沒有任何人是。能夠對自己的處境保持敏感，並對挫折與失望有所反應，這本來就是一件好事。還記得索奇特·山多瓦說過「我們都需要時間去哀悼」嗎？能對環境產生情緒性的反應，代表我們有適應力，也是我們還活著的證明。我們會把自然反應誤認為是弱點，純粹是因為「懶惰的謊言」無所不在罷了。

別把「生產力」和「美善」畫上等號

當你已經習慣去反思他人為什麼會有某種行為之後，你就能進一步質疑一個根本的假設：什麼樣的行為比較「好」？理由又是什麼？對他人的處境保持好奇，能幫助我們理解：為什麼在某些情境下，他們的行為看起來無效或不夠好。這是一個很好的起點。但若要做到更徹底的同理，其實應該是直接停止替行為貼上「壞」的標籤。

「懶惰的謊言」深植於資本主義，以及某種特別嚴苛的基督教傳統——它宣揚救贖必須靠辛勤工作。這套價值觀也滲入了我們討論生產力、努力和成就的語言。於是，在這種信念下，「閒著」就變成了浪費時間，「不斷讓自己很忙」才是正確的。換句話說，「有事在忙」永遠被視為比「沒事做」更有價值，至於你到底在忙什麼，反而不重要。

這種心態會把我們帶往許多危險的方向。若我們真的相信「有工作一定比沒工作好」，那麼即使我們在一個汙染環境、充滿腐敗的產業裡，遇到壓榨員工的老闆，我們也會選擇咬著牙留下來，因為「辭職」這個選擇更糟糕。如果「保持忙碌」是美德，那麼我們理應瘋狂地消耗資源、環遊世界、追求那些高調又昂貴，且適合貼上IG的各種體驗，而不該只是一個人宅在家。如果「活躍」永遠比「被動」更值得推崇，那我們就會以為，對世界發表自己的意見遠比聽取專家的教導還重要。

「懶惰的謊言」會把我們推向極端、狂熱的個人主義，不留空間給我們反思、傾聽，或安靜地自我成長。這讓我想起一句常被歸給愛爾蘭政治家艾德蒙・伯克（Edmund Burke）的名言，也是許多孩子第一次學到納粹大屠殺歷史時會聽到的話——邪惡盛行的唯一條件，是善良者的袖手旁觀。

這句話的確振聾發聵，強調我們必須站出來對抗邪惡。我相信，許多孩子初聽這句話時都會為之動容。許多領袖也時常拿這句話去正當化自己一些大膽的決定。畢竟，「做點什麼總比什麼都不做好」。只不過，這句名言的核心也潛藏著「懶惰的謊言」——它暗示「什麼都不做」就等於默許了邪惡。

這句名言其實還有一個問題：艾德蒙・伯克真的說過這句話嗎？其實並沒有。[3] 事實上，這句話的出處基本上是一個謎，它很可能只是被某個人杜撰出來，後來才在世界各地被各個政治領袖、社運人士和非營利組織廣泛引用。伯克的原話其實並未強調動員個體，他說的是：「當邪惡匯聚，良善的人們就必須團結起來，否則一個一個都將成為卑劣鬥爭下無謂的犧牲品。[4]」

這句話說的，並不是「好人」必須主動出擊去對抗邪惡，而是在呼籲善良的人團結一致，堅定地抵抗那些來襲的邪惡勢力。伯克真正強調的並非盲目的行動，而是集體的力量。他想表達的是：不是所有「為善而戰」都必然是一場力量的對決，而充滿暴力的「卑劣爭鬥」往往只會導致失敗。有時候，善良的人所能做的最重要的事，就是彼此扶持、撐過難關，並堅持到最後。

我很好奇，伯克的這句偽名言到底已被用來合理化多少事——像是轟炸貧困地區、侵略獨立的國家，甚至把邊緣化的群體送進監獄或矯正中心。要是袖手旁觀等同於對邪惡的縱容，那麼任何為了打擊邪惡而採取的行動，幾乎都能自圓其說。如果「不作為」是一種邪惡，那麼「做點什麼」就自然成為了正義——即便那個「做點什麼」是魯莽、甚至會帶來破壞的行動。

有時候，為了反駁這句（被扭曲的）伯克名言，我會告訴大家：有害的力量之所以能持續存在，只需要壞人相信「自己是在行善」。一旦我們把生產力與良善畫上等號，兩者的界限就難以分辨了。

「懶惰的謊言」對世人的洗腦可謂根深蒂固。即便我們已慢慢意識到這些謊言有多不合理、多危險，它們還是可能在我們內心深處殘留著某種控制力。想一點一滴地將這個謊言連根拔除，我們就必須學會敏銳辨識它留下的種種痕跡。

要判斷自己是否仍在把生產力與正面價值畫上等號，我們可以觀察以下這些蛛絲馬跡：

- 當一整天下來的工作進度不如預期時，你會感到很內疚。
- 在空閒時，你無法真正放鬆、享受當下。
- 你覺得自己必須努力工作，才能「換取」休假或休息的權利。
- 你之所以照顧自己的健康，只是為了維持生產力。
- 沒有事情可做時，你會覺得自己「很沒用」。
- 每當想到變老或失能，你就會感到無比沮喪。
- 當你對某人說了「不」，你總會忍不住答應他別的請求，像是想「彌補」什麼一樣。

放眼這整本書，我反覆勾勒了過勞是如何以各種方式在損害人的健康、幸福，甚至拉低工作品質。這些描述固然屬實，但反覆這麼強調，其實也會給人留下另一種不良印象：讓人覺得我們照顧自己，似乎只是為了能工作得更長久，且把工作做得更好。如果你依然把「休息」視為「為了走更遠的路」，那就表示你還是在讓生產力定義你的價值。

在我剛完成後來成為本書基礎的一篇文章時，曾收到許多讀者的來信，他們想知道自己該怎麼做才能提高生產力。但其實我那篇文章的重點是：一個人之所以會顯得「懶散」，往往是因為遇到了看不見的障礙與挑戰。

而許多讀者想進一步知道：他們要如何找出、並克服生活裡的這些隱形阻礙，好讓自己能「做得更多」？

對於這類問題，我總是一再強調：我其實沒有什麼妙方，可以幫助他們突破所有限制、完成更多事情。我甚至不覺得大家應該把重心放在提升生產力上。如果真的想在生活的某個區塊中完成更多事，那麼勢必得先減少其他負擔，不讓自己繼續疲於奔命。更重要的是，我希望他們能坦然接受：自己的生產力，不需要像社會期待的那麼高。

休息一下、設定界限，以及學會傾聽內心那份「想偷懶」的聲音，這些本身就是值得你去做的事，跟能否提升你的工作表現無關。如果你真的學會優先照顧自己的健康，你可能會發現，自己的整體生產力反而下降了，因為你原本就一直在超額付出。

更全面地照顧自己，也意味著接受自己不再像過去那麼多產，並慢慢將這種轉變視為是一件好事。當你按照本書的建議去實踐時，可能會發現臥室變得有點亂，信箱裡的未讀郵件開始堆積，被稱讚「敬業」的次數也變少了。但如果有一天，你能自在地接受這些改變，覺得它們是自然、沒有威脅感的，那就代表你已經開始真正擺脫「懶惰的謊言」了。

當然，這樣的轉變並非是一蹴可幾。就連現在的我，還是常常會忍不住用自己完成了多少事來衡量人生的價值。有時候，我甚至還會發現自己在暗暗批判那些不是「工作狂」或「成就獵人」的人。所幸，我靠著一個有點奇葩的方法，得以暫時跳脫這些念頭——那就是放空思緒，想想我家那隻絨毛鼠「小卡車」的呆萌模樣。

就像多數寵物一樣，小卡車一輩子也沒做過什麼「有生產力」的事。牠每天就是吃了睡、睡了吃，不然就是拼命破壞我放進籠子裡的各種木頭玩具。每當看到大白天就睡成一灘爛泥的小卡車，我也一點都不會嫌棄牠「懶惰」。我從不覺得牠需要努力才能換取吃飯、休息或玩耍的權利。我只是單純的愛牠、覺得牠萌。小卡車的價值，從來不在於牠帶給我多少娛樂，更不在於牠為我的生活「貢獻」了什麼。牠的價值，就在於牠那樣美麗而不完美地活著。

如果這隻小動物的生命之所以美好和有價值，完全不取決於牠做了什麼或沒做什麼，那麼也許我們每個人的生命也一樣。事實上，如果我能無條件地愛小卡車，不論牠在做什麼或什麼都不做，那麼或許我也能學會，不管其他人怎麼過日子，我都能一視同仁地欣賞和肯定每一個人的存在。真正的美好，是去意識到：每個人都值得擁有愛與舒適的生活，而這份價值與權利，從來都和生產力無關。

我偶爾也會忘記這一點，但只要我能清楚記得這個道理，心裡就會湧上一股平靜與祥和。我會更明白，自己無須再勉強自己，也不需要把過多的責任和辛勞強加在身上當作懲罰。我可以，只要好好做自己就好。

給自己多一點溫柔

深植於工業化、帝國主義與奴隸制度等歷史遺緒的「懶惰的謊言」，有著源遠流長的歷史。這種謊言早已滲透進我們日常消費的各種媒體形式，從大卡司、大製作的賣座鉅片，到貼近日常生活的YouTube頻道影片，無所不在。從我們還是個小孩開始，多數人就被灌輸：努力才有價值，不思進取會帶來危害。這種根植人心的文化程式，不可能輕易就將其抹除。

想要卸除深植於我們內心的「懶惰的謊言」，並不是要你去刷洗心靈，使其一點痕跡都不留。因為無論我們多麼仔細檢視自己的思維模式、質疑過去的成見，那些謊言的影響還是會留在我們身上。不過，隨著時間推移，我們會一點一滴地進步。我們會愈來愈能看淡那些受到制約、習慣去批判他人的念頭，也會開始運用更多同理心來指引自己的行動。

這當中其實充滿了諷刺——學著抗拒「懶惰的謊言」，本身就需要長久、持續的內在努力。你必須不斷練習對自己溫柔、懷抱同理，也要明白改變不會發生在一夕之間，更沒有什麼「擊敗謊言」的排名或獎盃在等著你。你會一直在學習，也永遠不會真正達到「完美」，但這一切都沒有關係。現在的你就是最好的你——這句話對所有人都成立。

致謝

我想感謝金姆・羅森卡特、邁可・艾佛瑞特給我友誼與道德上的指引。結識你們讓我在做人、在智識、在情感上，都有所成長。你們用筆下的文字教會了我要以同理心去面對各種社會問題，讓我學到了我在任何課堂上都不曾學到的一課。這本書的成立非你們不可。

一聲大大的感謝要獻給我的版權經紀人珍妮・赫雷拉（Jenny Herrera）。在妳主動與我接觸之前，我只是把寫作當成興趣，有一搭沒一搭地弄著。是妳給了我信心，也給了我內行的知識與不可或缺的回饋，讓我得以立志想更進一步。我怎麼感謝妳都不為過。妳的支持改變了我的生命軌跡。

我要謝謝哈里斯・薩克爾（Harris Sockel）與網路寫作平台Medium的編輯團隊。你們對我不間斷的支持，讓我在作家的身分上有所成長，也讓我的作品扎扎實實地觸及了數百萬原本接觸不到的讀者。你們的編輯意見讓我獲益良多，我從中學到了要怎麼把文字處理得好懂而不囉唆。

莎拉・佩爾茲（Sarah Palz），我對妳滿了感激，是妳一手在艾崔亞（Atria）出版社主導了這本書的出版，也是妳促成了它的成形。妳於本書架構與前幾章文字裡的貢獻，對最終作品的成形都稱得上不可或缺。妳的鼓勵與對這個案子的信心，都使我得以撐到最後。謝謝妳願意在我身上賭這一把。

我想好好謝過阿馬・迪爾（Amar Deol），感謝你以編輯之姿接下這本書。你的回饋既透徹又精準，看了令人幹勁十足，重點是我的稿子因此更上了一層樓。我將你的一些意見截圖，存進了手機，在自我懷疑時拿出來看一下，我體內的作家就會感覺好多了。與你共事完全是我的榮幸。

克里斯多福・皮亞特（Christopher Piatt），謝謝你看出我的潛力，且多年來幫著我去加以培育它。謝謝在芝加哥現場文學社群（Chicago's Live Lit Community）裡的其他聲音，是你們幫助了我去砥礪出自我的風格：喬許・扎戈倫（Josh Zagaren）、伊恩・貝爾克納普（Ian Belknap）、湯姆・哈里森（Tom Harrison）、梅根・斯蒂爾斯特拉（Megan Steilstra）、畢拉爾・達爾代（Bilal Dardai）、卡莉・大石（Carly Oishi）與珊曼莎・爾比（Samantha Irby）等人。我的文筆哪怕有一丁點感召力，都得歸功於這些年，在你們每一位身邊的耳濡目染。

我要謝謝凱文・強森（Kevin Johnson）與迪奧・歐文斯（Dio Owens）在我猶豫不絕於書封設計時，跑來給我打氣。你們讓我不再失語，讓我知道怎麼去形容我想要的書封調性，也讓我知道了要怎要去調動出適合的視覺效果。謝謝你們，柯林斯・昆恩・萊斯（Collin Quinn Rice）與珍妮佛・鮑瑟（Jennifer Bowser），是你們讓我對拍照一事不再扭扭捏捏。

艾妲・卡特勒（Ida Cuttler），我非常謝謝妳與我分享了各式各樣的高見，讓我更深入了解了書籍銷售的流程，包括妳花了不少時間陪我在芝加哥安德森維爾的「女性與兒童第一書店」（Women & Children First）瀏覽了各種封面設計與封底文案。妳在整個過程中都像個好友，不吝給我種種協助，對此我銘感五內。

我要謝謝我每一個在Tumblr寫作社群上的朋友，這些年多虧了你們與我分享各種故事與碎念，更別說你們還做了那麼多事去促進我的成長：梅蘭尼・歐布萊恩（Melanie O'Brien）、潔西卡・瓊斯（Jessica Jones）、史提芬・T・甘迺迪（Stephen T. Kennedy）、凱拉・安克朗（Kayla Ancrum）、羅克西・麥唐諾（Roxy MacDonald）、查克・麥克基渥（Chuck McKeever）、莉茲・夏普（Liz Sharp）與莎拉・麥考伊（Sarah McCoy）等人。

謝謝（此刻與過去）每一位感到倦怠的朋友為了這本書，所與我進行的分享：伊瑪尼、潔西卡、妮米希爾、瑞克、邁可、凱特琳、潔西、潔絲、亞曼達、金姆，乃至於其他在這本書中登場過的大家，都讓我有表達不盡的謝意。謝謝你們騰出時間，讓我看到你們脆弱的一面。

我要謝謝每一位學者、心理衛生專家、倡議者與社運人士，乃至於心理學家，感謝你們願意為了本書受訪：奧古斯特、索奇特、凱西、莎朗、弗列德、路薏絲、馬可斯、保羅與安奈特，與你們對談令我獲益良多。

我要謝謝我的每一位學生，特別是願意相信我，與我分享他們極限與需求的那些同學——我很遺憾有一些老師或教授曾讓你們覺得自己有哪裡不對。你們沒有，你們正常得很！

我要謝謝我媽跟我姊姊，是她們從沒忘記要提醒我一件事：人偶爾就是要輕鬆一點、享受一下人生。我發誓我多少內化了一點這項重要的人生課程。最後我要謝謝我的人生伴侶兼絨毛鼠「小卡車」的共同監護人，同時也是全世界最棒的牛仔，尼克，是奇怪但有創意的你給了我需要的耐心，與愛意。

Notes

第一章｜名為「懶惰」的謊言

1. European Federation of National Organisations Working with the Homeless (FEANTSA), “Recognising the Link between Trauma and Homelessness,” January 27, 2017, https://www.feantsa.org/download/feantsatraumaandhomelessness03073471219052946810738.pdf.
2. National Coalition for the Homeless, “Homeless Youth,” August 2007, http://www.nationalhomeless.org/publications/facts/youth.pdf.
3. Arthur Goldsmith, PhD, and Timothy Diette, PhD, “Exploring the Link between Unemployment and Mental Health Outcomes,” American Psychological Association, April 2012, https://www.apa.org/pi/ses/resources/indicator/2012/04/unemployment.
4. D. Vojvoda and I. Petrakis, “Trauma and Addiction—How to Treat Co-Occurring PTSD and Substance Use Disorders,” in The Assessment and Treatment of Addiction, Itai Danovitch and Larissa Mooney, eds. (New York: Elsevier, 2018), 189–96.
5. Nicole L. Henderson and William W. Dressler, “Medical Disease or Moral Defect? Stigma Attribution and Cultural Models of Addiction Causality in a University Population,” Culture, Medicine, and Psychiatry 41, no. 4 (December 2017): 480–98.
6. Victoria Pillay-van Wyk and Debbie Bradshaw, “Mortality and Socioeconomic Status: The Vicious Cycle between Poverty and Ill Health,” The Lancet Global Health 5, no. 9 (September 2017): e851–e852.
7. Marja Hult and Kirsi Lappalainen, “Factors Associated with Health and Work Ability among Long-Term Unemployed Individuals,” International Journal of Occupational Health and Public Health Nursing 5, no. 1 (2018), 5–22.
8. K. B. Adams, S. Sanders, and E. A. Auth, “Loneliness and Depression in

Independent Living Retirement Communities: Risk and Resilience Factors," Aging & Mental Health 8, no. 6 (November 2004): 475–85.
9. Nicole K. Valtorta, Mona Kanaan, Simon Gilbody, Sara Ronzi, and Barbara Hanratty, "Loneliness and Social Isolation as Risk Factors for Coronary Heart Disease and Stroke: Systematic Review and Meta-Analysis of Longitudinal Observational Studies," BMJ Heart 102, no. 13 (2016): 1009–16.
10. Betty Onyura, John Bohnen, Don Wasylenki, Anna Jarvis, Barney Giblon, Robert Hyland, Ivan Silver, and Karen Leslie, "Reimagining the Self at Late-Career Transitions: How Identity Threat Influences Academic Physicians' Retirement Considerations," Academic Medicine 90, no. 6 (June 2015): 794–801.
11. Jake Linardon and Sarah Mitchell, "Rigid Dietary Control, Flexible Dietary Control, and Intuitive Eating: Evidence for Their Differential Relationship to Disordered Eating and Body Image Concerns," Eating Behaviors 26 (August 2017):16–22.
12. "Lazy," Online Etymology Dictionary, https://www.etymonline.com/word/lazy.
13. Ibid.
14. "Lazy," Webster's New World College Dictionary, 5th ed. (New York: Houghton Mifflin Harcourt, 2014).
15. Max Weber, The Protestant Ethic and the Spirit of Capitalism, trans. Talcott Parsons (New York: Dover, 2003).
16. Sydney E. Ahlstrom, A Religious History of the American People, 2nd ed. (New Haven, CT: Yale University Press, 2004), 125.
17. "A History of Slavery in the United States," National Geographic Society, https://www.nationalgeographic.org/interactive/slavery-united-states/.
18. J. Albert Harrill, "The Use of the New Testament in the American Slave Controversy: A Case History in the Hermeneutical Tension between Biblical Criticism and Christian Moral Debate," Religion and American Culture: A Journal of Interpretation 10, no. 2 (Summer 2000): 149–86.
19. Noel Rae, The Great Stain: Witnessing American Slavery (New York: Overlook Press, 2018), chapter 5.
20. Dr. Samuel A. Cartwright, "Diseases and Peculiarities of the Negro Race," De Bow's Review, 1851, http://www.pbs.org/wgbh/aia/part4/4h3106t.html.
21. Heather E. Lacey, "Nat Turner and the Bloodiest Slave Rebellion in

American History," Inquiries 2, no. 1 (2010), http://www.inquiriesjournal.com/articles/147/nat-turner-and-the-bloodiest-slave-rebellion-in-american-history.

22. "Drapetomania," Ferris State University, Jim Crow Museum of Racist Memorabilia, November 2005, https://www.ferris.edu/HTMLS/news/jimcrow /question/2005/november.htm.
23. Matthew Desmond, "In Order to Understand the Brutality of American Capitalism, You Have to Start on the Plantation," New York Times Magazine, August 14, 2019, https://www.nytimes.com/interactive/2019/08/14/magazine/slavery-capitalism.html.
24. "History and Culture: Boarding Schools," Northern Plains Reservation Aid, http://www.nativepartnership.org/site/PageServer?pagename=airchistboardingschools.
25. Weber, The Protestant Ethic and the Spirit of Capitalism, chapter 5.
26. A. P. Foulkes, Literature and Propaganda (Abingdon, UK: Routledge, 2013), 46.
27. John A. Geck, "Novels of Horatio Alger: Archetypes and Themes," Cinderella Bibliography, University of Rochester, https://d.lib.rochester.edu/cinderella/text/alger-archetypes-and-themes.
28. Russell S. Woodbridge, "Prosperity Gospel Born in the USA," Gospel Coalition, June 4, 2015, https://www.thegospelcoalition.org/article/prosperity-gospel-born-in-the-usa/.
29. Megan Garber, "The Perils of Meritocracy," Atlantic, June 30, 2017, https://www.theatlantic.com/entertainment/archive/2017/06/the-perils-of-meritocracy/532215/.
30. Melvin J. Lerner, "The Two Forms of Belief in a Just World," in Responses to Victimizations and Belief in a Just World (Boston: Springer, 1998), 247–69.
31. Roland Bénabou and Jean Tirole, "Belief in a Just World and Redistributive Politics," Quarterly Journal of Economics 121, no. 2, 699–746.
32. "Common Portrayals of Persons with Disabilities," Media Smarts, August 22, 2014, http://mediasmarts.ca/diversity-media/persons-disabilities/common-portrayals-persons-disabilities.
33. "One Last Job," TV Tropes, https://tvtropes.org/pmwiki/pmwiki.php/Main/OneLastJob.
34. Rickey Thompson, Instagram post, May 28, 2019, https://www.instagram.com/p/ByBLnuPlbE/?utmsource=igwebcopylink.

35. Patrick Wright, "When Video Game Streaming Turns from Dream to Nightmare," ABC Life, April 8, 2019, https://www.abc.net.au/life/the-dark-side-of-streaming-games-online/10895630.
36. Dan Camins, "Twitch Streamer Dies Due to Sleep Deprivation during 24-Hour Live-Stream Gaming of 'World of Tanks,' " University Herald, February 24, 2017, https://www.universityherald.com/articles/66699/20170224/twitch-streamer-dies-during-24-hour-live-stream-gaming-world.htm.
37. "Bo Burnham's Inspirational Advice: Give Up Now—CONAN on TBS," Team Coco, June 28, 2016, https://www.youtube.com/watch?v=q-JgG0ECp2U.
38. Raymond E. Callahan, Education and the Cult of Efficiency: A Study of the Social Forces That Have Shaped the Administration of the Public Schools (Chicago: University of Chicago Press, 1964).
39. Joseph R. Cimpian, Sarah T. Lubienski, Jennifer D. Timmer, Martha B. Makowski, and Emily K. Miller, "Have Gender Gaps in Math Closed? Achievement, Teacher Perceptions, and Learning Behaviors across Two ECLS-K Cohorts," AERA Open 2, no. 4 (October 26, 2016), doi:10.1177/2332858416673617.
40. Christina Maslach, "Burnout and Engagement in the Workplace: New Perspectives," European Health Psychologist 13, no. 3 (2011): 44–47.

第二章｜重新思考「懶惰」這件事

1. Devon Price, "Laziness Does Not Exist," Human Parts, Medium, March 23, 2018, https://humanparts.medium.com/laziness-does-not-exist-3af27e312d01.
2. Matthew Stott, "Depression Stigma in University Students: Faculty Differences, and Effects of Written De-Stigmatisation Strategies," master's thesis, Lunds University, 2018.
3. R. Mendel, W. Kissling, T. Reichhart, M. Bühner, and J. Hamann, "Managers' Reactions towards Employees' Disclosure of Psychiatric or Somatic Diagnoses," Epidemiology and Psychiatric Sciences 24, no. 2 (April 2015): 146–49.
4. Carly Johnco and Ronald M. Rapee, "Depression Literacy and Stigma Influence: How Parents Perceive and Respond to Adolescent Depressive Symptoms," Journal of Affective Disorders 241 (December 1, 2018): 599–607.

5. Shoji Yokoya, Takami Maeno, Naoto Sakamoto, Ryohei Goto, and Tetsuhiro Maeno, "A Brief Survey of Public Knowledge and Stigma towards Depression," Journal of Clinical Medicine Research 10, no. 3 (March 2018): 202–9, doi:10.14740/jocmr3282w.
6. Helia Ghanean, Amanda K. Ceniti, and Sidney H. Kennedy, "Fatigue in Patients with Major Depressive Disorder: Prevalence, Burden, and Pharmacological Approaches to Management," CNS Drugs 32 (2018): 65–74, https://doi.org/10.1007/s40263-018-0490-z.
7. Philippe Fossati, Anne-Marie Ergis, and J. F. Allilaire, "Executive Functioning in Unipolar Depression: A Review," L'Encéphale 28, no. 2 (November 2001): 97–107.
8. Ibid.
9. Laura A. Rabin, Joshua Fogel, and Kate Eskine, "Academic Procrastination in College Students: The Role of Self-Reported Executive Function," Journal of Clinical and Experimental Neuropsychology 33, no. 3 (November 2010): 344–57.
10. Eric D. Deemer, Jessi L. Smith, Ashley N. Carroll, and Jenna P. Carpenter, "Academic Procrastination in STEM: Interactive Effects of Stereotype Threat and Achievement Goals," Career Development Quarterly 62, no. 2 (June 2014): 143–55.
11. Gery Beswick, Esther D. Rothblum, and Leon Mann, "Psychological Antecedents of Student Procrastination," Australian Psychologist 23, no. 2 (1988): 207–17.
12. Kent Nordby, Catharina Elisabeth Arfwedson Wang, Tove Irene Dahl, and Frode Svartdal, "Intervention to Reduce Procrastination in First-Year Students: Preliminary Results from a Norwegian Study," Scandinavian Psychologist 3 (June 25, 2016): e10, https://doi:10.15714/scandpsychol.3.e10.
13. Claudia Iacobacci, "Common and Different Features between Depression and Apathy in Neurocognitive Disorders," Clinical and Experimental Psychology 3, no. 3 (2017): 163, doi:10.4172/2471-2701.1000163.
14. Ann Palker-Corell and David K. Marcus, "Partner Abuse, Learned Helplessness, and Trauma Symptoms," Journal of Social and Clinical Psychology 23, no. 4 (2004): 445–62.
15. John Dixon and Yuliya Frolova, "Existential Poverty: Welfare Dependency, Learned Helplessness and Psychological Capital," Poverty & Public Policy

3, no. 2 (June 2011): 1–20.
16. Arnold B. Bakker, Hetty van Emmerik, and Martin C. Euwema, "Crossover of Burnout and Engagement in Work Teams," Work and Occupations 33, no. 4 (November 2006): 464–89.
17. https://theintercept.com/2020/04/09/nonvoters-are-not-privileged-they-are-largely-lower-income-non-white-and-dissatisfied-with-the-two-parties/.
18. Chris Weller, "Forget the 9 to 5—Research Suggests There's a Case for the 3-Hour Workday," Business Insider, September 26, 2017, https://www.businessinsider.com/8-hour-workday-may-be-5-hours-too-long-research-suggests-2017-9.
19. Brian Wansink, Collin R. Payne, and Pierre Chandon, "Internal and External Cues of Meal Cessation: The French Paradox Redux?" Obesity (Silver Spring, MD) 15, no. 12 (December 2007): 2920–24, doi:10.1038/oby.2007.348.
20. Katherine Dudley, MD, MPH, "Weekend Catch-Up Sleep Won't Fix the Effects of Sleep Deprivation on Your Waistline," Harvard Health Publishing, Harvard Medical School, September 24, 2019, https://www.health.harvard.edu/womens-health/repaying-your-sleep-debt.
21. Shafaat Hussain and Truptimayee Parida, "Exploring Cyberloafing Behavior in South-Central Ethiopia: A Close Look at Madda Walabu University," Journal of Media and Communication Studies 9, no. 2 (February 2017): 10–16, http://www.academicjournals.org/journal/JMCS/article-full-text/9A73F0A62800.
22. Heyun Zhang, Huanhuan Zhao, Jingxuan Liu, Yan Xu, and Hui Lu, "The Dampening Effect of Employees' Future Orientation on Cyberloafing Behaviors: The Mediating Role of Self-Control," Frontiers in Psychology 6 (September 2015), http://journal.frontiersin.org/article/10.3389/fpsyg.2015.01482/full.
23. Mehlika Saraç and Aydem Çiftçio˘glu, "What Do Human Resources Managers Think About the Employee's Internet Usage?" Anadolu University Journal of Social Sciences 14, no. 2 (2014): 1–12, https://lopes.idm.oclc.org/login?url=http://search.ebscohost.com/login.aspx?direct=true&db=a9h&AN=97023033&site=eds-live&scope= site.
24. Hussain and Parida, "Exploring Cyberloafing Behavior in South-Central Ethiopia."
25. Farzana Quoquab, Zarina Abdul Salam, and Siti Halimah, "Does

Cyberloafing Boost Employee Productivity?" 2015 International Symposium on Technology Management and Emerging Technologies (ISTMET), 119–122, IEEE.

26. Asal Aghaz and Alireza Sheikh, "Cyberloafing and Job Burnout: An Investigation in the Knowledge-Intensive Sector," Computers in Human Behavior 62 (September 2016): 51–60, http://www.sciencedirect.com/science/article/pii/S0747563216302424.
27. Alexander Johannes Aloysius Maria van Deursen, Colin L. Bolle, Sabrina M. Hegner, and Petrus A. M. Kommers, "Modeling Habitual and Addictive Smartphone Behavior: The Role of Smartphone Usage Types, Emotional Intelligence, Social Stress, Self-Regulation, Age, and Gender," Computers in Human Behavior 45 (2015): 411–20, http://doc.utwente.nl/95319/1/1-s2.0-S0747563214007626-main.pdf.
28. Quoquab, Salam, and Halimah, "Does Cyberloafing Boost Employee Productivity?"
29. Simone M. Ritter and Ap Dijksterhuis, "Creativity—the Unconscious Foundations of the Incubation Period," Frontiers in Human Neuroscience 8, no. 1 (April 2014), doi:10.3389/fnhum.2014.00215.
30. Benjamin Baird, Jonathan Smallwood, Michael Mrazek, Julia W. Y. Kam, Michael S. Franklin, and Jonathan Schooler, "Inspired by Distraction: Mind Wandering Facilitates Creative Incubation," Psychological Science 23, no. 10 (August 2012): 1117–22.
31. Tom Palmer and Matthew Weiner, "Indian Summer," Mad Men, AMC, October 4, 2007.
32. Anna Almendrala, "Lin-Manuel Miranda: It's 'No Accident' Hamilton Came to Me on Vacation," Landit, May 26, 2018, https://landit .com /articles /lin-manuel-miranda-its-no-accident-hamilton-came-to-me-on-vacation.
33. Ibid.
34. James W. Pennebaker, "Traumatic Experience and Psychosomatic Disease: Exploring the Roles of Behavioural Inhibition, Obsession, and Confiding," Canadian Psychology 26, no. 2 (1985): 82–95.
35. James W. Pennebaker, Writing to Heal: A Guided Journal for Recovering from Trauma & Emotional Upheaval (Oakland, CA: New Harbinger Publications, 2004).
36. Stephen J. Lepore, "Expressive Writing Moderates the Relation between Intrusive Thoughts and Depressive Symptoms," Journal of Personality and

Social Psychology 73, no. 5 (1997): 1030–37.
37. Danielle Arigo and Joshua M. Smyth, "The Benefits of Expressive Writing on Sleep Difficulty and Appearance Concerns for College Women," Psychology & Health 27, no. 2 (January 2011): 210–26.
38. Karen A. Baikie and Kay Wilhelm, "Emotional and Physical Health Benefits of Expressive Writing," Advances in Psychiatric Treatment 11, no. 5 (September 2005): 338–46.
39. Carolin Mogk, Sebastian Otte, Bettina Reinhold-Hurley, and Birgit Kröner-Herwig, "Health Effects of Expressive Writing on Stressful or Traumatic Experiences: A Meta-Analysis," Psycho-Social Medicine 3 (2006): Doc06.
40. Pennebaker, Writing to Heal.
41. Eva-Maria Gortner, Stephanie S. Rude, and James W. Pennebaker, "Benefits of Ex-pressive Writing in Lowering Rumination and Depressive Symptoms," Behavior Therapy 37, no. 3 (September 2006): 292–303.
42. James W. Anderson, Chunxu Liu, and Richard J. Kryscio, "Blood Pressure Response to Transcendental Meditation: A Meta-Analysis," American Journal of Hypertension 21, no. 3 (March 2008): 310–16.
43. David S. Black and George M. Slavich, "Mindfulness Meditation and the Immune System: A Systematic Review of Randomized Controlled Trials," Annals of the New York Academy of Sciences 1373, no. 1 (June 2016): 13–24.
44. Li-Chuan Chu, "The Benefits of Meditation vis-à-vis Emotional Intelligence, Perceived Stress and Negative Mental Health," Stress and Health: Journal of the International Society for the Investigation of Stress 26, no. 2 (2010): 169–80.

第三章｜工作不要太辛苦，天經地義

1. Annette J. Towler, "Effects of Charismatic Influence Training on Attitudes, Behavior, and Performance," Personnel Psychology 56, no. 2 (2003): 363–81.
2. Steven C. Currall, Annette J. Towler, Timothy A. Judge, and Laura Kohn, "Pay Satisfaction and Organizational Outcomes," Personnel Psychology 58, no. 3 (September 2005): 613–40.
3. Annette J. Towler and Alice F. Stuhlmacher, "Attachment Styles, Relationship Satisfaction, and Well-Being in Working Women," Journal of Social Psychology 153, no. 3 (May–June 2013): 279–98.

4. Richard L. Porterfield, "The PERILS of Micromanagement," Contract Management 43, no. 2 (February 2003): 20–23.
5. John D. Owen, "Work-Time Reduction in the U.S. and Western Europe," Monthly Labor Review 111 (December 1988): 41–45.
6. Vicki Robin and Joe Dominguez, "Humans Once Worked Just 3 Hours a Day. Now We're Always Working, but Why?" Big Think, April 6, 2018, https://bigthink.com/big-think-books/vicki-robin-joe-dominguez-your-money-or-your-life.
7. John Hinshaw and Paul Le Blanc, eds., U.S. Labor in the Twentieth Century: Studies in Working-Class Struggles and Insurgency (Amherst, NY: Humanity Books, 2000).
8. Donald M. Fisk, "American Labor in the 20th Century," US Bureau of Labor Statistics, January 30, 2003, https://www.bls.gov/opub/mlr/cwc/american-labor-in-the-20th-century.pdf.
9. Robert Michael Smith, From Blackjacks to Briefcases: A History of Commercialized Strikebreaking and Unionbusting in the United States (Athens: Ohio University Press, 2003).
10. Joseph A. McCartin, Labor's Great War: The Struggle for Industrial Democracy and the Origins of Modern American Labor Relations, 1912–1921 (Chapel Hill: University of North Carolina Press, 1997).
11. Lydia Saad, "The '40-Hour' Workweek Is Actually Longer—by Seven Hours," Gallup, August 29, 2014, https://news.gallup.com/poll/175286/hour-workweek-actually-longer-seven-hours.aspx.
12. Robin and Dominguez, "Humans Once Worked Just 3 Hours a Day."
13. Saad, "The '40-Hour' Workweek Is Actually Longer."
14. "Work and Workplace," Gallup, https://news.gallup.com/poll/1720/work-work-place.aspx.
15. "Survey: U.S. Workplace Not Family-Oriented," Associated Press, May 22, 2007, http://www.nbcnews.com/id/16907584/ns/business-careers/t/survey-us-workplace-not-family-oriented/#.XYEXOShKiUk.
16. US Department of Labor, Wage, and Hour Division, "Overtime Pay," https://www.dol.gov/agencies/whd/overtime#:~:text=Unless%20exempt%2C%20employees%20covered%20by,may%20work%20in%20any%20workweek.
17. "The Productivity-Pay Gap," Economic Policy Institute, July 2019, https://www.epi.org/productivity-pay-gap/.
18. Erik Rauch, "Productivity and the Workweek," 2000, http://groups.csail.mit.

edu/mac/users/rauch/worktime/.
19. Victor Lipman, "Workplace Trend: Stress Is on the Rise," Forbes, January 9, 2019, https://www.forbes.com/sites/victorlipman/2019/01/09/workplace-trend-stress-is-on-the-rise/#71ceee946e1b.
20. David Blumenthal, MD, "The Decline of Employer-Sponsored Health Insurance," Commonwealth Fund, December 5, 2017, https://www.commonwealthfund.org/blog/2017/decline-employer-sponsored-health-insurance.
21. Lisa Greenwald and Paul Fronstin, PhD, "The State of Employee Benefits: Findings from the 2018 Health and Workplace Benefits Survey," Employee Benefit Research Institute, January 10, 2019, https://www.ebri.org/content/full/the-state-of-employee-benefits-findings-from-the-2018-health-and-workplace-benefits-survey.
22. Niall McCarthy, "American Workers Get the Short End on Vacation Days," Forbes, June 26, 2017, https://www.forbes.com/sites/niallmccarthy/2017/06/26/american-workers-have-a-miserable-vacation-allowance-infographic/#5fbf5035126d.
23. Meghan McCarty Carino, "American Workers Can Suffer Vacation Guilt . . . if They Take Vacations at All," Marketplace, July 12, 2019, https://www.marketplace.org/2019/07/12/american-workers-vacation-guilt/.
24. "Glassdoor Survey Finds American Forfeit Half of Their Earned Vacation / Paid Time Off," Glassdoor, May 24, 2017, https://www.glassdoor.com/about-us/glassdoor-survey-finds-americans-forfeit-earned-vacationpaid-time/.
25. Austin Frakt, "The High Costs of Not Offering Paid Sick Leave," New York Times, October 31, 2016, https://www.nytimes.com/2016/11/01/upshot/the-high-costs-of-not-offering-paid-sick-leave.
26. Kate Gibson, "American Airlines Accused of Punishing Workers Who Use Sick Time," CBS News, July 25, 2019, https://www.cbsnews.com/news/american-airlines-accused-of-punishing-workers-who-use-sick-time/.
27. Diana Boesch, Sarah Jane Glynn, and Shilpa Phadke, "Lack of Paid Leave Risks Public Health during the Coronavirus Outbreak," Center for American Progress, March 12, 2020, https://www.americanprogress.org/issues/women/news/2020/03/12/481609/lack-paid-leave-risks-public-health-coronavirus-outbreak/.
28. "Paid Sick Days Improve Public Health," National Partnership for Women

& Families, February 2020, https://www.nationalpartnership.org/ourwork/resources/economic-justice/paid-sick-days /paid-sick-days-improve-our-public-health.pdf.
29. Stephen R. Barley, Debra E. Meyerson, and Stine Grodal, "E-Mail as a Source and Symbol of Stress," Organization Science 22, no. 4 (July–August 2011): 887–906, doi:10.1287/orsc.1100.0573.
30. Daantje Derks, Desiree van Duin, Maria Tims, and Arnold B. Bakker, "Smartphone Use and Work-Home Interference: The Moderating Role of Social Norms and Employee Work Engagement," Journal of Occupational and Organizational Psychology 88, no. 1 (March 2015): 155–77.
31. "Work and Workplace," Gallup.
32. Kristine M. Kuhn, "The Rise of the 'Gig Economy' and Implications for Understanding Work and Workers," Industrial and Organizational Psychology 9, no. 1 (March 2016): 157–62.
33. Jessica Greene, "Is 40 Hours a Week Too Much? Here's What History and Science Say," askSpoke, https://www.askspoke.com/blog/hr/40-hour-work-week/.
34. John Pencavel, "The Productivity of Working Hours," Institute for the Study of Labor (Germany), April 2014, http://ftp.iza.org/dp8129.pdf.
35. "How Many Productive Hours in a Work Day? Just 2 Hours, 23 Minutes . . . ," Voucher Cloud.com, https://www.vouchercloud.com/resources/office-worker-productivity.
36. Geoffrey James, "New Research: Most Salaried Employees Only Do About 3 Hours of Real Work Each Day," Inc., July 19, 2018, https://www.inc.com/geoffrey-james/new-research-most-salaried-employees-only-do-about-3-hours-of-real-work-each-day.html.
37. Deborah Dillon McDonald, Marjorie Wiczorek, and Cheryl Walker, "Factors Affecting Learning during Health Education Sessions," Clinical Nursing Research 13, no. 2 (May 2004): 156–67.
38. Donald A. Bligh, What's the Use of Lectures? (New York: Josey-Bass, 2000).
39. "How Long Should Training Videos Be?" Panopto, February 21, 2020, https://www.panopto.com/blog/how-long-should-training-videos-be/.
40. Catherine J. P. Oswald, Sébastien Tremblay, and Dylan Marc Jones, "Disruption of Comprehension by Meaning of Irrelevant Sound," Memory 8, no. 5 (October 2000): 345–50.

41. Harry Haroutioun Haladjian and Carlos Montemayor, "On the Evolution of Conscious Attention," Psychonomic Bulletin & Review 22, no. 3 (June 2015): 595–613.
42. R. W. Kentridge, C. A. Heywood, and L. Weiskrantz, "Attention Without Awareness in Blindsight," Proceedings of the Royal Society B: Biological Sciences 266, no. 1430 (September 1999): 1805–11.
43. Eyal Ophir, Clifford Nass, and Anthony D. Wagner, "Cognitive Control in Media Multitaskers," Proceedings of the National Academy of Sciences of the United States of America 106, no. 37 (September 2009): 15583–87.
44. Lori Sideman Goldberg and Alicia A. Grandey, "Display Rules versus Display Autonomy: Emotion Regulation, Emotional Exhaustion, and Task Performance in a Call Center Simulation," Journal of Occupational Health Psychology 12, no. 3 (July 2007): 301–18.
45. Jelle T. Prins, F. M. M. A. van der Heijden, Josette Hoekstra-Weebers, A. B. Bakker, Harry B. M. van de Wiel, B. Jacobs, and S. M. Gazendam-Donofrio, "Burnout, Engagement and Resident Physicians' Self-Reported Errors," Psychology Health and Medicine 14, no. 6 (December 2009): 654–66.
46. Hengchen Dai, Katherine L. Milkman, David A. Hofmann, and Bradley R. Staats, "The Impact of Time at Work and Time Off from Work on Rule Compliance: The Case of Hand Hygiene in Health Care," Journal of Applied Psychology 100, no. 3 (2015): 846–62.
47. Stephen Deery, Roderick Iverson, and Janet Walsh, "Work Relationships in Telephone Call Centres: Understanding Emotional Exhaustion and Employee Withdrawal," Journal of Management Studies 39, no. 4 (June 2002): 471–96.
48. Ken J. Gilhooly, George Georgiou, and Ultan Devery, "Incubation and Creativity: Do Something Different," Thinking & Reasoning 19, no. 2 (2013): 137–49.
49. Renzo Bianchi, Eric Laurent, Irvin Sam Schonfeld, Lucas M. Bietti, and Eric Mayor, "Memory Bias toward Emotional Information in Burnout and Depression," Journal of Health Psychology (March 2018), doi:10.1177/1359105318765621.
50. Renzo Bianchi, Eric Laurent, Irvin Sam Schonfeld, Jay Verkuilen, and Chantal Berna, "Interpretation Bias toward Ambiguous Information in Burnout and Depression," Personality and Individual Differences 135 (2018): 216–21.

51. Christina Maslach and Susan E. Jackson, "Burnout in Organizational Settings," Applied Social Psychology Annual 5 (1984): 133–53.
52. Christina Maslach and Susan E. Jackson, "The Measurement of Experienced Burnout," Journal of Organizational Behavior 2, no. 2 (April 1981): 99–113.
53. Maslach and Jackson, "Burnout in Organizational Settings."
54. Maslach and Jackson, "The Measurement of Experienced Burnout."
55. Arnold B. Bakker, Pascale M. Le Blanc, and Wilmar B. Schaufeli, "Burnout Contagion among Intensive Care Nurses," Journal of Advanced Nursing 51, no. 3 (August 2005): 276–87.
56. Maslach and Jackson, "The Measurement of Experienced Burnout."
57. Carolyn S. Dewa, Desmond Loong, Sarah Bonato, Nguyen Xuan Thanh, and Philip Jacobs, "How Does Burnout Affect Physician Productivity? A Systematic Literature Review," BMC Health Services Research 14, no. 1 (July 2014): 325.
58. Ingo Angermeier, Benjamin B. Dunford, Alan D. Boss, and R. Wayne Boss, "The Impact of Participative Management Perceptions on Customer Service, Medical Errors, Burnout, and Turnover Intentions," Journal of Healthcare Management 54, no. 2 (March–April 2009): 127–40.
59. Krystyna Golonka, Justyna Mojsa-Kaja, Katarzyna Popiel, Tadeusz Marek, and Magda Gawlowska, "Neurophysiological Markers of Emotion Processing in Burnout Syndrome," Frontiers in Psychology 8 (2017): 2155, doi:10.3389/fpsyg.2017.02155.
60. Sarah Green Carmichael, "Working Long Hours Makes Us Drink More," Harvard Business Review, April 10, 2015, https://hbr.org/2015/04/working-long-hours-makes-us-drink-more.
61. Charles A. Morgan III, Bartlett Russell, Jeff McNeil, Jeff Maxwell, Peter J. Snyder, Steven M. Southwick, and Robert H. Pietrzak, "Baseline Burnout Symptoms Predict Visuospatial Executive Function during Survival School Training in Special Operations Military Personnel," Journal of the International Neuropsychological Society 17, no. 3 (May 2011): 494–501, doi:10.1017 /S1355617711000221.
62. Tom Redman, Peter Hamilton, Hedley Malloch, and Birgit Kleymann, "Working Here Makes Me Sick! The Consequences of Sick Building Syndrome," Human Resource Management Journal 21, no. 1 (December 2010): 14–27.
63. Christina Maslach, "What Have We Learned about Burnout and Health?"

Psychology and Health 16, no. 5 (September 2001): 607–11.
64. Eva Blix, Aleksander Perski, Hans Berglund, and Ivanka Savic, "Long-Term Occupational Stress Is Associated with Regional Reductions in Brain Tissue Volumes," PLoS One 8, no. 6 (2013): e64065, doi:10.1371 /journal.pone.0064065.
65. Kaitlin Smith, "Some Thoughts on Lifestyle Design for Wild Minds," Wild Mind Collective, August 30, 2017, https://www.wildmindcollective.com/483-2/.
66. Elnar M. Skaalvik and Sidsel Skaalvik, "Teacher Self-Efficacy and Perceived Autonomy: Relations with Teacher Engagement, Job Satisfaction, and Emotional Exhaustion," Psychological Reports 114, no. 1 (February 2014): 68–77.
67. Anders Dysvik and Bård Kuvaas, "Intrinsic Motivation as a Moderator on the Relationship between Perceived Job Autonomy and Work Performance," European Journal of Work and Organizational Psychology 20, no. 3 (June 2011): 367–87.
68. Wenqin Zhang, Steve M. Jex, Yisheng Peng, and Dongdong Wang, "Exploring the Effects of Job Autonomy on Engagement and Creativity: The Moderating Role of Performance Pressure and Learning Goal Orientation," Journal of Business and Psychology 32, no. 3 (June 2016): 235–51.
69. "About CQ Net—Management Skills for Everyone!" CQ Net, https://www.ckju.net/en/about-cq-net-management-skills-for-everyone /37034.
70. Mark R. Lepper, David Greene, and Richard E. Nisbett, "Undermining Children's Intrinsic Interest with Extrinsic Reward: A Test of the 'Overjustification' Hypothesis," Journal of Personality and Social Psychology 28, no. 1 (1973): 129–37, doi:10.1037/h0035519.
71. Barry Gerhart, Sara L. Rynes, and Ingrid Smithey Fulmer, "Pay and Performance: Individuals, Groups, and Executives," Academy of Management Annals 3, no. 1 (January 2009): 251–315, doi:10.1080/19416520903047269.
72. Trish A. Petak and Gabbie S. Miller, "Increasing Employee Motivation and Organization Productivity by Implementing Flex-Time," ASBBS Proceedings 26 (2019): 409–23.
73. Evangelia Demerouti, Arnold B. Bakker, and Josette M. P. Gevers, "Job Crafting and Extra-Role Behavior: The Role of Work Engagement and Flourishing," Journal of Vocational Behavior 91 (December 2015): 87–96.

第四章｜你的成就不等於你的價值

1. Andrew Tobias, The Best Little Boy in the World (New York: Ballantine Books, 1973).
2. Christopher D. DeSante, "Working Twice as Hard to Get Half as Far: Race, Work Ethic, and America's Deserving Poor," American Journal of Political Science 57, no. 2 (April 2013): 342–56, http://www.jstor.org/stable/23496601.
3. Brent Barnhart, "How the Facebook Algorithm Works and Ways to Outsmart It," Sprout Social, May 31, 2019, https://sproutsocial.com/insights/facebook-algorithm/.
4. Jillian Warren, "This Is How the Instagram Algorithm Works in 2020," Later, February 3, 2020, https://later.com/blog/how-instagram-algorithm-works/.
5. Josh Constine, "Now Facebook Says It May Remove Like Counts," TechCrunch, September 2, 2019, https://techcrunch.com/2019/09/02/facebook-hidden-likes/.
6. Fred B. Bryant and Joseph Veroff, Savoring: A New Model of Positive Experience (Mahwah, NJ: Lawrence Erlbaum Associates, 2007).
7. HaeEun Helen Chun, Kristin Diehl, and Deborah J. Macinnis, "Savoring an Upcoming Experience Affects Ongoing and Remembered Consumption Enjoyment," Journal of Marketing 81, no. 3 (January 2017): 96–110.
8. Daniel B. Hurley and Paul Kwon, "Savoring Helps Most When You Have Little: Interaction between Savoring the Moment and Uplifts on Positive Affect and Satisfaction with Life," Journal of Happiness Studies 14, no. 4 (September 2012): 1261–71.
9. Fred B. Bryant, Colette M. Smart, and Scott P. King, "Using the Past to Enhance the Present: Boosting Happiness through Positive Reminiscence," Journal of Happiness Studies 6, no. 3 (2005): 227–60.
10. Hurley and Kwon, "Savoring Helps Most When You Have Little."
11. Jennifer L. Smith and Linda Hollinger-Smith, "Savoring, Resilience, and Psychological Well-Being in Older Adults," Aging & Mental Health 19, no. 3 (2015): 192–200.
12. Paul Grossman, Ludger Niemann, Stefan Schmidt, and Harald Walach, "Mindfulness-Based Stress Reduction and Health Benefits: A Meta-Analysis," Journal of Psychosomatic Research 57, no. 1 (July 2004): 35–43.
13. Anthony D. Ong, Daniel K. Mroczek, and Catherine Riffin, "The Health

Significance of Positive Emotions in Adulthood and Later Life," Social and Personality Psychology Compass 5, no. 8 (August 2011): 538–51.

14. Jordi Quoidbach, Elizabeth V. Berry, Michel Hansenne, and Moïra Mikolajczak, "Positive Emotion Regulation and Well-Being: Comparing the Impact of Eight Savoring and Dampening Strategies," Personality and Individual Differences 49, no. 5 (October 2010): 368–73.
15. Ibid.
16. Jeff Haden, "Science Says Time Really Does Seem to Fly as We Get Older. This Is the Best Way to Slow It Back Down," Inc., October 16, 2017, https://www.inc.com/jeff-haden/science-says-time-really-does-seem-to-fly-as-we-get-older-this-is-best-way-to-slow-it-back-down.html.
17. Melanie Rudd, Kathleen Vohs, and Jennifer Aaker, "Awe Expands People's Perception of Time, Alters Decision Making, and Enhances Well-Being," Psychological Science 23, no. 10 (August 2012): 1130–36.
18. Quoidbach, Berry, Hansenne, and Mikolajczak, "Positive Emotion Regulation and Well-Being."
19. Jan Kornelis Dijkstra, Antonius H. N. Cillessen, Siegwart Lindenberg, and René Veenstra, "Basking in Reflected Glory and Its Limits: Why Adolescents Hang Out with Popular Peers," Journal of Research on Adolescence 20, no. 4 (December 2010): 942–58.
20. Alice Chirico and David Bryce Yaden, "Awe: A Self-Transcendent and Sometimes Transformative Emotion," in Heather C. Lench, ed., The Function of Emotions (New York: Springer, 2018), 221–33.
21. Christina Maslach and Michael P. Leiter, "Reversing Burnout: How to Rekindle Your Passion for Your Work," Stanford Social Innovation Review, Winter 2005, 43–49.
22. Christina M. Puchalski and Margaret Guenther, "Restoration and Re-Creation: Spirituality in the Lives of Healthcare Professionals," Current Opinion in Supportive and Palliative Care 6, no. 2 (June 2012): 254–58.
23. Mary L. White, Rosalind Peters, and Stephanie Myers Schim, "Spirituality and Spiritual Self-Care: Expanding Self-Care Deficit Nursing Theory," Nursing Science Quarterly 24, no. 1 (January 2011): 48–56.
24. Joe Palca, "Why the Trip Home Seems to Go by Faster," NPR, September 5, 2011, https://www.npr.org/2011/09/05/140159009/why-the-trip-home-seems-to-go-by-faster.
25. Judith Halberstam, The Queer Art of Failure (Durham, NC: Duke University

Press, 2011).
26. Ibid., 88.
27. Thuy Ong, "Apple Says It Will Introduce New Features to Help Parents Protect Children," Verge, January 9, 2018, https://www.theverge.com/2018/1/9/16867330/apple-response-smartphone-addiction-youth.
28. Amanda Christine Egan, "The Psychological Impact of Smartphones: The Effect of Access to One's Smartphone on Psychological Power, Risk Taking, Cheating, and Moral Orientation," PhD dissertation, Loyola University Chicago, 2016.
29. "Do You Think You Could Go One Day a Week for Three Months Without Digital Technology?" Digital Sabbath, https://digitalsabbath.io/.
30. Marcello Russo, Massimo Bergami, and Gabriele Morandin, "Surviving a Day Without Smartphones," MIT Sloan Management Review, Winter 2018, https://sloanreview.mit.edu/article/surviving-a-day-without-smartphones/.
31. Kostadin Kushlev, Jason D. E. Proulx, and Elizabeth Dunn, " 'Silence Your Phones': Smartphone Notifications Increase Inattention and Hyperactivity Symptoms," Proceedings of the 2016 CHI Conference on Human Factors in Computing Systems, 1011–20.
32. Jon D. Elhai, Robert D. Dvorak, Jason C. Levine, and Brian J. Hall, "Problematic Smartphone Use: A Conceptual Overview and Systematic Review of Relations with Anxiety and Depression Psychopathology," Journal of Affective Disorders 207 (January 2017): 251–59.
33. Amy Kosterlitz, "The Four Traits of Confidence: Growth Mindset, Courage, Grit, and Self-Compassion," Woman Advocate 21, no. 1 (November 2015): 12–17.

第五章｜你不必凡事都是專家

1. "The Academic Major," in James W. Guthrie, ed., Encyclopedia of Education, 2nd edition, vol. 1 (New York: Macmillan Reference USA, 2006), 19–23.
2. Lydia Dishman, "How the Master's Degree Became the New Bachelor's in the Hiring World," Fast Company, March 17, 2016, https://www.fastcompany.com/3057941/how-the-masters-degree-became-the-new-bachelors-in-the-hiring-world.
3. Laura Pappano, "The Master's as the New Bachelor's," New York Times, July 22, 2011, https://www.nytimes.com/2011/07/24/education/edlife/edl-

24masters-t.html.

4. Jon Marcus, "Graduate Programs Have Become a Cash Cow for Struggling Colleges. What Does That Mean for Students?" PBS News Hour, September 18, 2017, https://www.pbs.org/newshour/education/graduate-programs-become-cash-cow-struggling-colleges-mean-students.
5. J. Steven Perry, "What Is Big Data? More Than Volume, Velocity and Variety . . ." developerWorks (blog), IBM .com, May 22, 2017.
6. IMB Marketing Cloud, "10 Key Marketing Trends for 2017," original retrieved from: https://public.dhe.ibm.com/common/ssi/ecm/wr/en/wrl12345usen/watson-customer-engagement-watson-marketing-wr-other-papers-and-reports-wrl12345usen-20170719.pdf.
7. "Welcome to the Information Age: 174 Newspapers a Day," Telegraph, https://www.telegraph.co.uk/news/science/science-news/8316534 / Welcome-to-the-information-age-174-newspapers-a-day.html.
8. And that's to say nothing of how traumatic working as a social media moderator can be; see Casey Newton, "The Trauma Floor: The Secret Lives of Facebook Moderators in America," Verge, February 25, 2019, https://www.theverge.com/2019/2/25/18229714/cognizant-facebook-content-moderator-interviews-trauma-working-conditions-arizona.
9. "APA Stress in America Survey: US at 'Lowest Point We Can Remember'; Future of Nation Most Commonly Reported Source of Stress," American Psychological Association, November 1, 2017, https://www.apa.org/news/press/releases/2017/11/lowest-point.
10. Ibid.
11. Grace Ferrari Levine, "Learned Helplessness in Local TV News," Journalism & Mass Communication Quarterly 63, no. 1 (March 1986): 12–18.
12. Grace Ferrari Levine, " 'Learned Helplessness' and the Evening News," Journal of Communication 27, no. 4 (December 1977): 100–105.
13. Ted Chiricos, Kathy Padgett, and Marc Gertz, "Fear, TV News, and the Reality of Crime," Criminology 38, no. 3 (August 2000): 755–86.
14. Mirka Smolej and Janne Kivivuori, "The Relation between Crime News and Fear of Violence," Journal of Scandinavian Studies in Criminology and Crime Prevention 7, no. 2 (2006): 211–27.
15. F. Arendt and T. Northup, "Effects of Long-Term Exposure to News Stereotypes on Implicit and Explicit Attitudes," International Journal of Communication 9 (January 2015): 21.

16. Robin L. Nabi and Abby Prestin, "Unrealistic Hope and Unnecessary Fear: Exploring How Sensationalistic News Stories Influence Health Behavior Motivation," Health Communication 31, no. 9 (September 2016): 1115–26.
17. Jeff Niederdeppe, Erika Franklin Fowler, Kenneth Goldstein, and James Pribble, "Does Local Television News Coverage Cultivate Fatalistic Beliefs about Cancer Prevention?" Journal of Communication 60, no. 2 (June 2010): 230–53.
18. Erika Salomon, Jesse Preston, and Melanie B. Tannenbaum, "Climate Change Helplessness and the (De)moralization of Individual Energy Behavior," Journal of Experimental Psychology: Applied 23, no. 1 (2017): 15–28.
19. Adam Gorlick, "Media Multitaskers Pay Mental Price, Stanford Study Shows," Stanford News, August 24, 2009, https://news.stanford.edu/news/2009/august24/multitask-research-study-082409.html.
20. On Amir, "Tough Choices: How Making Decisions Tires Your Brain," Scientific American, July 22, 2008, https://www.scientificamerican.com/article/tough-choices-how-making/.
21. Ibid.
22. Mary Atamaniuk, "Phishing: What Is Phishing and What to Do about It," Clario, February 7, 2020, https://stopad.io/blog/phishing-spearphishing-security.
23. Marc-André Reinhard, "Need for Cognition and the Process of Lie Detection," Journal of Experimental Social Psychology 46, no. 6 (November 2010): 961–71.
24. John B. Horrigan, "Information Overload," Pew Research Center, December 7, 2016, https://www.pewinternet.org/2016/12/07/information-overload/.
25. Rose Zimering, PhD, and Suzy Bird Gulliver, PhD, "Secondary Traumatization in Mental Health Care Providers," Psychiatric Times, April 1, 2003, https://www.psychiatrictimes.com/ptsd/secondary-traumatization-mental-health-care-providers.
26. James Hale, " 'Sadblock' Google Chrome Extension Helps You Avoid Sad, Triggering, or Just Plain Annoying News," Bustle, December 1, 2017, https://www.bustle.com/p/sadblock-google-chrome-extension-helps-you-avoid-sad-triggering-just-plain-annoying-news-6748012.
27. CustomBlocker, Google Chrome Web Store, https://chrome.google.com/webstore/detail/customblocker/elnfhbjabfcepfnaeoehffgmifcfjlha?hl=en.28.

Natalie Jomini Stroud, Emily Van Duyn, and Cynthia Peacock, "News Commenters and News Comment Readers," Engaging News Project, 1–21.
29. Isabelle Krebs and Juliane A. Lischka, "Is Audience Engagement Worth the Buzz? The Value of Audience Engagement, Comment Reading, and Content for Online News Brands," Journalism 20, no. 2 (January 2017): 714–32.
30. Stroud, Van Duyn, and Peacock, "News Commenters and News Comment Readers."
31. Ricky Romero, "Shut Up: Comment Blocker," Firefox Browser Add-Ons, https://addons.mozilla.org/en-US/firefox/addon/shut-up-comment-blocker/.
32. M. Bodas, M. Siman-Tov, K. Peleg, and Z. Solomo, "Anxiety-inducing media: the effect of constant news broadcasting on the well-being of Israeli television viewers,"Psychiatry 78, no. 3 (2015): 265–76.
33. S. P. Roche, J. T. Pickett, and M. Gertz, "The scary world of online news? Internet news exposure and public attitudes toward crime and justice," Journal of Quantitative Criminology 32, no. 2 (2016): 215–36.
34. Dr. Bruce Weinstein, "Stop Watching the News (for Awhile)," Huffpost, December 6, 2017.
35. Richard E. Petty and John T. Cacioppo, "The Elaboration Likelihood Model of Persuasion," in Communication and Persuasion: Central and Peripheral Routes to Attitude Change (New York: Springer, 1986), 1–24.
36. Ibid.
37. Andreu Vigil-Colet, Pere Joan Ferrando, and Pueyo Atanio Andrés, "Initial Stages of Information Processing and Inspection Time: Electrophysiological Correlates," Personality and Individual Differences 14, no. 5 (May 1993): 733–38, doi:10.1016/0191-8869(93)90121-i.
38. D. S. McNamara, R. Best, and C. Castellano, "Learning from Text: Facilitating and Enhancing Comprehension," SpeechPathology .com, 2004, www.speechpathology.com.
39. Keith N. Hampton, Inyoung Shin, and Weixu Lu, "Social Media and Political Discussion: When Online Presence Silences Offline Conversation," Information, Communication & Society 20, no. 7 (2017): 1090–107.
40. Michael J. Mallen, Susan X. Day, and Melinda A. Green, "Online versus Face-to-Face Conversation: An Examination of Relational and Discourse Variables," Psychotherapy: Theory, Research, Practice, Training 40, nos. 1–2 (2003): 155–63.
41. Devon Price, "Comment Culture Must Be Stopped," Medium, May 22,

2019, https://medium.com/@devonprice/comment-culture-must-be-stopped-6355d894b0a6.

第六章｜如何戒斷有毒的人際關係？

1. Lindsay C. Gibson, Adult Children of Emotionally Immature Parents: How to Heal from Distant, Rejecting, or Self-Involved Parents (Oakland, CA: New Harbinger Publications, 2015), chapter 1.
2. Arlie Hochschild and Anne Machung, The Second Shift: Working Families and the Revolution at Home (New York: Penguin, 2012).
3. Theodore N. Greenstein, "Gender Ideology and Perceptions of the Fairness of the Division of Household Labor: Effects on Marital Quality," Social Forces 74, no. 3 (March 1996): 1029–42.
4. Emma, "You Should've Asked," EmmaCLit .com, May 20, 2017, https://english.emmaclit.com/2017/05/20/you-shouldve-asked/.
5. Colleen Flaherty, "Relying on Women, Not Rewarding Them," Inside Higher Ed, April 12, 2017, https://www.insidehighered.com/news/2017/04/12/study-finds-female-professors-outperform-men-service-their-possible-professional.
6. Manya Whitaker, "The Unseen Labor of Mentoring," Chronicle of Higher Education, June 12, 2017, https://chroniclevitae.com/news/1825-the-unseen-labor-of-mentoring.
7. Marlese Durr and Adia M. Harvey Wingfield, "Keep Your 'N' in Check: African American Women and the Interactive Effects of Etiquette and Emotional Labor," Critical Sociology 37, no. 5 (March 2011): 557–71.
8. Social Sciences Feminist Network Research Interest Group, "The Burden of Invisible Work in Academia: Social Inequalities and Time Use in Five University Departments," Humboldt Journal of Social Relations 39, no. 39 (2017): 228–45, http://www.jstor.org/stable/90007882.
9. "Values Clarification," Therapist Aid, https://www.therapistaid.com/therapy-worksheet/values-clarification.
10. Miriam Liss, Holly H. Schiffrin, and Kathryn M. Rizzo, "Maternal Guilt and Shame: The Role of Self-Discrepancy and Negative Evaluation," Journal of Child and Family Studies 22 (2013): 1112–19, doi:10.1007 /s10826-012-9673-2.
11. John B. Watson, Psychological Care of Infant and Child (New York: W. W. Norton & Co., 1928).

12. William Sears, MD, and Martha Sears, RN, The Attachment Parenting Book: A Commonsense Guide to Understanding and Nurturing Your Baby (Boston: Little, Brown and Company, 2001), 2f, 5, 8–10, 110.
13. Foster Cline, MD, and Jim Fay, Parenting with Love and Logic: Teaching Children Responsibility (Colorado Springs, CO: Piñon Press, 1990), 23–25.
14. Kathryn M. Rizzo, Holly H. Schiffrin, and Miriam Liss, "Insight into the Parenthood Paradox: Mental Health Outcomes of Intensive Mothering," Journal of Child and Family Studies 22, no. 5 (2013): 614–20, doi:10.1007/s10826-012-9615-z.
15. Baylor College of Medicine, "How to Deal with Online Mom-Shaming," Medical Xpress, July 13, 2018, https://medicalxpress.com/news/2018-07-online-mom-shaming.html.
16. In the original literature (and even in some contemporary writing), this was referred to as the "good-enough mother." I'm using the gender-neutral "parent" here, because a loving, present, supportive parent of any gender can be more than good enough.
17. D. W. Winnicott, The Child, the Family, and the Outside World (New York: Penguin, 1973), 173.
18. Carla Naumburg, "The Gift of the Good Enough Mother," Seleni, March 14, 2018, https://www.seleni.org/advice-support/2018/3/14/the-gift-of-the-good-enough-mother.
19. Peter Gray, PhD, "The Good Enough Parent Is the Best Parent," Psychology Today, December 22, 2015, https://www.psychologytoday.com/us/blog/freedom-learn/201512/the-good-enough-parent-is-the-best-parent.
20. Jonathan Stern, "Why Spending Time Alone Is the Key to Keeping Your Family Together," Fatherly, May 23, 2016, https://www.fatherly.com/love-money/relationships/how-to-have-a-life-outside-parenting/.
21. Michael Torrice, "Want Passionate Kids? Leave 'Em Alone," Live Science, February 9, 2010, https://www.livescience.com/6085-passionate-kids-leave-em.html.
22. Albert J. Bernstein, How to Deal with Emotionally Explosive People (New York: McGraw Hill Professional, 2002), 41.
23. Ibid., 17–20. Tips adapted from advice provided in the book, but edited, paired with unproductive behaviors, and placed in a table by me.

第七章｜學會對各種「應該」聳聳肩

1. "Mad Style: Man with a Plan," TomandLorenzo .com, May 15, 2013, https://tomandlorenzo.com/2013/05/mad-style-man-with-a-plan/.
2. Denise Martin, "Mad Men's Teyonah Parris on Dawn's Surprise Promotion, Don vs. Lou, and Doing Improv with Amy Poehler," Vulture, April 21, 2014, https://www.vulture.com/2014/04/teyonah-parris-dawn-mad-men-chat.html.
3. "Mad Men: Ending Explained," The Take, https://www.youtube.com/watch?v=mDHxXY6FL8.
4. Melungeon is a complex racial identity, and its relationship to whiteness is complicated. See A. Puckett, "The Melungeon identity movement and the construction of Appalachian whiteness," Journal of Linguistic Anthropology 11, no. 1 (2001): 131–46 and M. Schrift, Becoming Melungeon: Making an Ethnic Identity in the Appalachian South. (Lincoln, NE: Univ. of Nebraska Press, 2013).
5. Siraad Dirshe, "Black Women Speak Up about Their Struggles Wearing Natural Hair in the Workplace," Essence, February 7, 2018, https://www.essence.com/hair/black-women-natural-hair-discrimination-workplace/.
6. Gemn Jewelery, "A Guide to Wear Jewellery in the Workplace," Medium, December 16, 2016, https://medium.com/@gemnjewelery1/a-guide-to-wear-jewellery-in-the-workplace-29744e543266.
7. Jacob Tobia, "Why I'm Genderqueer, Professional, and Unafraid," HuffPost, December 6, 2017, https://www.huffpost.com/entry/genderqueer-professional-b_5476239.
8. "The $72 Billion Weight Loss & Diet Control Market in the United States, 2019–2023," BusinessWire, February 25, 2019, https://www.businesswire.com/news/home/20190225005455/en/72-Billion-Weight-Loss-Diet-Control-Market.
9. John LaRosa, "Top 9 Things to Know about the Weight Loss Industry," Market Research.com, March 6, 2019, https://blog.marketresearch.com/u.s.-weight-loss-industry-grows-to-72-billion.
10. Your Fate Friend, "The Bizarre and Racist History of the BMI," Medium, October 15, 2019, https://elemental.medium.com/the-bizarre-and-racist-history-of-the-bmi-7d8dc2aa33bb.
11. Kelly Crowe, "Obesity Research Confirms Long-Term Weight Loss Almost Impossible," CBC News, June 4, 2014, https://www.cbc.ca/news/health/

obesity-research-confirms-long-term-weight-loss-almost-impossible-1.2663585.

12. Harriet Brown, "The Weight of the Evidence," Slate, March 24, 2015, https://slate.com/technology/2015/03/diets-do-not-work-the-thin-evidence-that-losing-weight-makes-you-healthier.html.
13. Crowe, "Obesity Research Confirms Long-Term Weight Loss Almost Impossible."
14. A. Janet Tomiyama, Britt Ahlstrom, and Traci Mann, "Long-Term Effects of Dieting: Is Weight Loss Related to Health?" Social and Personality Psychology Compass 7, no. 12 (2013): 861–77, http://www.dishlab.org/pubs/2013%20Compass.pdf.
15. "kellybellyohio," Instagram, https://www.instagram.com/kellybellyohio/.
16. J. Gerard Power, Sheila T. Murphy, and Gail Coover, "Priming Prejudice: How Stereotypes and Counter-Stereotypes Influence Attribution of Responsibility and Credibility among Ingroups and Outgroups," Human Communication Research 23, no. 1 (September 1996): 36–58.
17. Jamie L. Dunaev, Paula M. Brochu, and Charlotte H. Markey, "Imagine That! The Effect of Counterstereotypic Imagined Intergroup Contact on Weight Bias," Health Psychology 37, no. 1 (January 2018): 81–88.
18. Russell B. Clayton, Jessica L. Ridgway, and Joshua Hendrickse, "Is Plus Size Equal? The Positive Impact of Average and Plus-Sized Media Fashion Models on Women's Cognitive Resource Allocation, Social Comparisons, and Body Satisfaction," Communication Monographs 84, no. 3 (2017): 406–22, doi:10.1080/03637751.2017.1332770.
19. Rachel Andrew, Marika Tiggemann, and Levina Clark, "The Protective Role of Body Appreciation against Media-Induced Body Dissatisfaction," Body Image 15 (August 2015): 98–104.
20. Peter Strelan and Duane Hargreaves, "Reasons for Exercise and Body Esteem: Men's Responses to Self-Objectification," Sex Roles 53, nos. 7–8 (2005): 495–503.
21. B. L. Fredrickson, T. A. Roberts, S. M. Noll, D. M. Quinn, and J. M. Twenge, "That Swimsuit Becomes You: Sex Differences in Self-Objectification, Restrained Eating, and Math Performance," Journal of Personality and Social Psychology 75, no. 1 (July 1998): 269–84.
22. Brit Harper and Marika Tiggemann, "The Effect of Thin Ideal Media Images on Women's Self-Objectification, Mood, and Body Image," Sex Roles 58,

nos. 9–10 (2008): 649–57.
23. Tracy L. Tylka and Casey L. Augustus-Horvath, "Fighting Self-Objectification in Prevention and Intervention Contexts," in Rachel M. Calogero, Stacey Tantleff-Dunn, and J. Kevin Thompson, eds., Self-Objectification in Women: Causes, Consequences, and Counteractions (Washington, DC: American Psychological Association, 2011), 187–214.
24. Jessie E. Menzel and Michael P. Levine, "Embodying Experiences and the Promotion of Positive Body Image: The Example of Competitive Athletics," in Calogero, Tantleff-Dunn, and Thompson, eds., Self-Objectification in Women.
25. Elle Hunt, "Essena O'Neill Quits Instagram Claiming Social Media 'Is Not Real Life,' " Guardian, November 3, 2015, https://www.theguardian.com/media/2015/nov/03/instagram-star-essena-oneill-quits-2d-life-to-reveal-true-story-behind-images.
26. Kristina Rodulfo, "100 Shots, One Day of Not Eating: What Happens When You Say What Really Goes into the Perfect Bikini Selfie?" Elle, November 2, 2015, https://www.elle.com/culture/news/a31635/essena-oneill-instagram-social-media-is-not-real-life/.
27. Ged, "18-Year-Old Model Edits Her Instagram Posts to Reveal the Truth behind the Photos," Bored Panda, https://www.boredpanda.com/truth-behind-instagram-social-media-not-real-life-essena-oneill/?utmsource=google&utmmedium=organic&utmcampaign=organic.
28. Maria Fischer, "These Honest Photos Show Why You Should Never Compare Your Body to Bloggers," Revelist, June 21, 2017, https://www.revelist.com/internet/bloggers-photoshopped-body-photos/8165/following-goodheads-lead-more-and-more-youtubers-bloggers-and-social-media-influencers-have-committed-themselves-to-the-fight-against-photoshop/2.
29. Erin A. Vogel, Jason P. Rose, Lindsay Roberts, and Katheryn Eckles, "Social Comparison, Social Media, and Self-Esteem," Psychology of Popular Media Culture 3, no. 4 (2014): 206–22.
30. Jacqueline Nesi and Mitchell J. Prinstein, "Using Social Media for Social Comparison and Feedback-Seeking: Gender and Popularity Moderate Associations with Depressive Symptoms," Journal of Abnormal Child Psychology 43, no. 8 (November 2015): 1427–38, doi:10.1007 /s10802-015-0020-0.
31. Jiyoung Chae, "Virtual Makeover: Selfie-Taking and Social Media Use

Increase Selfie-Editing Frequency through Social Comparison," Computers in Human Behavior 66 (January 2017): 370–76.

32. Siân A. McLean, Susan J. Paxton, Eleanor H. Wertheim, and Jennifer Masters, "Photoshopping the Selfie: Self Photo Editing and Photo Investment Are Associated with Body Dissatisfaction in Adolescent Girls," International Journal of Eating Disorders 48, no. 8 (December 2015): 1132–40.
33. Erin A. Vogel, Jason P. Rose, Bradley M. Okdie, Katheryn Eckles, and Brittany Franz, "Who Compares and Despairs? The Effect of Social Comparison Orientation on Social Media Use and Its Outcomes," Personality and Individual Differences 86 (November 2015): 249–56.
34. Jonathan R. B. Halbesleben and M. Ronald Buckley, "Social Comparison and Burnout: The Role of Relative Burnout and Received Social Support," Anxiety, Stress & Coping 19, no. 3 (2006): 259–78.
35. Chiara Rollero, " 'I Know You Are Not Real': Salience of Photo Retouching Reduces the Negative Effects of Media Exposure via Internalization," Studia Psychologica 57, no. 3 (2015): 195–202.
36. Pieternel Dijkstra, Frederick X. Gibbons, and Abraham P. Buunk, "Social Comparison Theory," in James E. Maddux and June Price Tangney, eds., Social Psychological Foundations of Clinical Psychology (New York: Guilford Press, 2011), 195–207 [italics mine].
37. Susan Clayton Whitmore-Williams, Christie Manning, Kirra Krygsman, and Meighen Speiser, "Mental Health and Our Changing Climate: Impacts, Implications, and Guidance," American Psychological Association, March 2017, https://www.apa.org/news/press/releases/2017/03/mental-health-climate.pdf.
38. Anthony Leiserowitz, Edward Maibach, Connie Roser-Renouf, Seth Rosenthal, Matthew Cutler, and John Kotcher, "Climate Change in the American Mind: March 2018," Yale Program on Climate Change Communication, April 17, 2018, https://climatecommunication.yale.edu/publications/climate-change-american-mind-march-2018 /2/.
39. Whitmore-Williams, Manning, Krygsman, and Speiser, "Mental Health and Our Changing Climate."
40. "Planting for the Future in a Changing Climate," Chicago Botanic Garden, https://www.chicagobotanic.org/education/symposiaprofessionalprograms/futureplanting.

41. "First Nations Community Garden," American Indian Center, https://www.aicchicago.org/first-nations-community-garden.

結語｜用同理心終結「懶惰的謊言」

1. Galen V. Bodenhausen, Andrew R. Todd, and Jennifer A. Richeson, "Controlling Prejudice and Stereotyping: Antecedents, Mechanisms, and Contexts," in Todd D. Nelson, ed., Handbook of Prejudice, Stereotyping, and Discrimination (New York: Psychology Press, 2009), 111–35.
2. Amy D. Waterman, James D. Reid, Lauren D. Garfield, and Sandra J. Hoy, "From Curiosity to Care: Heterosexual Student Interest in Sexual Diversity Courses," Teaching of Psychology 28, no. 1 (2001): 21–26.
3. Corey Robin, "Who Really Said That?" Chronicle of Higher Education, September 16, 2013, https://www.chronicle.com/article/Who-Really-Said-That-/141559.
4. Edmund Burke quote, Bartleby, https://www.bartleby.com/73/560.html.

被誤解的懶惰

害怕一停下來就會輸給別人？一個社會心理學家戳破「你不夠努力」的謊言

Laziness Does Not Exist

作　　者　戴文・普萊斯（Devon Price, Ph.D.）
譯　　者　鄭煥昇
主　　編　郭峰吾

總 編 輯　李映慧
執 行 長　陳旭華（steve@bookrep.com.tw）

出　　版　大牌出版 / 遠足文化事業股份有限公司
發　　行　遠足文化事業股份有限公司（讀書共和國出版集團）
地　　址　23141 新北市新店區民權路 108-2 號 9 樓
電　　話　+886-2-2218-1417
郵撥帳號　19504465 遠足文化事業股份有限公司

封面設計　FE 設計 葉馥儀
排　　版　新鑫電腦排版工作室
印　　製　博創印藝文化事業有限公司
法律顧問　華洋法律事務所　蘇文生律師

定　　價　450 元
初　　版　2025 年 7 月

電子書 E-ISBN
978-626-7600-91-7（EPUB）
978-626-7600-92-4（PDF）

國家圖書館出版品預行編目資料

被誤解的懶惰：害怕一停下來就會輸給別人？一個社會心理學家戳破「你不夠努力」的謊言 / 戴文・普萊斯（Devon Price, Ph.D.）著; 鄭煥昇 譯. -- 初版. -- 新北市 : 大牌出版, 遠足文化事業股份有限公司發行, 2025.07
336 面 ; 14.8×21 公分
譯自 : Laziness Does Not Exist
ISBN 978-626-7600-93-1（平裝）
1. 工作心理學　2. 工作壓力

176.76　　114007961